劉克襄——著

北台灣漫遊

不知名山徑指南

平溪十分線、汐止石碇線、木柵深坑線、三峽大溪線、新埔關西線

②

玉山社

自序

新漫遊主義

走路是一種思考。走路是一種生活態度。

這等認知和學習，大抵是中年後豢養成的。在鄉野健行，則是行走藝術裡最教人珍惜的一種。我也仰賴此類悠遊，擷取迤邐、婉約的山川，或飽覽形形色色的人文風采。

風景綺麗的向天湖聚落。

我更選擇生活周遭的郊山，做為結交和溝通的朋友。山不在高，而在風貌。風貌萬千，每座山自是各有靈氣和山性，矗立成自己的龐然形體。古道、舊路或小徑，那是山伸出的友誼之手，讓我有機會更深層地認識。

健行久了，我也逐漸蘊生一種微妙的走路節奏和情緒。這一步調，可不

是像健走者不斷地往前，一個山頂又一個，挾休閒之意圖，鍛鍊身體。但也非浪蕩的行旅，興之所至，隨遇而安，毫無地圖指南的參考和引領。

我總是假定有一前往目標，而且已經有一個確切的準備，從容地知道何時出發，何時停歇。一路上則搭配著周遭風景的變遷，安心而輕緩地將身心展開。一如練氣功者，以溫婉的身子，吞吐納放，調養身體。那一天的行程若能走個五、六公里最好，但不一定非得抵達，有時被路上風景吸引，就這麼耽擱了一天，也有另一方滿足。

草莓蕃石榴。

儘管都是例假日的單日行程，我還是刻意地避開石階步道，偏向原始的山路，做為探索的主要路徑。當我踩在泥土時，在城市裡蘊積的濁氣才能釋放，相對地，草叢和落葉層也回饋給我大地的靈氣。

千禧年前後如此行旅至今，自有快樂的發心，讓我利用平常的假日，暫時抽離自己，走進一個荒野強勢的家園。在那裡，尋覓一個長期蟄居城市、永遠無法找到的自己。這種漫遊所興建的生活價值和視野，為我的上班族生活，悄然醞釀出不同的風韻。

相較於19世紀以來地理探險家大山大水的橫越、縱走，北台灣不過彈丸之地。小村小落亦無歷史長河積累的情境，供人動容抒發。但在這經緯度猶不滿一格的地理環境，我的生活視野，容或是一隻手掌心的攤開，裡面的細密紋路，卻一樣複雜華麗，終我一生的行走，都難以究竟。

　　書裡挑選的一百條，也不過是起步而已。至於既命名為不知名的山徑，為何是這一百條，而非那一百條，我亦說不出所以然。台灣是颱風之島，三五年難免出現地震、水洪，破壞了各種山路，甚而整段毀掉。原先規劃的也不是這百條，早先有好幾條都割捨了。攤開地圖時，只是依健行的條件評量，時間契合，緣份到來，就悄然邂逅了。

　　每回健行過程，大致都分成三個階段的愉快。一是事前資料的蒐集和期待的興奮，二為走路過程所邂逅的驚奇和歡欣，三則是事後回味和書寫的享受。

　　我依舊喜歡尋找有趣的人文風物和動植物，做為旅途素描的對象，陪襯著文章的書寫。這種寫生紀實的工作不只是創作的必要，那情境還會讓人想起地理探險家斯文赫定、鳥類畫家奧杜邦等，這類質地較好的旅行家和自然觀察者，所欲展現的視野。

　　我也習慣比對多種地圖，清楚地理位置。再以好奇之心，繪製行走的地圖。只可惜，迄今還無法習慣以

三貂嶺瀑布。

GPS定位，單純地在地圖或文章裡，寫下一排阿拉伯數字。當位置只是些數目字出現時，那彷彿是在外太空星際漫遊，難免心生空虛，甚而有孤獨之微妙感受。希望有朝一日，我能學到與新科技親切對話的能力。

五峰是一條孤寂而嶢屼的山徑。

　　就不知這樣的登山寫作，是否也有某一角度的良好視野，貼近台灣的山岳文學，廁身於此一行列。我是在重新整理時，才有這種從文學品茗出發的思維，因而也想到早期60、70年代時，或者更早的山林寫作，是否被我們疏離、輕忽了。

　　有些山友的資訊是必須特別感謝的，前輩岳人如謝永河、張茂盛、龔夏權、陳岳、吳智慶、林宗聖等，或目前仍縱情山林遊蕩的黃福森、TONY、蕭郎、曾忠一等一干志趣相同的山友，雖然多數不熟識，但從網路、書冊和雜誌上都拜讀過作品，或依循其繪製的地圖往來山林。他們提供的登山經驗和智慧結晶，讓我受益匪淺。同時，也得感謝山友李文昆、杜欽龍、曾聰華和其家人多年的偕行，一起分享這段生命裡，再也不可能邂逅的生活情境。

本書使用說明

在旅行的區塊上，有些山徑很難排置，恕我放棄傳統山系的地理歸類，轉而以自己的直覺、旅行的經驗和地理的情感歸類。

建議使用者在出發前，還能參考其他綜觀地形圖和交通圖，更能清楚旅行的山脈和交通地理位置。在走路時則以文中地圖為準則。我儘量參考相關地圖，畫出山路的方向、長短和位置。但因是手繪圖，在真實比例上，難免有些疏失，或不足之處。讀者可一邊以「步行時間」和文本輔助，會更清楚路況。晚近市面也有些翔實的登山地圖，比例尺二萬五千分之一，亦可多方參考，添助行走的樂趣和視野。

無論如何，每條步道或古道，至少都有一張地圖指引，有時因地理範圍太大，再補充一張輔助。地圖上手繪的各種地圖符號，我亦列出一張總表在後，謹供參考。

每條山徑都有特殊的景觀風物，我習慣將自己看到，覺得有趣的內容書寫下來，不適合在文本出現的，就會放到旁邊的box作補充說明。具有代表性的動植物和古物，多數也會以插圖配合。

行程方面，以自行開車抵達登山口為準則，若能搭乘公車或火車的地點，亦附上公車或火車種類和路線。

我是走路平緩的人，速度不若一般常登山的山友，附記的「步行時間」，適合一般人參考。「餐飲」，若非特殊小店，皆以自備為宜。必要的參考書籍，我會列在文本末尾。

各種地圖符號

捷運	橋	崩塌地
公路	橋	駁坎
鐵道	橋	石厝
泥土路	墓地	崖壁地帶
石階	三合院	停車場
登山小徑	茶園	水圳
池塘	杉林	水井
山頭	學校	柚子林
岩石山頭	蕉林	枕木步道
土地公廟	輕便道	高速公路
草原	銜接點	炭窯
竹林	梯田	煤礦坑
大樹	電線桿	泥土空地
溪流	高壓塔	小村．小鎮
瀑布		
公路客運站牌		
指北針		
稜線		

目　次

平溪十分線

汐止石碇線

木柵深坑線

目　次

平溪十分線

菁桐古道南段

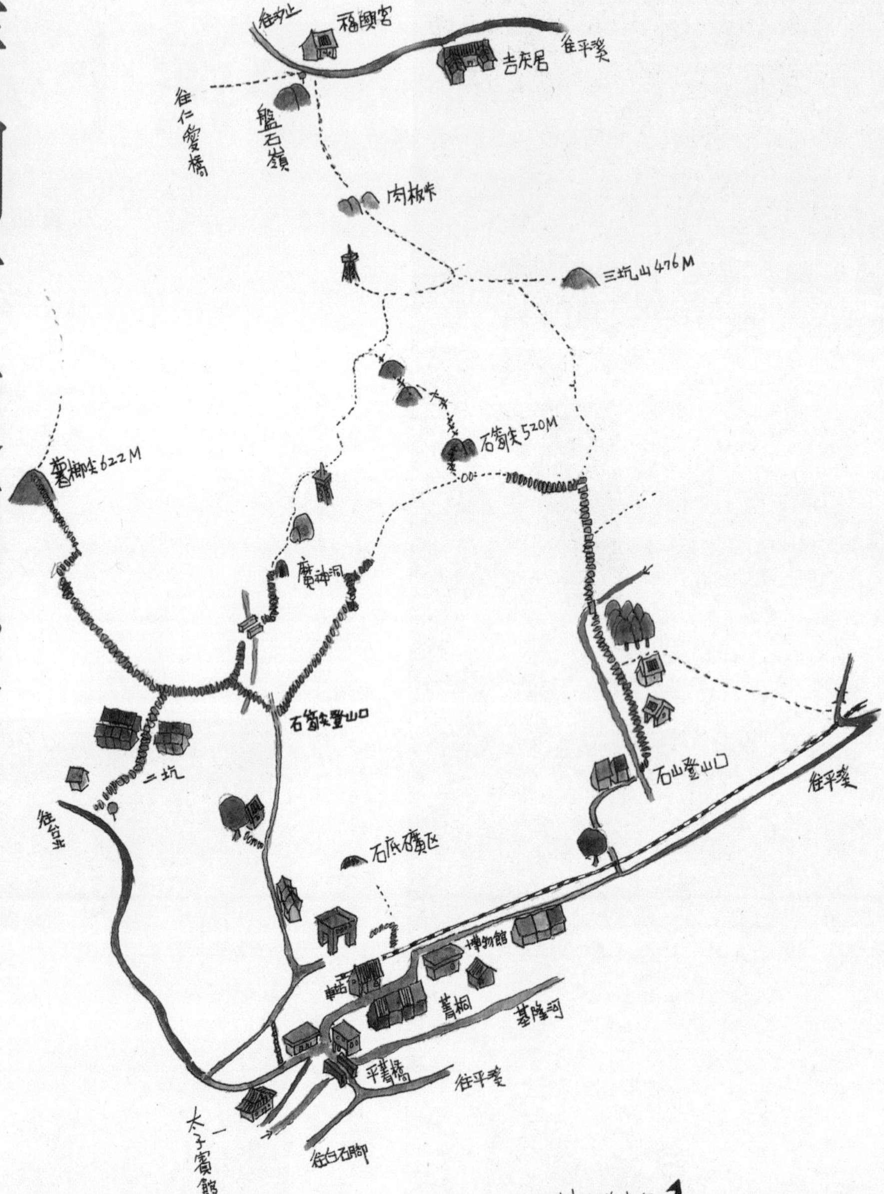

往双土
福興宮
吉慶居　往平溪
往仁愛橋
盤石嶺
肉板峠
三坑山476M
菁桐生622M
石筍失520M
廢礦洞
二坑
石筍失登山口
往貸寮
石底礦区
石山登山口　往平溪
博物館
菁桐
基隆河
太子賓館
平清橋
往石腳　往平溪

漫遊資訊

■行程

搭乘平溪線火車至菁桐車站下車往回走，至平溪國中附近左邊石山產業道路入口。或搭乘台北客運16路或15路公車，在菁桐站下車。另外亦可自行開車前往。

■步行時間

一、

菁桐車站　10分　石山　30分　石筍尖岔路　60分　三坑山　50分　福興宮

二、

福興宮　15分　肉板岕　25分　往三坑山岔路　5分　往石筍尖岔路　20分　魔神仔洞

20分　石筍尖登山口　15分　菁桐車站

■適宜對象

青少年以上皆宜。

翻閱早年的台灣古詩，我只拜讀過一首有關平溪的作品，新竹人張純甫的＜平溪雜詠＞。此詩有五段，寫實部份大抵集中於中間二節，頗為貼切地描述了當地的自然景觀和村落狀況。

地為平溪拓，天從峭壁摩；

車飛循鳥道，水急湧鯨波。

怒石迎頭撲，亂峰掠面過；

康莊猶覺險，能不念蹉跎。

久與山靈約，茲行幸不乖；

細泉金作韻，層瀑玉為階。

煤井成村落，人煙隔市街；
只疑嵐影裡，仍復是天涯。

　　——摘錄自張純甫（新竹人，工詩。1960年代）〈平溪雜詠〉

　　半年多未從菁桐火車站出發爬山，這個小鎮在豐裕的鄉鎮補助經費下，已經如預期，翻了兩番。例假日時，小鎮上的旅行風味更濃厚了。

　　從菁桐橋入口的雜貨店進入，整條街已經鋪上青板石階。重要的景觀諸如秀琴魚攤販、肉焿麵店、元氣補給站、楊氏雞捲等等，都掛上了風味不一的簡樸木牌解說，吸引遊客的到來。

菁桐。菁桐的代表性樹種，菁桐國小可見。

　　火車站的廁所也翻新，裝飾著現代建築風味的材質。遠方山腰上的煤礦場似乎也裝修了紅窗戶，準備招徠更多的遊客。而車站旁的小小公園也沾染了休閒的潮流，舊防空洞旁鋪了一些新的坐椅和步道。最引人矚目的，是一間現代建築風味的煤礦博物館，就座落在車站隔鄰。它利用昔時舊樓房重新整修，煥然一新地呈現了現代風味的美術館氣息。目前由鄉公所僱請了一位當地的歐巴桑看守著，不僅提供了地方的工作機會，似乎也實踐了活絡小鎮再生的理念。裡面正在展出礦工畫家洪瑞麟的畫作，和一位攝影家的作品。同時，旁邊出現了三、二家簡易的咖啡店。

　　總之，除了舊車站保持原來的建築

梧桐

　　學名：*Firmiana simplex* (L.) W.F.Wight。梧桐科，別名：菁桐、耳桐、桐麻樹。6、7月開花，10月結果。落葉喬木。樹皮暗綠色。葉互生，厚紙質，心狀圓形，三～五裂，葉表粗糙，具柄，有托葉。花圓錐花序，頂生，小型，黃綠色。蓇葖果，成熟前即開裂成二瓣葉狀體，熟淺褐色。葉質粗。分佈於台灣平地山麓。性喜高溫、濕潤和陽光充足的環境。樹皮纖維可製紙、繩網，木材白且輕軟，為箱匣、樂器之良材。菁桐國小校門前即有一排。

被稱為此間「黃金神社」的日式建築宿舍。

樣式外，以其為中心，其他都在調整。這種改變不只在小鎮，小鎮周遭的風景也在轉換中。昔時的日式住宅區聚落以及「太子賓館」，不僅屋宇重新鋪上黑棚屋頂，門面也換了。基隆河上游的整治似乎也告一段落，河邊的步道煥然一新，成為新的親水公園。

　　幾條登山小徑，諸如石筍尖和薯榔尖也在這一、二年，鋪好新的石階步道。我打算走的登山口石山也一樣。

　　這次的登山目標是繞行三坑山，再走菁桐古道回來，順便探勘石筍尖北面崖壁的新路線。一如過去走石筍尖的方式，我和山友先在菁桐車站散步，再往平溪走，五百公尺後，按新指標右轉小徑，前往石山的農宅聚落。那過去的石厝和黑色矮屋仍在，但已經有新的木頭民宿在後頭搭蓋。此外，過去必須涉溪的崎嶇小徑，現在也鋪就成不易濕滑的花崗岩石階，彷彿比薯榔尖的還符合

晚近已經觀光化的菁桐小村。

新的步道理念。一路輕鬆前進，過了有應公廟、土地公廟（旁邊有岔路，約一‧五公里，銜接汐平公路），以及高大而美麗的桂花林，再跨過日式風味的洗石子石橋。

繼續前行，又遇一岔路，右邊泥土山徑一樣通往汐平公路，長約一‧二公里。從石山登山口至此約半個小時，石階明顯左轉，唯直行是通往三坑山的舊山徑。

往三坑山的路行去，一路沿著乾涸的河床，兩岸犬牙差互，枝椏橫陳，一副暴風雨後之形容。山友來者稀少，想必此為主因。更深入時，又亂石壘壘，崎嶇不定，加上昨夜落雨好一陣，石頭濕滑，行走緩慢了許多。

菁桐古道小記

儘管平溪一帶群峰阻隔。清朝時，水返腳（今汐止）一帶人士已經知道如何開闢山徑，翻山越嶺，進入平溪、菁桐等地墾荒落戶。當時沿保長坑溪進入的山徑即為文獻記載的保長坑古道。遠在鐵道還未出現以前，平溪鄉的居民便藉由此道，挑運菁桐、大菁、薯榔、糧食、茶、煙草、鴉片等物資，來往汐止和平溪（包含菁桐、平溪等地）二地。山水客文史工作室的負責人吳智慶，無疑是最早在此調查的山友，對此一古道亦著力甚深。我對保長坑古道的認識亦是從他那兒得知。

此一古道也有人稱為汐平古道。目前沿汐平公路出發，抵達仁愛橋之前，保長坑古道的路段，多半已經消失。從仁愛橋起，沿東山溪走至盤石嶺為較完整的一段。從盤石嶺福興宮起，保長坑古道大致分為二條支線，左為石底古道。石底古道從吉慶居旁小徑出發，目前少有山友健行，路況亦不詳。右邊菁桐古道目前因菁桐小鎮重新熱絡，附近步道發達，逐漸也成為熱門的古道之一。

仁愛橋至福興宮此段保長坑古道，目前是一條平緩寬闊的泥土產業道路。從仁愛橋起，經石碇子山區、石碑、作裸內、廢神仔碇，至福興宮，約三公里。一路上，壟野阡陌，農舍園圃散居山林，仿若獨立於世間。

遠在1911年（明治44年）時，平溪隸屬於台北廳水返腳支廳。日本人為了實施保甲政策，將狹隘的山路拓寬為六尺的保甲路，以利馬匹行進入山治理。運煤為主的平溪線鐵路出現，在1929年開始貨運後，保長坑古道仍是通往汐止的重要細道。1939年（昭和14年）保長坑至石碇仔拓寬為四公尺，可通行汽車。如今步行菁桐古道，看見的汐止至菁桐高壓輸配電路，早在1940年（昭和15年）就建設了。

60年代，平溪通往木柵、瑞芳、汐止等公路相繼闢通，交通工具便捷，古道才逐漸沒落，除了登山客和文史工作者偶而注意，已經少有人提及。

中途，遠眺石筍尖，竟是一副細長尖銳、山勢崢嶸如新筍出土的險峭模樣，更教人驚心。一座小山，從不同角度觀看，各有奇險風騷。值此，再度證明石筍尖，果真為眾小山之王。

不禁再想起日人沼平鐵太郎，1930年代在此選擇由北面東稜攀崖的傳奇。無

石底煤礦紅磚大樓現為菁桐重要地標。

怪乎此一攀岩在《台灣登山史》會特別記載一筆。目前此面已經有良好之攀崖網繩架設，值得喜好攀崖的人前往一享奇崖的風貌。

繼續在潮濕的蓊鬱林子裡，循著溪邊的山溝前往。一路逐漸上升，乏人行走，路況不佳，似乎也被前幾回的颱風摧殘得有些柔腸寸斷。若山友不常來，不再整修或維持，恐怕再過個三、四年，就要消失於地圖上了。

我按山友所繪之地圖搜尋，卻未遇見往左邊之岔路。可能是疏忽，亦或真是山徑少有人行，被荒草掩沒。埋首疾走，直接爬上了三坑山的稜線。有趣的是，上了稜線，竟未注意三坑山頂點的方向，直接就左轉，被汐平公路的美麗風貌所吸引。忙著眺望著汐平公路，一邊也注意到旁邊公路下方有幾戶農舍。菁桐古道中途的石厝，吉慶居百年古宅，就座落在那對面遠山的山坳處。附近一條彎曲的小溪，應該是三坑溪了。古宅右側不遠的山巒之下，則有一隱約的小徑，應該便是一般登山圖尚未提及的石底古道。

下了稜線才驀然發現，忘了爬上三坑山。這時眼前是一個空曠的岔

平溪線上唯一木造的菁桐車站。

路。後來對照地圖，有些迷糊。所幸再觀察四周後，以過去從福興宮下來的經驗研判，我確信，眼前就是菁桐古道。右邊往下的寬廣山徑，通往汐平公路，盤石嶺附近的福興宮，再走個十來分鐘，出現日治時代維護治安的著名

隘口──肉板峠。由盤石嶺至菁桐的路段，現今稱為菁桐古道南段。由盤石嶺到仁愛橋，則為菁桐古道北段。（請參考汐止石碇線「菁桐古道北段」）早年也有人泛稱為汐平古道或保長坑古道。

　　左邊回菁桐的路線。循此上行，晃眼間，抵達一處岔路。往右為高壓電塔。繼續往左，遇一岔路，左邊變成陡急狹窄之山徑。艱苦地攀上一個小山頭，陡降後，眼前又是一山，此山再翻越，石筍尖北面稜線赫然呈現，唯此行不在攀崖。我將此一心願暫且收住，留待下回花更充裕的時間一探虛實。

　　退回岔路，順著寬廣的古道山徑一路下行，抵達一高壓電塔，再貼大石壁下抵魔神洞（猜想是過去的運煤隧道）。此時山徑成為石階步道。一路快速下山，抵達了一綠色石橋附近的煤礦坑。此後石階分為二條，右邊通往二坑。取左行，過山溪，抵石筍尖西邊登山口。沿水泥產業小徑，隨意漫行，經一屋宇連身的舊土地公廟後，又過一些低矮舊屋、煤礦場，回到了遊客如潮的菁桐小鎮。（2003.2.10）

石筍尖

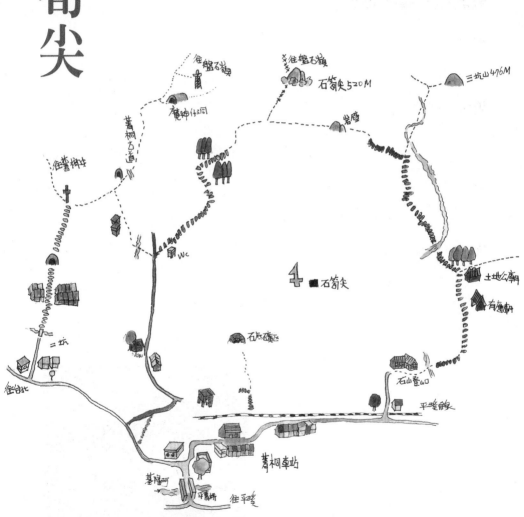

漫遊資訊

■行程

搭乘平溪線火車至菁桐車站下車往回走，石山產業道路入口。或搭乘台北客運16路或15路公車，在一坑口、二坑口、菁桐站下車。另外亦可自行開車前往。

■步行時間

一、

菁桐車站 **10分** 石筍尖登山口 **30分** 岔路 **50分** 石筍尖山頂 **40分** 薯榔尖和石窟岔路 **10分** 二坑口

二、

石筍尖山頂 **70分** 菁桐古道岔路 **30分** 二坑

■適宜對象

青少年以上為宜。

■餐飲

菁桐有小麵攤、咖啡店等餐廳，宜自備。

一、

　　站在菁桐小鎮的水泥橋，朝西邊的山谷遠遠望去，左右二座山勢崢嶸的大山。右邊大山像竹筍一般初露土壤的，就是石筍尖，左邊如金字塔般的則是薯榔尖。

　　人稱平溪有三尖：薯榔尖、石筍尖、峰頭尖。眼前的二尖就是登

從煤礦區下眺菁桐車站。

石筍尖之名據說是由此方向看去而得名。

石山舊屋。

山界來此最愛攀爬的連峰。只有峰頭尖較為偏遠，交通亦不便，選擇的人較少。

　　每次抵達菁桐小站，多半在附近的街衢和煤坑徘徊，或者在月台附近等候著火車的到來。但心裡難免有一絲遺憾，總希望能夠有一從容時間，上抵這二座山的山頭，往下瞭望。相信這樣的鳥瞰，一定能飽覽美麗的山谷風景。一如平溪的孝子山和慈母峰般，但卻是不同角度的俯瞰。

　　石筍尖，又名赫山或皇帝椅山，因為山形遠看時像豎立的竹筍而得名。山頂還有一天然石塊如皇帝的坐椅，傳說甚多。小小之山頂卻有三百六十度的絕佳展望，盡覽周遭之山谷。

　　有一回，選擇從菁桐車站的方向上山。沿著鐵道旁邊的公路往前走十分鐘，抵達一棵大樟樹。左邊有產業道路，順產業道路上行，抵達叫石山的農家。由農家後小徑過溪澗，進入林子，

岔路上的土地公廟。

桂花

桂花是因茶業而興起的香花栽培業。桂花根據花色和花朵大小、花期的不同，一般分為八大品種。每年8、9月開花。當年茶山除採茶外，也採收桂花。可惜，因製茶愈來愈講求天然的花香，加上包種茶的發明取代薰花，台灣北部各地桂花林遂逐漸沒落。

經過一處矮小的有應公廟。接著遇岔路，一間前方堆積著石塊和石燈座的土地公廟座落著，前方還有高大的桂花林。這座桂花林有點像是南港茶山的桂花林一樣老而高大，看來已經有一段歷史，早年無疑是當茶的香料用。

岔路的另一端是從平溪上來的。由此下溪澗，再往前，沿溪行，隱密而美麗。一路有廢棄的產業駁坎，抵一岔路後，左邊往石筍尖。右邊往三坑山和汐平公路，過去是連接到汐平公路福興宮的菁桐古道。（此一段行程可參考「菁桐古道南段」）

走左邊的石筍尖，不久便上了稜線。接著一段大石壁，有一段路必須攀繩，較為吃力，過稜時也得小心。這時往下瞭望平溪線，剛巧看見火車經過山谷。可惜，早上時逆光，若是下雨天和陰天視野較好，那感覺近乎唯美的電影畫面。最後，抵達一處岔路。往右，在陡峭地樹林抓繩攀樹，援引而上，再抓粗繩，搭上了岩壁，就是視野遼闊的石筍尖（520M）。

根據謝永河在《北部郊山踏查行2》的敘述，「民國41年5月間，李傳旺、楊昭明和邱家照三位岳友初次登攀的。在此以前攀崖專家沼井鐵太郎，由東

從北邊山區南望時，石筍尖變得雄偉了。

稜北面登頂，這面路線極為困難，大部份山友由南稜爬上……。」回顧此段登山史頗為有趣，亦可知早年山友對石筍尖的重視。我們現在爬的便是南稜的岩壁。

石筍尖上的石椅。

　　站在這座歷史元素豐富的山頂極目四望，視野之佳，果真無出其右。這時更可了然，此山頭為何被一些登山前輩譽為平溪線一大奇觀。石筍尖上竟有一天然石塊形成的石椅，三面靠背，被稱為皇帝椅。相傳風水甚佳，昔日曾有土匪坐在此稱帝，但旋即被消滅。

　　由石筍下山，再往左行朝薯榔尖方向前進，路徑亦相當陡峭，大約四十分鐘。路上黃藤不少，中途開始出現柳杉林，杉林下的小徑已經開始有鋪好的石階步道，走來索然無味，只適合一般遊客上山。

　　抵達岔路，旁邊有廢棄的舊廁所。往左下到菁桐坑。往上約三、四公尺，左邊有一小徑可切下溪澗到薯榔尖。一路有不少舊水池和廢棄的房屋，看來都是舊煤礦的遺跡，少說有二、三十年的歷史。最後上抵寬敞的大路。往右，不遠處的溪澗適合休息。跨溪往前，一路蹭蹬，通抵魔神石窟。

　　往左到薯榔尖和二坑。目前鋪有良好的石階步道，這是昔時舊坑道的台車小徑。若不上薯榔尖，往下行，穿過運煤之山壁，旋即下到二坑小村。（2001.2）

二、

　　上回從菁桐古道下山，經過二坑時，發現石筍尖步道已經修築完畢，不知石階步道是否直通到險絕的山頂？此外，日治時代登山家，如何從東北稜線的隱密小徑，通過陡峭的崖壁，攀上石筍尖呢？我都很好奇。這回趁星期六清晨，獨自去探查一番。

　　我從二坑上山，沿著石階步道穿過杉林，約半個小時爬抵山頂。石階才鋪設一年，已經近乎荒廢，草木深掩，顯見石階步道設計的不當。再者，石階只鋪到一半，還有一段險坡必須攀爬，鋪設石階之荒謬已昭然若揭。

　　上頂峰前，北邊有一掛繩小徑貼著岩壁垂直下去。我試著從那兒走下山，才一下去，就看見一棵豔紅鹿子百合，楚楚可憐地貼著崖壁盛開。從石筍尖山頂緩下，總共會翻過四座小峰和四處險壁，有些辛苦。其中，除主峰外，還有三峰山勢較險，必須近乎垂直攀崖而下。繩梯懸空，容易搖晃。猜想當年沼井鐵太郎一行是從這兒上山的，才會引起岳界重視。當年日人攀爬大霸尖山頂峰前，把石筍尖視為模擬的山頭，道理亦在此。從二峰斷崖遠瞧石筍尖主峰最為嶄然，彷彿三千公尺高山才有的霸氣。三峰和四峰間鞍部，樹林被砍伐，偷掛鳥網。這是另一端岔路，張貼有「小心虎頭蜂！」的原因。（2003.6.20）

■參考書籍

　　謝永河《北部郊山踏查行》聯經　1982

薯榔尖

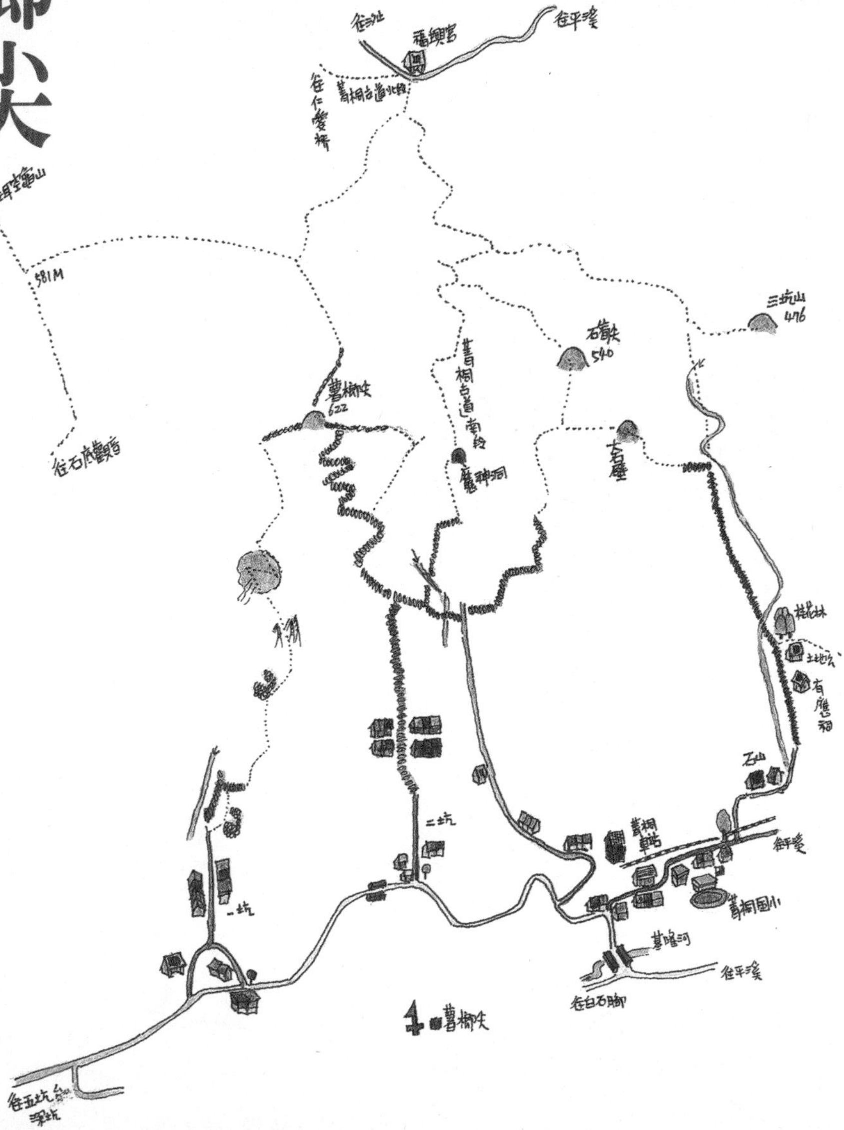

往石北　龍興宮　往平溪

薯榔右道北峰

往仁愛橋

往野牛石山

581M

往石底觀音

薯榔尖
622

舊桐古道南段

石崆
540

三坑山
476

廟神洞

古厝

松林

土地

有廟祠

乙山

二坑

菁桐車站

軒轅

二坑

薯桐國小

薯榔溪

往白石腳

往平溪

一坑

↑ 薯榔尖

往玉桂山
平坑

漫遊資訊

■行程

搭乘台北客運15、16路至一坑口下車。或直接開車抵達。或搭乘平溪線火車在菁桐站下車。

■步行時間

一坑口 **10分** 登山口 **30分** 稜線 **20分** 薯榔尖山頂 **40分** 二坑

■適宜對象

少年以上為宜。

■餐飲

菁桐附近有餐飲店,宜自備。

這次的旅行夥伴很特殊,政大新聞系教授阿三和他的孩子——一隻叫巧克力的褐色土狗。我們的目標是薯榔尖,想用一個早上的時間輕鬆健行。

在地理位置上,薯榔尖位於菁桐坑的西北邊,屬於平溪三尖之首,其餘二尖為峰頭尖和石筍尖。薯榔尖,又稱為「平溪富士山」。據說,日治時代住在菁桐挖煤的日本人,每天看著薯榔尖,因山形遠望如富士山之三角以及龐大,因而傳出了「富士山」的稱呼。此山(622M)有一座三角基點,視野全面,可眺望菁桐坑、石筍尖及南面之峰頭尖連峰。

至於為何叫薯榔尖?而山下的小村子

薯榔。紅色染料植物。

薯榔

全名裡白葉薯蕷，原生木質藤本，泰雅族某些部落居民常用的染料，稱為「tukuy」。使用方法是將根莖的皮消除，切成小塊搗碎，將欲染衣物浸入即成暗紅色。這種染料可增加被染纖維的強韌性和防水性。若要染成黑色，可加入木炭、鍋垢，或是加入牽牛花葉的汁液水煮，再加入木炭也可染成黑色。薯榔村可能以使用這種染料植物成名，或者盛產。我只在菁桐街上見過一次，但附近山區裡經常可見。

破落的一坑街景。

又叫薯榔村等原因，我並不清楚。或許是山裡盛產薯榔這種攀藤的染料用植物吧！

　　在一坑停車，走進村子。當地的土狗看見巧克力出現似乎相當生氣，一路上不斷跟在後頭狂吠。一坑是個煤礦小村，煤礦廢棄了，只剩下一些住戶。我們穿過低矮的房舍和磚房、廁所。村子裡盡是老人。他們好奇地盯著我們。一位老婦人看著我們的裝扮，知道是登山人，突地冒出一句勸阻的話：「山都崩光了，哪有路爬山。」

　　我知道桃芝颱風對平溪的傷害，前些時走過了好幾座山，對這句話並不以為意，只是和阿三當作善事一椿。

　　沿著整修良好的溪溝，抵達一坑79號的紅磚屋。左邊有二條綁了布條的山路，相互並行，沿此上山即薯榔尖。一路開始為石階，約莫七、八分鐘，抵達一間廢棄的石厝，旁邊有些耕地。再往上走，過了竹林，眼前是一大片土石流後的崩塌地，寬近百公尺。登山布條在對岸。我們走過後，忽地又發現，布條在右岸。走到中途，再發現左岸出現布條。總之，原來的山路已經毀掉。

一坑滿目滄桑，老舊、落寞等字最適合描述此地所見之任何風物。

我們好像走在高山的碎石坡，頗為辛苦。這時才體認老婦人的意思。過了這段崩塌地後，接上舊山路，抵達一處空地時，已經走了半個小時。又過十來分鐘後，抵達稜線。此後，沿著稜線的窄徑上上下下，並不好走。看見一種長相如鐵線蕨般纖弱、梅花型葉片的小野草，長著一公分的白花，數量甚多，別的地方卻不曾見過。

　　周遭視野開闊，幾無任何遮擋。從登山口算起，穿過原始的林子至山頂，約莫一個小時。薯榔尖不高，卻是附近山區視野最清楚遼遠，且最為開闊的山頭。西邊的大屯山系、五指山系，南邊的石底觀音山、皇帝殿、二格山，盡數入眼底。東望則是臭頭山、峰頭尖、遠望坑山嶢屼並列。北面則有草山、燦光寮山等挺立遠方。附近的三坑山和石筍尖等則是山勢巉岏，真是暢快的遠眺啊。

　　但是上了山，除了遠眺，低頭時，卻是相當難過。因為山頂旁邊竟出現了一條剛剛砌好的石階步道，還有欄杆塗上了新的綠色油漆。我們正傻愣時，二名工人帶著掃把和油漆上山。原來，今天是驗收日，他們趕上來掃地，修飾邊坡的餘物。他們都是當地人，都有

遠眺山勢巉岏的石筍尖。

六十好幾的歲數。

　　這是縣政府的政績，可悲啊！難道非得把整個基隆河上游溪水水溝化，山頭石階步道化？各地鄉鎮都有補助經費，各地鄉鎮民代都有工程款運用，當地人也有工作。大家都有錢賺，生活滿意。苦的是當地的生態環境了。

從白石腳遠眺薯榔山，最像富士山山形。

　　或許，你會覺得有石階步道築到薯榔尖山頂，能讓一般不能上山的遊客有機會上來　，擴充了平溪旅行的多樣性。但是，我和阿三都抱持猶疑的態度。畢竟，石階步道已經嚴重傷害了山頭的生態環境，更破壞了自然景觀的視覺。

　　我和阿三與小狗，在山頂煮茶，休息，吃午餐。

　　從山頂遠眺，看久了，唯石筍尖、三坑石山，二尖突立，最教人著迷。但右邊是石筍尖嗎？我倒是有一些迷糊了。薯榔尖山頂，還有一條隱密的小徑通往盤石嶺和耳空龜。我們並未繼續往前。選擇石階下山。走了一小段，看到旁邊有山路出現，遂放棄了石階路。沿著稜線的山徑摸索。從此處極目，左邊通往盤石嶺的山路，大片禿裸的石壁相當壯觀。

　　山徑最後還是和石階步道相通，且連接上石筍尖的石階步道。石筍尖明顯地也有石階步道通往山頂。唉，教人難過、勞民傷財的步道工程。

　　由二尖交會處的石階往下走，遇到土石流遺下的大坑洞，石階皆損壞。依這裡颱風的情形，上述的石階步道恐怕也維持不久。下抵二坑。一個和一坑類似的環境。礦工之屋如梯田般依山佇立。窄小的紅磚屋，偶而一張老嫗的臉露出。（2002.1.11）

峰頭尖、石燭尖

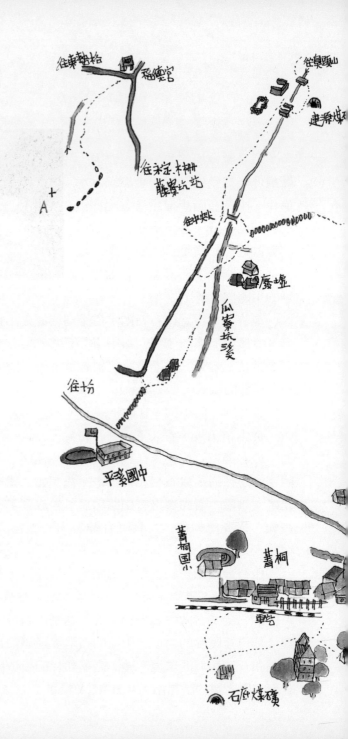

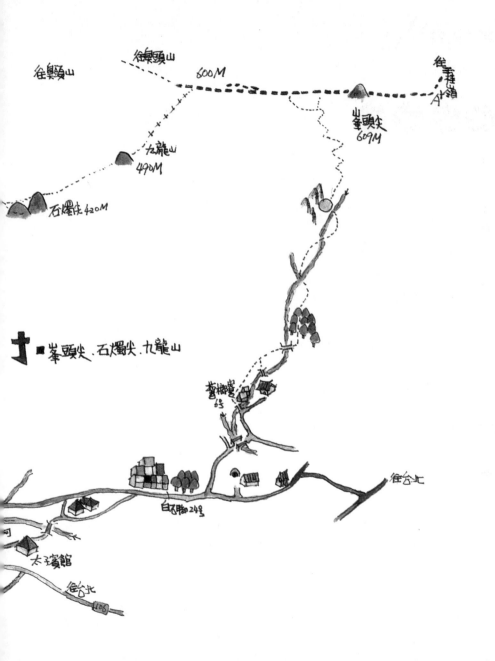

往鱟頭山   往鱟頭山   600M   往
                                            峰頭尖 609M

九龍山 490M

石燭尖 420M

✝ ■ 峰頭尖 · 石燭尖 · 九龍山

菁桐坑

往台北

白石腳 24號

太子賓館

往台北 106

■行程

搭乘平溪線火車，或搭乘台北客運16路或15路公車，在菁桐、平溪車站下車。另外亦可自行開車前往。或在藤寮坑站下車，步行至峰頭登山口。

■步行時間

一、

藤寮坑站永定橋 __30分__ 岔路福德宮 __3分__ 登山口 __35分__ 稜線 __60分__ 峰頭尖

__65分__ 菁桐車站

二、

菁桐車站 __50分__ 溪源空地 __70分__ 稜線 __10分__ 峰頭尖

三、

平溪國中 __25分__ 登山口 __25分__ 石燭尖前峰 __30分__ 九龍山 __80分__ 峰頭尖

■適宜對象

青少年以上為宜。

■餐飲

菁桐和平溪老街皆有餐飲店，藤寮坑無。

記得有回從小霸尖頂峰往北望去，看到峰頭尖鶴立雞群的壯觀山姿後，一直萌生著前往一探究竟的心願。

　　儘管有颱風來襲，由於是9月初開學，難得有一天的休息日。於是，再和友人相約，帶孩子前往。

　　峰頭尖（609M）是平溪三尖之一，另外二尖是薯榔尖和石筍尖。後二尖緊鄰著菁桐小鎮，明顯地矗立著。峰頭尖卻孤立於東邊的山巒，

菁桐村子入口，工人推動運煤車的地標。

從菁桐的位置遠眺並不明顯，只是略高於其他山頭。

登山協會的朋友多半喜愛搭乘台北客運16路，在藤寮坑下車，走半小時的柏油產業道路，從玉桂嶺附近的南麓登山口攀爬。儘管此山砂岩岩層裸露，南麓的登山坡度還是比菁桐方向的緩和，只要沒有下雨，都不是困難的山線。

如果有機會，很想從峰頭尖縱走九龍山到平溪。9月初，我和友人初次選擇，卻從菁桐上山，試圖來回縱走。為何如此？因為天氣仍熱，以致於想要選擇水域多的環境。從藤寮坑上山，林相雖然蓊鬱，水域卻不豐沛。從菁桐的方向，卻是基隆河上游的集水區，小溪到處。這時節野薑花季節也過了，又不適合在芒草的山區健行。選擇有水的原始森林環境，最是逍遙。

過了平菁橋，沿白石腳村子，走往薯榔寮。登山口在白石腳24號旁邊，橘子園右側的柏油小路。一路上都可遠眺平溪的另外二座指標山：石筍尖和薯榔尖。

薯榔尖被當時日本煤礦工作者暱稱為富士山，從這個角度更能真正

峰頭尖三角點。

體會，並且清楚認識那種完美的等腰三角形山形。一路上蜻蜓梭巡，蝴蝶翻飛，昆蟲非常多，一處很適合自然教學的田園環境。可惜，菁桐小鎮因人潮太多，已經不忍卒睹了。典雅的日本宿舍區一半以上幾乎被拆除，或蓋上鐵皮屋，前面蜿蜒的基隆河也築起難看的堤岸。

過了小橋，抵達薯榔寮。從薯榔寮6號左邊的小徑上山，一上山就是潮濕的森林環境。沿著小溪，不過一小段，看到溪對岸有一大片黃褐的土地裸露著，那是開墾後的荒涼景觀。一間叫彌陀禪寺的鐵皮屋建築，怵目驚心地聳立著。從山上流下的豐沛溪流，由旁邊急促而過。萬一豪雨，不知這兒會是怎樣的情形。若有土石流，一定會出問題。

小心往前，溪澗和水瀑不斷出現，景觀精巧而婉約。光是這樣的瀏覽，這趟健行就值得了。接著，過一段小橋，對岸是苦茶油林。穿過後，全身都濕透。

再沿著溪流走，路徑變得窄小，時有凹坑。抵達一處二溪交會的地點，過了溪，周遭台地平緩，竹林到處可見，大菁亦不少，看來是被人荒廢了一陣的農地。不過，並未見到古厝。又跨過一條小溪後，再進入密林小徑，遇見另外一處小瀑布和山澗。旋即，又過了溪水，抵達一處寬廣的空地。周遭都是麻竹。空地上有廢棄的破舊水缸和鐵鍋碎片，以及一些燒煮的痕跡，這些都是過去農夫留下的物品。

如果是踏青，走到這兒休息，帶孩子在此痛快地戲水，再折返，亦

豔紅鹿子百合

豔紅鹿子百合為百合科百合屬，多年生草本球根植物。原生棲地在台灣北部低海拔山區峭壁環境，屬於生態幅度狹隘的稀有物種。夏季開花，花型大，花色豔麗奪目，相當富觀賞價值。在台灣的百合裡（包含其他三種野小百合、台灣百合、鐵炮百合），花朵最豔麗者便是豔紅鹿子百合。

此類百合喜愛在陽光明亮的環境。植株最大可長到一公尺半左右，它的地下鱗莖呈扁圓形，白色至黃褐色，鱗片頂端與它的花瓣一樣，具有紅色斑點。葉片一片片交互生長，斜上或斜下，葉片呈卵狀橢圓形。質地有點厚，葉柄很短，有時甚至沒有。每年4月開花，7、8月最盛。

早年山友喜愛採集豔紅鹿子百合，除因其美麗的身影垂懸在峭壁外，加上百合的鱗片是傳統的食品與藥材，由於採摘過度，目前僅一些峭壁懸崖，尚有僅存的個體。其實，食用的百合鱗片在市面上已有販售，美味而便宜，豔紅鹿子百合的鱗片帶有苦味，並不適合食用。

豔紅鹿子百合。

是不錯的旅行路線。9月時，能夠走在這處台灣濕氣最為豐沛的森林，感受到蓊鬱之氣，這樣的福氣，值得好好珍惜。

休息一陣，繼續沿著乾溝小徑，慢慢往上爬。乾溝散落著青苔叢生的卵石，相當濕滑，小心踩踏，辛苦地蹭蹬上去。如果是下雨天，這兒一定會形成臨時溪圳，變成可怕的山路。今天始終天色陰暗，我不免心驚。中途零星遇到三、四棵九芎。這裡比下方更有著原始森林的風貌，毫無人為的拓墾跡象。

續行，踉蹌抵達岔路。二條小徑都能上到稜線。我們選擇右邊的山壁直接攻上稜線。費了一陣子的攀爬，終於上抵石塊壘壘的稜線環境。眾人休息時，一位朋友注意到附近有不少豔紅鹿子百合。這稜線氣勢不凡，有些地方可以往下眺望平溪的山谷，一坑、二坑和姑娘廟、永定等小鄉村，都一目了然。未幾，往右邊行去，六、七分鐘後，抵達了峰頭尖。視野並不好，頂上有一顆內務局三角補點。通往藤寮坑的小徑，看

來亦相當陡峭。

用過午餐後，走了一段岩稜後，細雨綿延，不得不放棄往平溪方向的縱走。由另一邊岔路下山，回到菁桐。上山花了二個小時，下山時，一個多小時就抵達。（2001.9.9）

■石燭尖、九龍山

仍跟上回去攀爬中央尖的方式一樣，從平溪國中對面的石階上山。不過，才半年而已，石階登山口已經設立有新的步道指示牌，繪出孝子山、慈母峰和中央尖等地區的步道圖，猜想那兒一定都築成欄杆的步道。唯石燭尖這兒依舊保持原來的模樣。

我帶著一群親子團前往，捨棄了碎石步道（碎石步道即過去輕便車的路線），沿著瓜寮坑溪的小路前進，經過瓜寮坑3號和4號石厝，隨即進入田間。未幾，跨過瓜寮坑溪。許久未下雨，溪水不多，整條溪顯得死氣沉沉。過了溪，抵達石燭尖的登山口。

一條瘦窄的石徑直上，深入陰濕的林子。登山者喜歡以「驚險、刺激」形容這條短短的山徑和路程。但它不過四百公尺海拔的山頭，我不免好奇會是如何形容，相較於周遭的孝子山、石筍尖和中央尖，它又有何差異。

一上石階，隨即發現石階相當短窄。若水氣濕一點，石階濕滑，並不好走。石階周遭有大菁植物。約莫五分鐘，上了石階，周遭生長著不少九芎樹。眼前大岩壁下有二個挖過的大洞窟。洞窟前是平坦的空地，大概許久沒有人整理，成為九芎林茂密生長的地方。繼續往前，有一條岔路，但二路相通。沿右邊瘦窄稜線，攀繩而上。果然有些刺激，回頭正好瞧見慈母峰的垂直石階，右邊則可鳥瞰平溪國中。這時平溪線火車

剛巧經過，景觀有一
種奇特的動態縹緲。

　　過了石稜，未
幾，再上一石稜，就
是石燭尖前峰。這兒
就是石燭尖最高點，
下眺周遭，景觀奇
佳。前方陡峭尖山即
石燭尖，顧名思義，
形狀甚似。可惜，獨
立成峰，難以攀上。

　　休息之大岩石下
有一洞窟，落雨時，
可以鑽探而下，在洞
窟旁空地休息。從石
燭尖下山，繼續往九
龍山，約莫半小時抵
達，唯山頂（475M）
無啥視野。由此再往

孤立的石燭尖難以攀上。

前，稜線崎嶇漫長，分別通往峰頭尖、臭頭山，都是二、三小時以上的
行程。

　　我所帶領之隊伍，早就望而怯步。轉而下山，循右徑去了瓜寮坑溪
上游的煤礦坑，享用午餐和戲水。煤礦坑的遊客不少，顯然已經更多人
知道了。這樣短短的爬山以及郊遊，或許不盡登山之意，但意思到了何
妨，重點在於有無體驗之心境，而非成功地走完或登頂。（2002.8.26）

柴橋坑越嶺

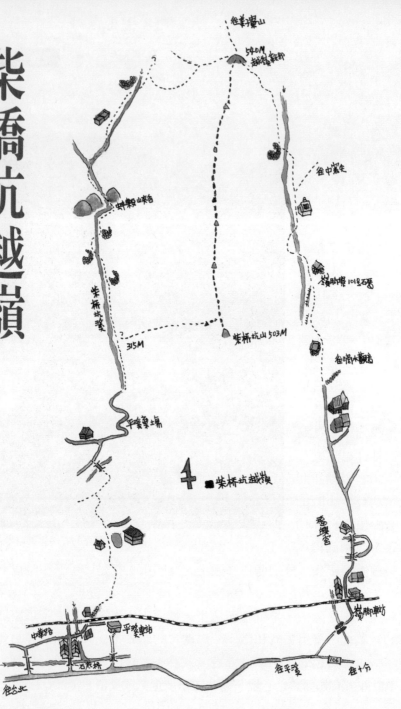

往薯榔山

540M 越嶺最高鞍部

往中窯往

往中窯往

合胸嶺101里石牌

井軟山來台

往滴水觀音

柴橋坑山 503M

315M

平溪聚場

柴橋坑溪

柴橋坑越嶺

番迺宮

菁桐車站

中華路

平溪車站

106

往平溪 往十分

石底橋

往台北

#

■**行程**

　由捷運木柵站，搭乘台北客運16路或15路，或駕車至平溪。亦可搭乘平溪線至平溪車站。

■**步行時間**

　石底橋 **50分** 涵洞登山口 **70分** 蚌殼峽谷 **10分** 越嶺鞍部 **50分** 土地公廟

　30分 石厝101號 **30分** 嶺腳車站

■**適宜對象**

　青少年以上為宜。

■**餐飲**

　平溪附近有四、五家餐飲店，嶺腳只有一間雜貨舖，宜自備。

搭乘台北客運16路抵終點站平溪，循石底橋的路線，越過基隆河上游，進入平溪老街。街道的欄杆綁了許多黃色布條，抗議平溪變成棄土場。棄土場就位於平溪西邊山谷，我們要前往的山路上。

　中華街17號是一家打鐵舖，已無老式的模樣。越

從平溪車站隱約可以遠眺孝子山。

往柴橋坑，必須跨越平溪線鐵道。

過平交道後，沿著旁邊的石階上山。循著水泥產業道路前進，旁邊多半為竹林。右邊迅即出現一家高大之靈骨塔，前有水塔。左邊的林子隱密處則有一間土地公廟，廟前明顯有小路，被洪水衝毀了。可能是過去的小徑。這條小水泥路銜接著柏油道路。接口

整地、填埋垃圾的柴橋坑，不復昔日美麗風貌。

平溪棄土場

　　平溪棄土場是全台最大的廢土傾倒地。原先打算做高爾夫球場，後來申請法案無法通過，變更為棄土場。大約1996年開始傾倒廢土。2001年11月結束。柴橋坑溪山谷成為祭品。一條美麗的山溪因而消失。

　　像平溪棄土場的例子，可能係某個財團、地方民代或黑道勢力，透過官方管道，購買一塊偏遠的山谷，先整地排水，做為棄土堆積地，收取廢土堆棄費用。等廢棄到了一段時間之後，再整地，做為其他用途，收取第二層費用。

　　這些地點再整地時，往往先剷除附近山林的林木，鋪設涵管，引山溪入涵洞，造成嚴重的生態破壞。柴橋坑溪便是如此消失。這種情形，只要遇到颱風或土石流，勢必都會導致柴橋坑溪涵管阻塞，造成山洪暴發，嚴重威脅平溪鎮之安危。象神颱風時，就差一點釀成災害。

　　經過平溪小鎮時，看到一路上綁有黃色絲帶，上面書寫著「不讓平溪變土城。90.11.13終結棄土還我河山」；後來上網查看，發現不少環保團體這四、五年來亦不斷抗爭、控告，行文相關單位。

處左邊，另有小徑，我們依登山圖指示進入。

　　我參考的是張茂盛先生1997年3月繪的〈由平溪柴橋坑山經嶺腳回原起點路線圖〉和1999年7月「柴橋坑越嶺嶺腳寮」的資料。但是才二年而已，這裡的地貌因廢土堆置，已經有明顯的變幻。再加上，這二年颱風不斷，天災地變。二個月前

從慈恩嶺遠眺柴橋坑掩埋場。

納莉颱風更造成平溪線中斷，迄今仍未修復。山上的溪谷完全走樣，山徑更是四處流失。嚴格說來，手上的地圖和訊息只能供參考而已，不能完全依據。

穿過小徑後，看到一片開闊的平坦地面。這是已經整好地面的平溪棄土場，由於就築在山谷，佔據相當龐大的面積，嚴重影響自然生態環境，甚至影響平溪居民生活的安危。

沿著柏油鋪好的寬敞路面一路上行，更裡面的廢土就未整理，隆起如小山般高。大致回顧四周，我驚訝到棄土場之寬闊，足足可以容納六、七座紐約世貿大樓傾倒後的廢土。約莫走了半小時，才走完大半路程。緊接著是爛泥地。過去的山徑已經不見，許多在此的山路都被棄土場的廢土掩埋消失。只能按地圖和資料研判，唯有沿著溪走，才有可能遇到過去的山路。

辛苦地越過爛泥地，終於看到原來的柴橋坑溪。最後，它竟然流入一處涵管裡。這是個非常惡質的工程。暴雨時，小小一處涵管根本難以承受大量的溪水，溪水勢必會暴漲，形成山洪。更可怕的是，納莉颱風已經讓附近形成土石流和崩石的地形，涵管洞口身處於隨

整個柴橋坑溪，僅有一小小涵管接送溪水。

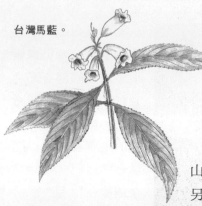

台灣馬藍。

時被淹埋的危險裡。如果涵管洞口被埋，溪水到處亂竄，勢必往下，挾帶著大量泥沙，流向平溪小鎮，形成可怕的災難。這是平溪居民為何會群體反彈的主因。

　　沿著涵管涉溪。不久，終於找到了登山布條，確定了過去的山徑路線。不過，另一條通往柴橋坑山和滴水觀音的山徑始終未找到。沿著山路往前，幾乎都是在潮濕的密林裡。到處都有大菁，也有駁坎的遺跡。此外，大菁的親戚，台灣本地的台灣馬藍也開著淡紫花，在路邊形成一片美麗的花海，讓人驚喜不已。盛開著黃色花蕊的台灣根節蘭，沿著溪邊小徑也出現不少。

　　隨即，我們不斷遇到土石崩塌的環境。一遭遇時，都會耽擱一陣，辛苦地尋找路線和布條。山徑隱密，不易前行，一路上也難以找到登山布條。縱使發現了，登山布條亦十分稀少，有的已經倒在地面上，或者爛掉了。後來，勉強找到一張新的布條，竟是今年6月的，或許自納莉颱風後，這兒就沒有人來了。

　　不久，走到溪的左岸，又遇到竹林和駁坎遺跡。然後，又是土石崩塌的環境。困難地往前，不時在溪石上下，整條溪谷滿目瘡痍，儼然昨天才經歷颱風一般。好不容易，又依靠著一些不甚清楚的布條，找到往前的路線。最後，抵達大石壁。

　　大石壁前有幾棵大九芎，白淨的樹身雅致如象牙遺骸。溪流在大石

柴橋坑溪上游五大景觀

有關柴橋坑溪上游景觀，僅整理當地人的旅遊心得共五大景觀如下：

一、波痕石。位於上游西側五百五十公尺高地之東方稜上，長約五十公尺。這是千萬年前本區為海岸邊緣的證據，保持相當完整。

二、西源瀑布。在柴橋坑溪主流源西支分歧點附近。旱季水量小，雨後形成十公尺高巨瀑，前有清潭，潭之東側上，有懸空的大沖蝕壁，形狀如石棚。

三、大石壁，又稱千仞壁。位於主流終點，二分支匯合點上方。峭壁崢嶸，露岩雄偉，斜嵌溪底，流水繞行壁面。二溪則呈「V」字型上延，都是相當罕見的自然景觀。

四、蚌殼峽谷。於主流源東支流上，以分歧點計，和西源瀑布等距。由上游往下游看，兩岸岩壁，高聳約三十公尺，如微開巨蚌。這是當年河流切蝕擋路的岩層，經過千萬年才形成的特殊景觀，割鑿的痕跡明顯。

五、姜南山、萬丈崖。高五百七十九公尺，矗立於姜子寮山東南稜上，係一單斜脊的山頂。北臨垂直陡壁，可見五分山斷層沿線。東南也是陡坡，岩壁裸露，展望嶺腳平溪一帶山谷，視野遼闊，周遭山形歷歷在目。

壁前，繞了一個大彎，溪水清澈如明鏡。過了溪，抵達石壁峽門。入口是一個窄小而陡峭的岩壁。當地人稱之為「蚌殼峽谷」。到來者必須從蚌殼地形中的河床，攀附而上。穿過石壁，繼續溯溪而上。

過了峽門後，遇到溪水分岔。溯溪右支流而上，抵達一處河岸左邊的竹林空地，有著清楚的住家遺跡，諸如水槽等設備仍在。當時的人何以住到這麼裡邊的山谷環境，實在教人不解。再往上，溪邊又看到高大而清楚的駁坎，約有大人高度，每顆石頭都有一台微波爐大小。明顯地，那是要花費機器才可能施工完成的工程。但堆土機如何駛進來呢，我更百思不解。

小路到處，又被土石流橫斷。有一陣子，無法找到往前的路。絕望好一陣後，頓時發現左邊密林有一綁有布條的登山小徑。沿小徑越嶺，離開了溪邊。按地圖的資訊研判，正要走上越嶺鞍部。未幾，果然來到了十字路口的鞍部。北往姜子寮山

昔時捕捉果子狸和山羌的獵夾。

典雅的嶺腳溪土地公廟。

（729M，水利局列為基隆河發源地之一），南往柴橋坑山。繼續往下，投向嶺腳車站。

我們在鞍部用餐，享用便利商店買來的冷便當。冷便當在山上享受，別有一番滋味，後來成為我們登山必備的中餐。大家順便檢視褲管，結果有三個人，包括我，都被螞蝗咬了。鞍部有獸夾也有弓箭，顯見這兒常有人在打獵。

前些時拜讀一篇當地人的文章，還提到這兒過去曾有山羌、果子狸等蹤影。這二種動物，目前在北台灣山區其實少有人在登山時目睹，或找到足跡，或聽著聲音。

用完餐後，往嶺腳寮下山。才一走下去，隨即發現茶樹三、二棵，早期這兒顯然有人種茶。不過，再繼續下，未發現，倒是有一些杉林。繼續沿著溪下山。這條溪該是尪仔上天溪（嶺腳溪？）了。約莫二十分鐘後，在溪右岸遇到阻斷。眼前是高大的駁坎遺跡。前面山路被土石橫斷。沿著溪床摸索了二百公尺左

往滴水觀音山路。

右，終於在殘枝斷樹的崖邊，找到了過去的舊路線。

這時我們轉而在左岸前進，才一上岸就看到往中窯尖的岔路。隨即前面是一處小空地，森林陰翳。一座土地公廟在林間安然座落著，雖然斑駁，青苔滿壁。兩邊門柱各掛著亮麗的紅布條，廟前擺著附近

因颱風崩壞的平溪線鐵道。

農家來此祭拜的香火，那端莊典雅，教人仍忍不住想多看幾眼。過了土地公廟，又是土石崩落。下溪尋找路線，再銜接而上。溪岸有一座低矮的石屋，旁邊有廢棄的煤礦設施，以及輕便鐵道。看來是一處廢棄的煤礦坑道。

沿著鐵道小徑前進，鐵道隨即消失。剩下孤瘦的山徑一條，但未幾也被土石橫斷。翻過了溪谷，再銜接而上，旁邊有一廢棄貯水槽。此後，小徑開闊，銜接柏油路。左邊有通往滴水觀音的山路。嶺腳寮到了。第一戶人家101號，正在辦喜慶。由此順著柏油路，輕鬆快步，二十分鐘後，抵達戶數不過三、四十來戶，平素冷清的嶺腳車站。

原本要趕搭1：45下行的火車到平溪。結果，抵達車站才發現，因颱風關係，平溪線尚未修復，沿著鐵軌，快樂地哼歌，踏回平溪。（2001.11.4）

孝子山、中央尖

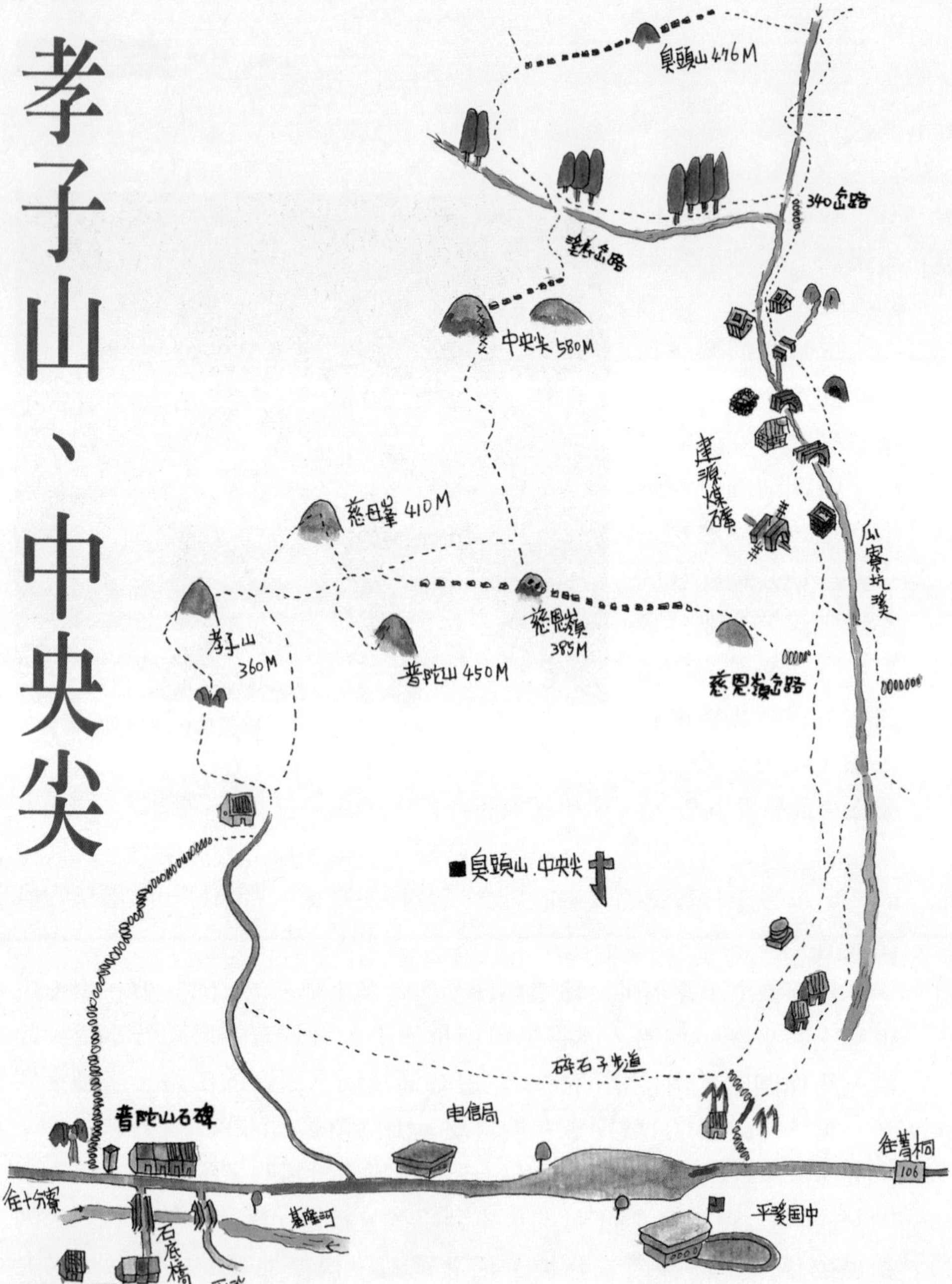

臭頭山 476M

340公路

望春崙路

中央尖 580M

達源煤礦

仙窖坑溪

慈母峯 410M

慈恩瀑路

慈恩瀑布 385M

孝子山 360M

普陀山 450M

臭頭山、中央尖

碎石子步道

普陀山石碑

電信局

往菁桐 106

往十分寮

基隆河

石底橋

平溪

平溪國中

平溪車站

平溪

#

■**行程**

由北二高，在石碇下交流道，前往平溪。在平溪國中下車。或搭台北客運15、16路，在平溪國中站下車。亦可搭乘平溪線火車。

■**步行時間**

平溪國中　**20分**　慈恩嶺岔路口　**40分**　慈恩嶺　**60分**　中央尖　**30分**　溪底岔路

1. 溪底岔路　**25分**　臭頭山　**30分**　340岔路

2. 溪底岔路　**25分**　340岔路　**20分**　煤礦坑　**20分**　平溪國中

3. 慈恩嶺　**35分**　孝子山　**30分**　普陀山石碑

■**適宜對象**

青少年以上為宜。

■**餐飲**

附近無餐飲，宜自備。

前二年，都由平溪火車站對面，普陀山石碑的步道拾級而上，拜訪素有「小黃山」之美譽的孝子山（360M）、慈母峰（410M）和普陀山（450M），三個連續的小山頭。

這三個小三頭海拔都不過四百公尺左右，卻因砂岩突立，氣

往建源煤礦之瓜寮坑溪步道。

勢險惡、雄渾，因而有著黃山之險奇。通常，在台北郊區，若建議一般人攀岩的山頭，除了黃帝殿、石筍尖和五寮尖外，我往往會推薦這個山勢奇特的地點，順遊平溪線。但孝子山和慈母峰之後，同樣是砂岩高聳的中央尖（580M），會是一個怎樣的環境呢？看到「尖」字時，其實，我早就心生嚮往，只是苦無和朋友結伴之機會。翻查一些登山資料，提及這個山的內容時，也無多少訊息。唯在一篇登山行的短文裡，看到「山壁幾近垂直，陡降約五十公尺……」這短短的描述遂成為我對中央尖的好奇。

第三次的旅行，我選擇由平溪國中對面的階梯上山。一登上階梯，山路分左右二條，右邊沿瓜寮坑溪行，左邊沿山腰的步道前進。遇到一些零星農家，住址都是瓜寮坑，這是

從中央尖下眺平溪。

台灣馬醉木

屬杜鵑花科，為台灣特有植物，全株具有毒性，連馬一旦誤食都會昏迷、呼吸困難、抽搐，因而稱為「馬醉木」。一般多分佈於中、高海拔山區，台灣幾個高山國家公園都很容易發現。在北部的陽明山，以及一些北部石碇、平溪等山區五、六百公尺的山稜線亦能看到。花期為12月至3月之間。花序由多數總狀花序組成，花蕾為紫紅色，花是壺形的，為懸垂像鈴鐺狀的鐘狀花，果枝和花序常並存。另外其莖、葉煎汁後，可用以殺蟲，果實呈圓形，種子細小，數量很多。

瓜寮坑溪土地公廟。

一條美麗而甚少為人知的溪流。在上游的地方水質十分清澈，有些砂岩的河床深廣，泛著青綠，總會讓人動念，準備夏天時帶孩子到此戲水。

左邊山腰的步道是最近地方鄉鎮才鋪設的碎石子步道。過去，它是建源煤礦的輕便車道。鋪成碎石子路後，雖然輕鬆好走，卻喪失了過去的原始之風味，十分可惜。這二條路最後會交會，隨即抵達廢棄的建源煤礦場。它已經廢棄三、四十年光譜。那兒有幾間荒廢的石屋，過去的廚灶、房舍、石拱橋和舊礦坑都還存留著，看來是一個規模不小的舊礦區。

我們並未由那兒前進，中途即轉而由左邊的岔路，爬上一個窄小的石徑，先由稜線爬上慈恩嶺（385M）。慈恩嶺上視野良好，再度將某一段平溪線的山谷好好地飽覽一番。這個角度的菁桐、平溪和嶺腳也清楚在望。連上回去的柴橋坑平溪棄土場都歷歷在目。稜線上山頂，有金毛杜鵑、雙扇蕨、小葉赤楠、大明橘等，這些毫無例外。最教人吃驚的，是馬醉木相當豐富。許多馬醉木都結果了。上抵慈恩嶺後，轉攻中央尖。

大約一個小時後，抵達山腳攻頂處。仰頭一看，果然看到了「山壁幾近垂直」的可怕形容。好幾條粗繩和繩

深山竹雞。

深山竹雞

台灣特有種，因其腳脛呈紅色，土名紅腳竹雞，普遍棲息於中高海拔三百公尺以上山區。和生長於山麓至低海拔山區一帶的竹雞不同屬。它們的活動比竹雞更隱密，常喜歡棲息於茂密的雜木林。晨昏時發出一連串嘹亮鳴聲，類似「咕、咕……吊咕─吊咕─」。以昆蟲或植物嫩芽、草籽為食，營巢於草叢間，在地上做為淺凹巢。成鳥比竹雞略小，難以發現。

廢棄的建源煤礦坑道。

梯，垂落下來，供人攀繩而上。這次有六個小朋友，14歲到10歲皆有。他們都攀過五寮尖和孝子山，卻沒有這回的辛苦。所幸，花了一陣力氣，還是逐一爬了上去。上抵山頂（無基點）後，哇！那視野又比慈恩嶺更為遼闊了。

整條平溪線更是清澈，連東勢格方面的山巒都有了明確的眉目。

坐在山崖上時，突然期待著再次聆聽到深山竹雞的叫聲。雖然我知道那機率很小，但上回佇立孝子山，是我首次在北台灣聽到深山竹雞的叫聲，不免有著很深的情感。

緊接著，我們沿稜線往西，旁邊有一座龐大的裸岩之山頭，緊緊傍立著，若有繩索攀岩，勢必比慈母峰更具挑戰性。約莫半小時後，下抵溪邊，在那兒用餐。溪邊有不少杉林，也有少數竹林。空地上則到處是開花的大菁。

從這兒往左是臭頭山（476M），一座山頂植物不少的山頭，並無中央尖的險峻。往右有一條小徑沿溪邊，杉林依舊，路上則到處是大菁盛開著紫花，陰森地亮麗著。在潮濕的地面上，我看到不少肥大的薯榔，用

廢棄的建源煤礦磚灶。

廢棄的建源煤礦辦公室。

石頭試敲，流出鮮紅的汁液，果真是上好的染料。小朋友累了，希望沿溪邊走回去。於是，順溪而下。

　　原本也希望這是一條平緩的小溪，但沒消多久，山路起伏，直到遇見另一條雙溪交會的岔路。此後，再沿著溪邊時，山路轉而平緩了。我在路邊的大菁草原上，從覆蓋的草叢裡找到過去的磚灶和廢牆。隨即看到了二座小廟，其中一座並無任何神像，應是有應公。溪對面另一座則擺有神像，應該是土地公廟了。它們都綁有紅布條，廟上方有棚架架著，掛著祭拜的香燭。

　　廟前的溪床展開一個頗壯觀的壺穴。此外，有一座小水泥橋，橋對面一道水量豐沛的瀑布，飛瀉而下。過了橋後，路旁有一個廢棄的大礦坑和荒廢的機器設備。此外，河床上有一座大拱橋橫跨著。這時，才發現回到了瓜寮坑的廢棄煤礦坑區。由此再依步道前行，迅即回到平溪國中。（2001.11.25）

廢棄的煤礦殘墟。

五分山步道

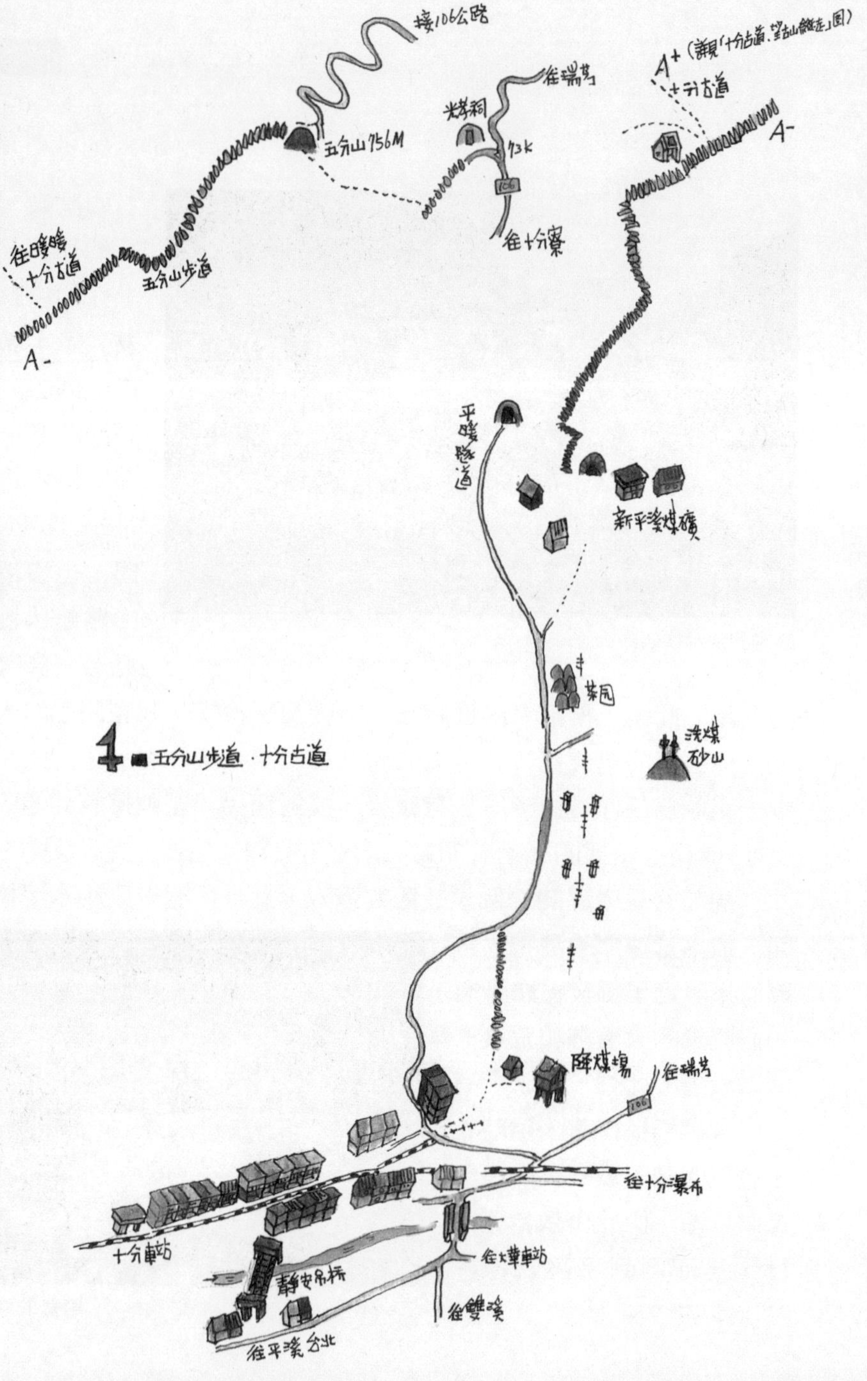

接106公路

往瑞芳

A+（詳見「十分古道、望古山縱走」圖）

十分古道

煤寮祠

五分山756M

73k

106

A−

往十分寮

往暖暖十分古道

五分山步道

A−

平溪橫道

新平溪煤礦

茶園

洗煤砂山

五分山步道・十分古道

降煤場

往瑞芳

106

往十分瀑布

十分車站

往菁桐車站

靜安吊橋

往雙溪

往平溪分北

■行程

在木柵捷運站，搭乘台北客運16路，7：10、7：30、8：20或9：10至平溪；再轉平溪線火車到十分。或者搭乘台北客運15路，7：10或9：45直接到十分寮。回程可搭台北客運15路，11：25或13：50、12：20、15：20等回到木柵捷運站。或走十分古道，下暖東峽谷，再轉車至暖暖。

■步行時間

十分車站 **10分** 岔路口 **30分** 新平溪煤礦 **60分** 嶺頂土地公廟 **35分** 五分山

60分 106 縣道登山口

■適宜對象

青少年以上為宜。

■餐飲

老街有餐飲，最著名的為十分切仔麵店。

　　十分寮為平溪鐵路之中途站，附近有一個眼鏡洞，遊覽後，循明跡越嶺上登，姜子寮與五分山相接山稜再下東勢坑轉暖暖，為一健行兼登山之大眾途徑。

——林蔡娩編《登山手冊》台北市登山會（1970）

上個星期，在平溪線旅行。我已經向當地人打探，進而知悉了前往十分古道的路線。隔週，星期五早上，便從木柵捷運站搭乘台北客運15路前往。

　　從木柵捷運站上車，車上旅客不過六、七人，都是老漢和老嫗，拎

平溪線火車即將離開十分小鎮。

著菜籃或果物。車子蜿蜒地穿過油桐花開的106縣道，約莫四十分鐘後，抵達平溪線終點站菁桐。再從那兒轉搭9：49的平溪線火車到十分。我習慣了享受著這樣在鄉下的換車旅行，以及自在地接觸各種風物。

　　從平溪線火車往外遠眺，基隆河谷到處有油桐花盛開，山谷景觀更為漂亮了。這時和秋天的野薑花呈現了不同的風味。野薑花展現的是典雅的理性之美，油桐花則展露狂野的浪漫。突然間，我有著一種旅行的感謝，感謝油桐花在這個時節及時出現，添補了平溪的春色。

　　十分為昔日「十分寮庄」地區，位居基隆河上游銜接竿蓁林溪以下的谷地，以及兩翼的山地。這裡擁有平溪鄉最廣大的河階地。清乾隆年間，泉州人胡姓等十人承領墾單開闢，以煮腦及種植大菁為業，因為十人為十股，因此名為十分寮。另一地名之說也與煮腦之灶有關，按每十灶為一份，有灶十份，故而名之。現今，比較平溪線上二大小鎮平溪和十分時，往往指稱平溪為上班公務員較多的地方，十分則是老街集聚的環境。

　　抵達十分車站後，我先等待會車，一邊望著瑞芳來的火車駛進。同時，目送先前搭乘的火車離去。接著，在有名的切仔麵店吃一碗。餐畢沿鐵道往前，抵達鐵道分岔的

昔時運煤輕便車道殘徑。

獨眼小僧和運煤車箱。

地方。支線鐵道繼續往右，有一條生鏽的往左，通往新平溪煤礦的降煤場和選煤場。我順著這條原本運煤的鐵道前進，抵達十分街289號。過去的十分古道就在這排二樓公寓前的水泥小徑前。這兒原本又有岔路。右邊往選炭場。左邊的往新平溪煤礦，也就是十分古道。

　　十分地方的老人都相當熟悉這條古道，過去也常有人翻山越嶺，前往暖暖。不過，對於過去到雙溪、柑腳的另一條古道路線，我四處打探，已經無人清楚了。

　　沿著古道往前，兩邊都是菜畦或竹林產業。古道鋪成水泥小徑，看似好走，不過一小段，隨即銜接新的公路。這條公路將來會有一長長隧道打通五分山，和暖暖相接，據說叫基平隧道。屆時平溪的風貌勢必將大大改變。

　　走上公路後，遇見一位老人。後來才知，他在新平溪煤礦看守礦場。原來，礦場才歇業不久，礦場裡的煤礦仍相當豐碩。礦場主人仍保留採礦的可能，所以仍請人在老舊的礦場辦公室看守。

　　沒多久，公路旁邊茶園出現了

新平溪煤礦

　　位於十分車站附近的山上，1965年開坑，二年後正式採煤。1997年中才逐漸停止採煤。當年煤開採後會用小火車運送，沿著坑前有電氣化線桿的輕便小鐵道，行駛到十分車站前方，約半公里處的降煤場。所開採的煤礦會在此由運送帶送到選煤場，並降到台鐵的煤斗車中。

　　新平溪煤礦會停採，並非因為煤礦少了。主要是因為基平隧道開挖的關係，為了安全而停止開採。停止開採後，坑前停放了多部廢棄的礦車。有好幾部運煤機車頭和運煤車翻倒於荒草中，蚊蚋叢生。運煤機車頭有日本製的二部。有一些運煤機車頭只有一個小視窗口，日本人稱之為「獨眼小僧」。目前，煤礦仍有人看守，因為礦脈仍在；或許，有朝一日，我們還能看到運煤車重新在這兒啟動呢！

新平溪煤礦坑道口。

輕便道的電線桿,一對對豎立在荒草。那是過去輕便車行駛時,逐段架設在鐵道旁的電氣化線桿。煤礦由礦場運上「獨眼小僧」拖運的柴車,直通到選炭場。選炭場再利用輕便道轉往十分車站。

走至公路半途,出現岔路。右邊小路和輕便道交會,遂有平交道。當然,平交道早已廢棄。這條岔路通往翻車台,翻車台是一種將礦車內的礦石翻出的設備。礦車到時,將翻車台轉個180度,礦石就會被倒出。翻車台旁邊過去是一座「砂山」。上面豎立著門架。這裡是捨石場。

原來挖礦時會挖出許多未含有煤礦質的廢石。礦車將廢石運到山腳,再用捲揚機拉到山頂上倒出廢石。新平溪煤礦開挖迄今,已經有三十多年歷史,才會出現一座像十分地標的禿裸小山。從五分山的稜線下望時,就看到砂山直立於十分小鎮相當明顯的位置,彷彿上方有一神社似地。晚近小山也長出野草,若非熟悉礦場者,恐怕不易辨認出了。

再往前走,又有岔路。右邊的岔路通往新平溪煤礦。五分山登山步道就在煤礦坑道旁,鄉公所鋪有石階一直通到五分山頂,直到氣象台的位置。反之,十分古道從暖暖前來,翻過稜線後,和步道重疊。十分這一段如今就是五分山步道的石階,已經沒有過去的古道形容。只剩下一個嶺頂的土地公廟,見證著過去曾經有的歷史。文獻上,過去淡蘭古道由暖暖出

新平溪煤礦工人使用工具之木櫃。

發，走到十分，再到雙溪的其中一段，便是這裡。

荒廢了十多年的新平溪煤礦，周遭是廢棄的廠房、浴室、工作間和辦公室。最特別的是坑道口，荒草萋萋裡，停放著好幾部生鏽而破舊的運煤車機車頭，即俗稱的「獨眼小僧」，以及一系列的運煤機車。這些都是其他廢棄坑道難以見到的景觀。我繞巡廠房，那老人在陰暗的辦公室裡打盹，裡面彷彿還在70年代的時空裡。（附記：隔一年後再去，此地重新整修，運煤的「獨眼小僧」小火車重新復駛，但並非為了再度開採煤礦，而是提供遊客旅遊參觀煤礦坑、認識採煤的種種設施。經營者還修復鐵道，讓遊客搭乘小火車往來，享受當年採煤的情境。）

沿著五分山步道上行，未幾就看到左邊路上，基平隧道仍在興建中。步道旁為幽森的小徑。過了水泥橋，繼續往前，溪水依舊在石階旁豐沛地流下，河床因長期沖刷出現不少壺穴。

一路上森林翁鬱，蜻蜓和蝴蝶飛舞相當熱鬧。但是六、七分鐘後，石階似乎遇到土石流或者山崩，形成嚴重毀損的景觀。許多地段的石階已然消失或者變形。

儘管小徑旁有不少竹林的傳統產業，但原始林相尚稱豐富。一路上行，頗為陡峭。費時大約一個小時左右，方才抵達嶺頂的小土地公廟。這時森林消失，出現芒草原的景觀。土地公廟旁立有后土。這個小而素樸的小廟並無特殊之形容。但做為稜線古道分界點的地標，再明顯不過了。

抵達時已近正午，天氣炎熱，有些眼花，並未仔細判斷附近有岔

十分古道

十分古道是早年暖暖地區通往平溪山谷的重要山路，也是早年淡蘭古道的重要路線。在早年沒有平溪線火車時，兩邊的居民都是由這條路線出入。暖暖是基隆河商船的終點站，十分是平溪線火車最大的市集。這條山路的重要性可想而知。縱使平溪火車營運後，這條山路迄今仍有登山人在來去。如今，我們在當地街上訪問，許多老人仍對這條古道印象深刻，而且都有走過的經驗。通常，一般人的行程約三個半小時左右，可以走完。

路，手頭亦無完整的登山資料。結果，竟疏忽了，左邊有一條小岔路，陡急下行，大約一個小時可抵達暖東狹谷。這條山路就是早年十分古道的路線。（詳見《北台灣漫遊——不知名山徑指南 I 》東北角線「十分古道望古山縱走」）

　　在悶熱的陽光照射下，有些迷糊地繼續順著石階前行，結果意外地走完了五分山步道的路線。上了嶺頂後，兩邊主要是芒草原的景觀。可以想像，冬初芒草盛開時這兒將是如何漂亮的自然景觀。難怪五分山賞芒花曾經出現在一些旅遊版面上。但是，天熱時，芒草對我而言，無寧是一種單調而討人厭的視覺障礙。

　　走在稜線上，視野開闊，儘管是正午，風光卻明媚得很。我可以看到左邊的暖暖街景和基隆港。東邊的平溪線山谷，層層如波浪的嶙峋山巒亦一目了然；尤其是十分小鎮和砂山更是清楚地座落於山谷。

　　中途，遇見了二尾大蛇，其中一尾是臭青公，居然在正午時出現在石階道，頗讓我吃驚。一路上，並未遇到任何登山人。

　　從土地公廟再出發，抵達瞭望亭，大約費了半個小時，雖然景觀美麗，視野開闊，但是中午時相當辛苦。抵達瞭望亭之前，左邊山坡出現完整而大面積的柳杉林，稜線右邊則是芒草草原，以及更下方的原始森林。二種方向的山坡，各有自然面相，形成有趣而美麗的對比。

　　在瞭望亭，視野更是近乎三百六十度的遼遠。海岸線的基隆嶼、基隆港、野柳海岸、金瓜石、無耳茶壺山以及山區的平溪線景觀，盡覽於眼底。若就登高望遠的地點來說，這兒想必亦是

崩壞的五分山步道。

欣賞夜景的好地點。

　　瞭望亭後頭就是白色球體的五
分山氣象雷達站。這個著名的雷達
站是暖暖和平溪的界山地標。每次
從濱海公路或從平溪線遠眺五分
山，氣象台的白球都清楚而完整地
呈現，彷彿一個巨大的高爾夫球，
站上了果嶺最上頭。現在接近了，
更感覺那巨大的存在是如此真實而
必然。

五分山山頂之土地公廟。

　　有沒有注意過，氣象雷達站都是白色的，而且常座落在明顯的山頂
上。當地人稱五分山氣象站為氣象山。它是北部台灣氣象工作站裡，位
居山上最主要的大站，工作人員有八人。氣象站的人員必須日夜觀測，
將所有記錄資料傳達到台北中央氣象局的氣象中心分析、預報。我們的
日常生活才能有比較準確的氣象資料和訊息。

　　五分山山頂即在旁，乃平溪附近第二大山（757M），僅次於平溪西
南邊銜接坪林和石碇的司公髻尾山（840M）。離開瞭望亭，繼續往前，
旁邊有小岔路可上去山頂。山頂有一GPS衛星定位接收站，以及一個氣
象雨量遙測系統。更上方的草叢裡則有二等和三等的基石，不過，毫無
視野可言。

　　石階步道在氣象站旁的公路結束。緊接是四‧五公里蜿蜒下山的雙
線柏油路。這個柏油路是供氣象站使用的，很少車輛。沿著公路下行約
一個小時才抵達柵欄入口，銜接106縣道（七十四‧五公里處）。我要抵
達時，氣象站的主任剛好下山，感謝他送我一程，回到深坑轉車。
（2001.4）

上東勢格山

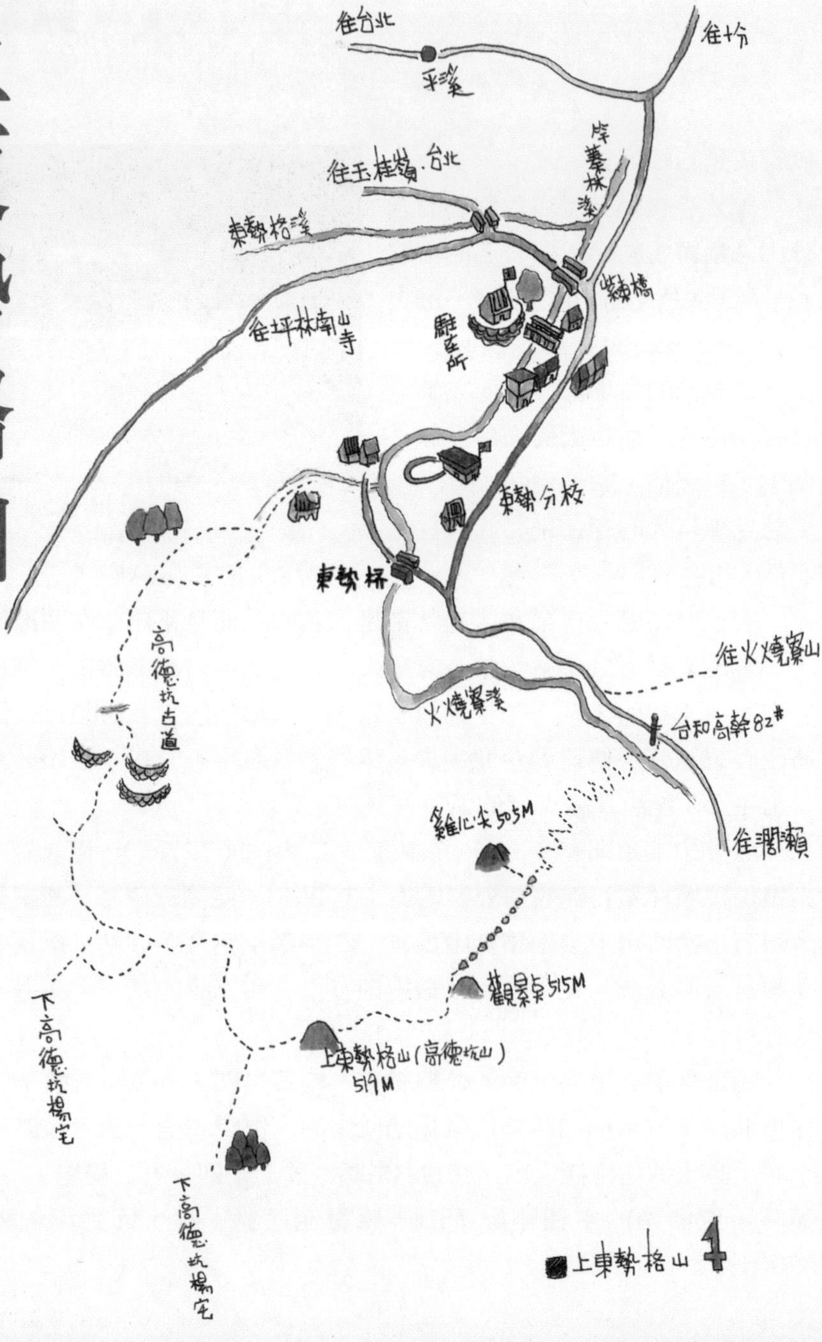

往台北
平溪
往坪
往玉桂嶺．台北
東勢格溪
崞寮林溪
紫東橋
往坪林南山寺
駐在所
東勢分校
東勢橋
高德坑古道
往火燒寮山
火燒寮溪
台和高幹82#
往濶瀨
雞心尖505M
觀景點515M
上東勢格山（高德坑山）
519M
下高德坑楊宅
下高德坑楊宅
上東勢格山 4

 漫遊資訊

■行程

開車沿台106縣道前往平溪，至藤寮坑可左轉由玉桂村往左抵達東勢格。或直走，由平溪過嶺腳，由白鶯橋到東勢格。

■步行時間

東勢分校 __3分__ 東勢橋 __60分__ 下高德坑楊宅岔路 __20分__ 上東勢格山 __60分__ 雞心尖 __70分__ 火燒寮溪 __10分__ 東勢分校

■適宜對象

青少年以上皆宜。

■餐飲

附近只有幾戶人家，無雜貨舖。

平溪國小東勢分校位於全台灣雨量最多的地方——火燒寮。校門口的地址是「火燒寮6號」，校門前有一座土地公廟。廟旁昔時的舊路，也是運煤的舊路。土地公廟再過去，就是火燒寮和番子坑，二個聚落各自座落在火燒寮溪不同支流的山谷裡。

東勢格駐在所前的舊水泥橋。

東勢村

東勢村位處竿蓁林溪上游，舊稱「東勢格」，可能因在石碇街之東方而得名。勢格與勢角音近，表示方向的地名是客家籍移民所慣用。東勢村原有東勢與紫來二村，1978年合併；當初二村以基隆河支流的竿蓁林溪與竿蓁坑溪為界，為與東勢村有別，另一村取名「紫來」，即「紫氣東來」之意。

火燒寮溪有二地，分為火燒寮和番子坑。火燒寮，位於火燒寮溪上源東岸，為台灣降雨最多之地。那兒有一座測候站。此地為清乾隆年間，泉州人陳泉等開闢，相傳此聚落曾遭祝融，村舍皆成灰燼，故以名之。（可參考「火燒寮古道」）

番子坑位於火燒寮南方。由胡姓泉州人承購潘姓土著，在荒埔開墾。後來土著轉移至拳山堡地區居住，該地為原住民舊居，故名「番子坑」。

竿蓁林溪下游有東勢格和竿蓁坑二地。東勢格為安溪人高德意所闢，東勢格內今也有地名為「高德坑」，因先民行至玉桂嶺，見山勢朝西向傾斜，望東為一山巒起伏，故名「東勢格」。竿蓁坑在高德坑南方不遠處，為泉州人詹、楊二姓所開闢，與「竿蓁林」同樣多芒草，但因山地谷狹，故而名之。

在土地公廟停放車輛後，繼續沿柏油產業道路出發，但並非前往這二個地點，主要是去攀爬上東勢格山。

這條由平溪線嶺腳進來的柏油小路十分平坦，無疑是過去運送煤礦的小煤車便道。東勢分校之前，約五百公尺處即東勢村，那兒集中了十來戶人家，沿著火燒寮溪搭建，但人煙稀少。聚落中間一條小甬道，從中穿過，銜接一條似乎是日治時代的老橋。過了這一典雅的老橋，前方老樹旁矗立著東勢格駐在所。駐在所是新的建築，但周遭的卵石護牆卻是日治時代即留下來的基礎。

它和老橋似乎仍在見證這個小村的滄桑和煤礦業的起落。

東勢村是這個偏僻山區三條小道的交會點，往南可通坪林、闊瀨，往西至玉桂嶺，往北即往平溪。過去，沒有產業道路時，除了往平溪的路是運煤之道，其他大概都是羊腸小徑吧。但玉桂嶺的路線很重要，在過去的文獻上，似乎是族群遷移的山道。如今沿著這些小徑，道路兩旁均可看到茶園和荒廢的石厝，以及各式的土地公廟。

東勢分校在地段上屬於火燒寮。在東勢分校休息時，遇見七十幾歲的校工，姓鄭。過去，他也在這兒讀書。戰後初時，這兒有學生上百人，民國40幾年時，學生數高達三百多人，這時是煤礦業最繁榮的時

東勢格駐在所。

候。等煤礦沒落,人口外移,學生人數迅速銳減,現在只剩下七、八人。還需車子進入內山接送。從學校的操場,可以遠眺雞心尖。

由學校往前約二百公尺,遇岔路,往右過東勢橋。下方為綺麗蜿蜒的火燒寮溪。過橋後,前方有二、三戶人家。登山口在住戶前左邊山谷,循谷而入。過小溪,一路為潮濕之環境。往前有二條山路皆可會合。按布條陡上,過一、二處廢棄之茶園和竹林環

東勢國小校史沿革

根據網路上的東勢國小校史資料,此小學創校於1923年(大正12年),至今有八十年歷史,最初只是成立東勢格書房。教室靠公路邊、屋頂蓋茅草,牆壁或以草圍。當時公路為保甲路。第一屆學生只有三人。讀到三年級因學生數太少,即與二年級合併同班,學生亦不到十人。

1927年4月1日成立東勢格分教場。1938年編成三班學生,建立二間教室。石造屋頂蓋茅草,宿舍二間為木造日式。

1944年平溪成立高等科班,當時日本老師對教育非常重視,親自到各家戶拜訪。

戰後,東勢格派出所轄內有五庄。每庄約四十戶住家,竿蓁林是較大的一個大庄,約有七、八十戶。這時煤礦景氣甚佳,轄內有四家煤礦公司,人口漸有增加。1951年時成立東勢國校。1956～1969年間人口最高峰,學生數達到三百餘名。

後來煤礦景氣不佳,該地雨量特別多,農作物又收成不佳。再者無其他工業,公路未開發,農村電氣化未實施,義務教育未成立,唸初、高中得到雙溪、八堵、基隆。為生活、求學,人口大量外流。1987年,本校變分校,1991年間變成分班。目前,該校下方火燒寮溪畔,適合一般旅遊者前往露營。

境，進入濃密之森林和荒草區，再過一水流潺潺之小溪，遇見一些駁坎的廢棄梯田環境。隨即抵達岔路，附近有不少杉林。此一路線至此，山友稱為「高德坑古道」。岔路往右，經過茶園，可抵達高德坑楊宅。就不知當時楊家子弟讀書是否有走過此山路？

　　繼續往前，一些空地有鐵罐槽等廢棄物，明顯地仍有人為之遺跡。

風景秀麗的火燒寮溪。

然後，又有二條岔路皆可通往楊宅。此後有一往東之山路，爬約六、七分鐘，抵達上東勢格山，別稱高德坑山（519M），山頂有一圖根點。此後，往雞心尖，都是走在稜線上。此路中途有一展望點，可鳥瞰周遭山區，以

東勢分校前的土地公廟為運煤舊道。

及高德坑農家和茶園之環境。岩壁周遭有不少豔紅鹿子百合。蹭蹬穿過一些岩稜瘦脊後，抵達雞心尖岔路。上雞心尖的山壁非常陡峭，近乎七、八十度，必須攀繩而上。山頂視野勉強眺望可及東勢分校。由雞心尖下山，一路順雞心石的大石壁，沿乾涸的溪溝而下，非常濕滑。約莫一小時初頭，踉蹌直下一近乎垂直的石壁，抵達秀麗的火燒寮溪畔。

過溪後，上抵公路。沿公路回東勢分校。想起過去曾經和何華仁到此夜探褐樹蛙，遇見一捕捉大赤鼯鼠的獵人。左邊的火燒寮和公路落差近六、七十公尺，形成陡峭之崖壁和深潭，很少溪谷如此黝幽、壯麗，突地間又形成開闊、明亮的溪流，相較於北台溪澗，算是難得一見的自然峽谷奇景了。（2003.3.21）

火燒寮古道

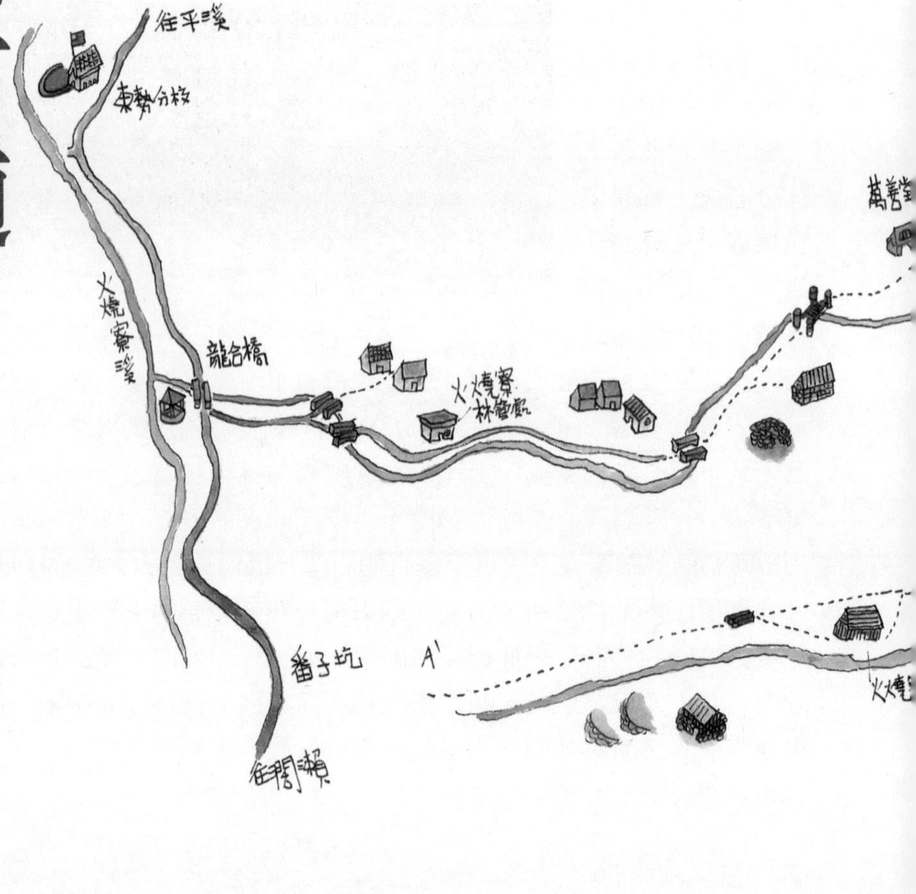

往平溪
東勢分校
火燒寮溪
龍舍橋
火燒寮
林管處
番子坑
往閣頂
萬善堂
A'
火燒

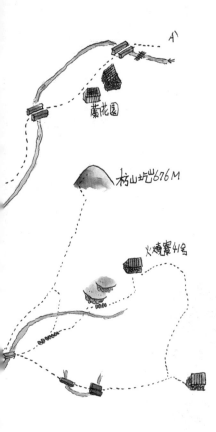

蕭花園

枋山坑山676M

火燒寮41号

火燒寮古道 **1**

漫遊資訊

■行程

開車沿台106縣道前往平溪,至藤寮坑可左轉,由玉桂村往左抵達東勢格。或直走,由平溪過嶺腳,由白鶯橋到東勢格,過東勢分校,再開車約一‧三公里,過龍合橋,右邊有涼亭和停車場。左邊有一碎石子路即為入口。

■步行時間

龍合橋 __20分__ 水泥橋 __20分__ 萬善堂 __20分__ 36-1號 __20分__ 火燒寮41號

■適宜對象

少年以上皆宜。

■餐飲

附近只有幾戶石厝人家,宜自帶餐飲。

各地都在放晴,但一進入基隆河上游的平溪鄉,整個天空就烏雲密佈。抵達火燒寮入口的涼亭時,更是細雨迷濛,不愧是台灣雨量最多的山谷。

原本是想藉徑火燒寮,攀登枋山坑山

火燒寮溪

此溪源自東勢村番子坑、小粗坑伏獅山脈下,沿溪有番子寮農路順源越嶺,可至坪林鄉。往下流到裕隆煤礦旁的龍合橋,東邊有另一支流,自火燒寮匯入,全長約二‧一公里。

（676M），現在卻有些後悔。但我們還是在龍合橋整裝，擎著雨傘，走入指示牌「雙東」的碎石子路。路旁就是火燒寮溪的一條大支流。

這條支流也是火燒寮這座山谷的主軸。所有房子都是依傍在旁邊的河堤兩岸。往前不過五分鐘，隨即抵達岔路，左邊有一條舊橋，通往一戶石厝人家。往右過新橋，繼續沿溪行，經過「羅東林管處

台北工作站火燒寮駐在所」。這條碎石子路都是泥濘，但十分寬敞。續行十來分鐘，抵達碎石子路盡頭的小橋，左邊有四、五戶農家，周遭有油桐正在開花。

> ### 火燒寮的雨量
>
> 　　降雨量豐沛為平溪鄉的重要特色，以9月至次年3月，以及5月下旬至6月上旬梅雨季為主。全年有近二百天是降雨日。全鄉的平均年雨量在三千五百公釐以上，尤其是位於東勢村火燒寮溪上游的火燒寮特別豐富。根據1949年的記錄，平均年雨量高達六千五百七十二公釐，創下東亞地區降雨記錄。火燒寮也成為台灣降雨最多的地方。

舊路上，遇見有應公小祠。

過了橋，小溪在左。左邊有一間廢棄的石厝。平坦的泥土小路，僅能通行機車和行人。周遭是蓊鬱的森林，以及廢耕後的梯田。不久，遇見一間鐵皮屋農家，築在台地上，小孩出來揮手。沿路的電線

桿都是杉木幹。過一寬敞的木橋後，石壁出現一低矮的萬善堂。萬善堂旁邊的電線桿掛著一個修路捐錢的告示。上面捐錢者，幾乎都是姓陳的人。每個人捐三、五千不等，共十個人捐了四萬八千元，請人來修此山路。再往上，又遇一間萬善堂形狀之小廟，裡面只有小缽，廟前疊了一些銀紙。

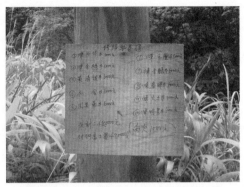

先前修路捐錢的告示牌，可約略猜出山谷裡住家的情況。

　　迅即有岔路，左邊山徑往上，按地圖研判，可能係通往柑腳的下坑，是過去的越嶺路。繼續沿溪，抵達一座石橋，周遭沿溪邊有一排高大的香果樹，正在開花，遠看還以為是蓮霧。周遭森林濃鬱，綽約如畫。我最喜歡沿著溪邊的小徑健行，這樣的山路諸如坪林坑溪、泰平古道、菜公坑古道和北勢溪等各有特色，但皆未有此地之平緩、小巧，而且石厝單獨地密集分佈。除了潮濕外，實乃一世外桃源。

　　石橋邊有許多菜畦，三位兄弟正在耕作。他們姓陳，過去在此居住，老家石厝還在這兒。這兒幾乎都是姓陳的家族。此一事正好印證，修路告示牌上捐錢者為何都是姓陳的人士。他們從汐止遷移到此已經有九代，可能接近二百年。

萬善堂

　　清代台灣開發之初，移民者或因水土不服，或因瘟疫流行，或因族群械鬥，或因戰亂民變而死者甚多，常集體埋葬。也有因隻身在台，死後草草埋葬者。加上台灣颱風又多，疾風驟雨之後，墳墓一經沖擊，常見屍骨流散。人見屍骨難免心生恐懼，怕其作祟，且憫其無人祭拜，常建祠奉祀。這些小廟祠，或叫有應公廟，也有稱為萬善堂、萬姓祠、忠義祠者，不一而足。通常，這些小廟祠裡，不供奉神像或神牌。台灣西部的有應公廟到處可見，大部份規模都很小，只有幾坪大，其數目不少於土地公廟。在火燒寮看到的都是不到半坪的小廟祠，規格類似，不及人高。廟前都有銀紙，可見祭拜的行為仍在。

他們說萬善堂是早年拜好兄弟，祈求在此山谷開墾平安。過去這兒為何叫火燒寮，原來早年開墾時，草寮搭成一整排。有次墾民回來，看到草寮失火，整排都燒光，因而叫這兒為火燒寮。根據歷史文獻的記載，此地的開墾在清乾隆年間，有泉州人陳泉等到此。相傳此聚落曾遭祝融，村舍皆成灰燼。從田野口述和文獻兩相對照，完全吻合。

三十多年前，煤礦沒落後，他們又搬回汐止。星期假日再來這兒整修田園。三兄弟以前都就讀東勢分校。他們種了大陸妹、絲瓜和蘿蔔等，都沒灑農藥。前面有一個蘭花園。花園後是另一間完好的石厝屋，大概是他們的住家了。

再過一座鐵片鋪成的大橋，旁邊有廢棄、傾圮的木橋。對岸出現不少梯田，梯田中有一間像碉堡的石厝，周遭築了竹籬笆，顯見常有人回來整修，繼續當作休閒和農耕的房子居住。

未幾，再過一小木板橋，抵達火燒寮36之1號黑色木屋農家，地基是石厝。可看出是重新修築的。農家左邊有小徑，繼續往前，路旁隱密處又有一類似萬善堂的小祠。過去的舊路在這兒已經毀棄。上頭的路較完整，景致亦較秀麗。一條藍色的鐵片橋出現。未過橋前，左邊有一登山小徑，研判可能是登枋山坑的路

過簡陋的木橋。

火燒寮41號農家。

線。但路況很差，加上細雨未歇，遂放棄登頂的計劃。按過去的記錄，由此登頂約一小時，但一路都是潮濕的密林，螞蝗甚多，路況亦不是很清楚。

　　過了藍色鐵橋，路分二條。左邊是略鋪石階的狹窄山徑，右邊類似寬敞的產業道路。由左邊沿溪續行，山路變得更瘦，周遭依舊有駁坎。電線桿則繼續深入山區，顯然山區一定還有住家。中途左邊又有一山徑過溪，可能是過去攀登枋山坑的舊路。又陸續經過一些荒廢的梯田環境，以及臨時搭建的雨棚，眼前赫然出現鳳仙花圃的石厝。山谷盡頭一家石厝火燒寮41號，悄然出現眼前。

過山谷裡用樹身製成的木板橋。

　　一位阿婆正在梯田裡工作。她看到我們出現，熱情地邀請入屋。老石厝右邊的廚房蓋有一個石灶。正廳則堆了一些農家器具和發電機。左邊有木椅和簡單的臥舖。上面屋頂鋪著鐵皮和橫木，適合置放農具。阿婆姓劉，今年六十五歲，面貌清秀。她出生在隔鄰的番子坑，小時就到火燒寮當童養媳，現居汐止。四十幾年未回來，最近因SARS有蔓延之

香果

　　長相類似蓮霧，但色澤較青綠，皮薄，種子較大。又稱為蒲桃或風鼓，北部古道和山路相當常見的桃金孃科外來種水果，已經歸化二、三百年，屬於古老的水果。偶而可看到一片成林的存在，可能是過去的香果林。過去，在傳統市場也可見到，如今因糖份不夠，逐漸不為人所喜愛，退化於森林邊緣生長。

香果。

　　虞，才斷續回山谷整理。附近住家都是姓陳的親戚。

　　石階前有高大的香果和柚子樹，她說是祖父時代種的。阿婆準備了蘿蔔籽和地瓜，準備明年種它們。她的孩子還鋸了一些樹幹，用來栽培香菇。

　　屋後有一條小山徑，可通往山谷另一邊。此山路較無濕滑的石階，走了十來分鐘的泥土路，接通寬敞的產業道路。往上，座落著最後一間石厝農家。門口旁栽有美麗的紫色繡球花。農家主人不在，土壁上掛了一叢叢準備栽植的蘿蔔籽。左邊有石柱圈出的廢棄豬舍。

　　由此回來，過二座筆筒樹橋，再過一奇特的樹皮木板橋，通回藍色鐵橋邊。由此繞一小圈，約四十五分鐘。

　　中午時，我們回到火燒寮36-1號黑色木屋休息，在細雨中用餐。黑色木屋的主人不在。木屋有許多木頭，連房子裡面也鋪了不少木條。很堅實樸素的舊屋。門口陳列著醃漬的冬瓜和醬瓜。（2003.4.12）

鹹冬瓜

　　製作方法：先將冬瓜去皮後，切成丁塊，放在太陽下曝曬一天，收起後用鹽巴搓漬，裝入布袋內。用石塊壓住。第二天，再取出曝曬一日，然後以一層豆瓣加糖、鹽，再一層冬瓜的疊置方式，置入甕中。最後再倒入酒或者煮過的水，加以密封，放置三個月後，即可開封食用。

五分寮古道

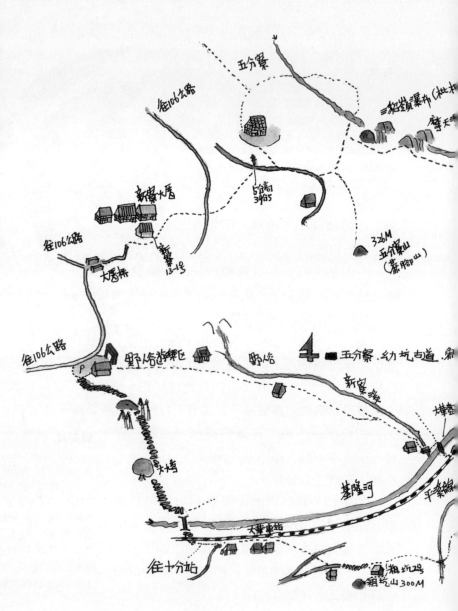

五分寮

往106公路

三貂嶺瀑布(枇杷洞)

摩天寺

新寮大厝

五分寮
3號

往106公路

新寮
13-1號

大厝坑

326M
五分寮山
(薦腳山)

往106公路

野人谷遊樂區

野店

4 ■五分寮‧幼坑古道 ♦

新寮線

煤礦

P

大壩

基隆河

平溪線

大華車站

往十分站

粗坑
粗坑山 300M

漫遊資訊

■**行程**

最適宜的旅行方式，由台北、瑞芳搭乘火車到三貂嶺，或搭乘平溪線火車到大華。

■**步行時間**

三貂嶺 **15分** 碩仁國小 **30分** 第一座瀑布 **60分** 草原石厝 **30分** 新寮村 **20分**

野人谷 **15分** 大華車站

■**步道性質**

大華至新寮大厝為石階和柏油路面，從瀑布至觀景台為泥土路面。接近碩仁國小時為石階和柏油路面。

■**適宜對象**

青少年以上為宜。

■**餐飲**

兩邊附近均無餐飲，宜自備。

五分寮古道，一條過去安溪胡姓先民，由瑞芳到新寮拓墾時所走的道路。日治時代，日本人將它定為保甲路。一般登山人都是從三貂嶺出發，我卻逆向而行，從大華車站出發。

大華火車站只有十來戶人家，緊靠著基隆河，兩岸是高大的山巒。這裡也是平溪線海拔最高地點，前不扒村，後不著店，除了產業道路，一般車子難以抵達這兒。來的人多半都是靠搭乘火車來的。連續二次在此下車時，都只有自己和隨行的隊友，沒有其他人了。

車站前有一家木頭平房在代辦郵電。候車的木棚有一座古樸的木椅，這是列車泊靠後，整個車站唯一和火車有點相關的東西。

四年前仍健在的代辦郵電平房。

沿著鐵道往回，走個十來分鐘。右邊有布條指示往下，走到野人谷。過了基隆河的水泥橋（後來因颱風沖毀，改修成紅色鐵橋），橋下是大華壺穴。往左邊有一條蓊鬱的石階步道，走約十分鐘，抵達嶺頂。一路有不少竹林產業，中途有一棵大九芎，接著是二棵大榕樹。嶺頂有菜畦。接著，下抵歇業的野人谷（桃花源渡假村）停車場。

　　穿過停車場，繼續沿著寬闊的柏油路往前，約十分鐘可抵達新寮大厝。若是沿著左邊的柏油路上去，不久也有舊時代的保甲路，迂迴繞過一些墓園，再經大厝橋，抵達新寮大厝，時間近乎前一條。

　　過了大厝橋，就是充滿田園風味的新寮村。儘管不少房子已經改建，但仍有好幾間石厝殘存。登山口旁就有廢棄的石臼、豬槽、石磨等舊器具。

　　沿著村子右邊菜畦的步道往前，一條狹窄的石階山路沿著半山腰。先經過竹林，不久進入開闊山谷的林子，多半是低海拔常見的樹種，景致蒼翠。這段行程約有半個小時，不久被一條新闢的產業道路橫斷；跨過產業道路，繼續是石階步道，接著抵達

簡陋的大華車站，只有月台、涼棚和坐椅。售票房早已不辦公多時。

野人谷開闊的停車場，只可惜旋開旋閉，已經歇業多時。

野人谷內充滿中國風味的城樓。

草原凹地前，又被產業道路橫斷，石階小徑消失。草原凹地在左邊，原本那兒是梯田，住有好幾戶人家，現在只剩下廢棄的石厝。但光是這證據，便足以說明五分寮古道的存在了。那兒也有一條產業道路銜接106縣道，通往瑞芳。

繼續沿產業道路，抵達一處大彎時，再度看到早年的石階步道。由石階步道繼續往前，抵達嶺上的瀑布岔路口。往左邊，一處漂亮的自然景觀區，沿森林小徑，曲折繞回草原。往下則是陡峭的狹窄山徑。此後，中途有三段險徑，都需要抓著鐵鍊攀爬，一般不常登山的小孩實不宜前往。

瀑布則分別座落在三處險徑間，過了第一、二處險徑，即抵達第一個瀑布。瀑布叫什麼名字，地圖上和資料都未提到，猜想就是三貂嶺瀑布。它是一個相當輕盈而秀麗的瀑布，水絲宣瀉下來，如珠簾垂幕，展現小雅之景。瀑布下方佈滿壺穴環境，周遭則有不少九芎樹林和山林投。再爬下第三處險道，此一險道旁邊有高達百公尺的垂直岩壁。看似驚人，其實只要小心走，應該都可以安然通過。

第二處瀑布資料上叫摩天瀑布，岩壁中有一條往內凹，細如月眉的岩壁洞。它的右側有一堆亂石，過去曾崩落下來，傷害過遊客。這兒和

連續瀑布景觀

河床瀑布群的形成，應該是溪水和地質環境相互作用下，導致地形差異所表現出的階段性河床地貌。通常，是在短距離、高坡降、大水量的情況下，流水動力作用選擇一定的地質構造，釋放能量的一種必然表現形式，也是河流發育溯源侵蝕在現今階段內，在特定地形部位的一種必然表現形式。

基隆河上重新修築的醒目紅橋。

第一處景觀類似，只是休息的空間，不若第一處瀑布平坦。繼續往前，小徑沿著五分寮溪，路邊有竹林產業，夾雜有柳杉林，還有不少大菁沿著溪邊茂密生長。溪邊景觀頗有庭園的雅致，不少大石長滿蕨類和青苔。

　　70年代中旬，它開始成為一個重要的健行和露營的景點時，有一位山友也被強烈吸引，如此巧喻過：

　　這一大片密佈的岩石，就像一大群牧放的綿羊一樣，但是渾圓的羊背，茸茸的擠成一陣。但臨近來看，卻又各有姿態；有的像野菌，有的像蘑菇，更多的是像現代的雕塑──稜角分明而又渾圓有致，形態龍鍾而又玲瓏剔透。

　　　　　　　　　　　　──楚人＜夜宿三貂瀑布＞（1976年9月）

　　繼續沿著舒適而平坦的小徑前進。過了第一座石橋，有一間例假日時販賣飲料的小屋，已經多年未營業。根據山友的記錄，過去附近也有柚子園，這兒也賣柚子。此一小屋告知了，更早時，這兒在例假日時應該有不少遊客到來，但瀑布出現崩塌落石的情形後，遊客少了，才未再

新寮大厝志

位於新寮村的安溪胡姓宗祠,是昔日由瑞芳鎮而來的安溪胡姓先民的發源地。新寮祖厝原本位於現在住址上方,約五十公尺處。當時為一間草寮,後來,愈來愈多人移民進來,就在現址用石頭為建材,重新蓋一「大厝」,而其他的石灰以及瓦片則是村內壯丁,從瑞芳一步一腳印搬運而來,再以當地一大茄苳樹幹剖成四根做為大厝內的棟樑。大厝完成之後,村民稱為「新寮」。今日「大厝」及「新寮」的地名即由此而來。

安溪胡姓宗祠為一三合院式的石頭屋建築,內供奉有福建安溪祖地所攜來的五穀先帝,神農氏的神像,以及用九芎頭香爐供奉的「胡姓祖先祖位」。至於「新安宮」的名稱則是近幾年才加上去的。

大華附近瑰麗的基隆河河谷,充滿壺穴地景。

營業。小屋旁皆是美麗的野薑花濕地,面積相當廣闊,直到第二座小石橋。小石橋下是中坑溪,它和五分寮溪會合。那兒又有一、二間廢棄的紅磚屋,大概都是近二、三十年才廢棄的吧。根據文獻資料,在此之前,曾經有五戶人家。1961年,住戶就陸續遷移離去,至今石頭屋早已傾毀。猜想7、8月野薑花盛開時,這兒一定是花香撲鼻的美麗景點。

瀑布旁陡下的岩壁,皆設有鐵鍊保護。

從第三瀑布(合谷瀑布)後,路途十分平坦而舒適,昆蟲相當豐富。中途還有一處觀景台,專為遠眺合谷瀑布而開闢似地。合谷瀑布水流量大,最是壯觀。可別忘了,觀景台後面有一座小土地公廟,如今仍有人供奉膜拜。

三貂嶺瀑布。

三貂嶺號誌樓。

早年由幾塊石板堆疊而成，古典而雅致。土地公廟前原本是運煤之輕便道。

　　繼續往前，有些古道舊石階的遺跡仍殘留在泥土路上。不久，抵達廢棄的碩仁國小。1970年代後，煤礦停產，這個位於山谷的小學校因招收不到學生不得不廢校。這時三貂嶺已在眼前，不時聽到火車飛快經過的聲音自山谷傳來。

　　三貂嶺是北宜線和平溪線的交會站，火車往來頻繁。車站旁佇立著我詩中廢棄的號誌樓。這是過去火車在會車時，處理調整鐵道路線的瞭望站和啟動機關。

　　關於這條五分寮古道，若以登山人由三貂嶺爬過去，似乎更能感受攀爬之趣味。但如何選擇，通常要先考慮的是交通。去之前，最好先確定自己的時間、平溪線火車的班次，以及回來的時程，做為在哪一站出發的優先考量。（2000.10.1）

幼坑古道

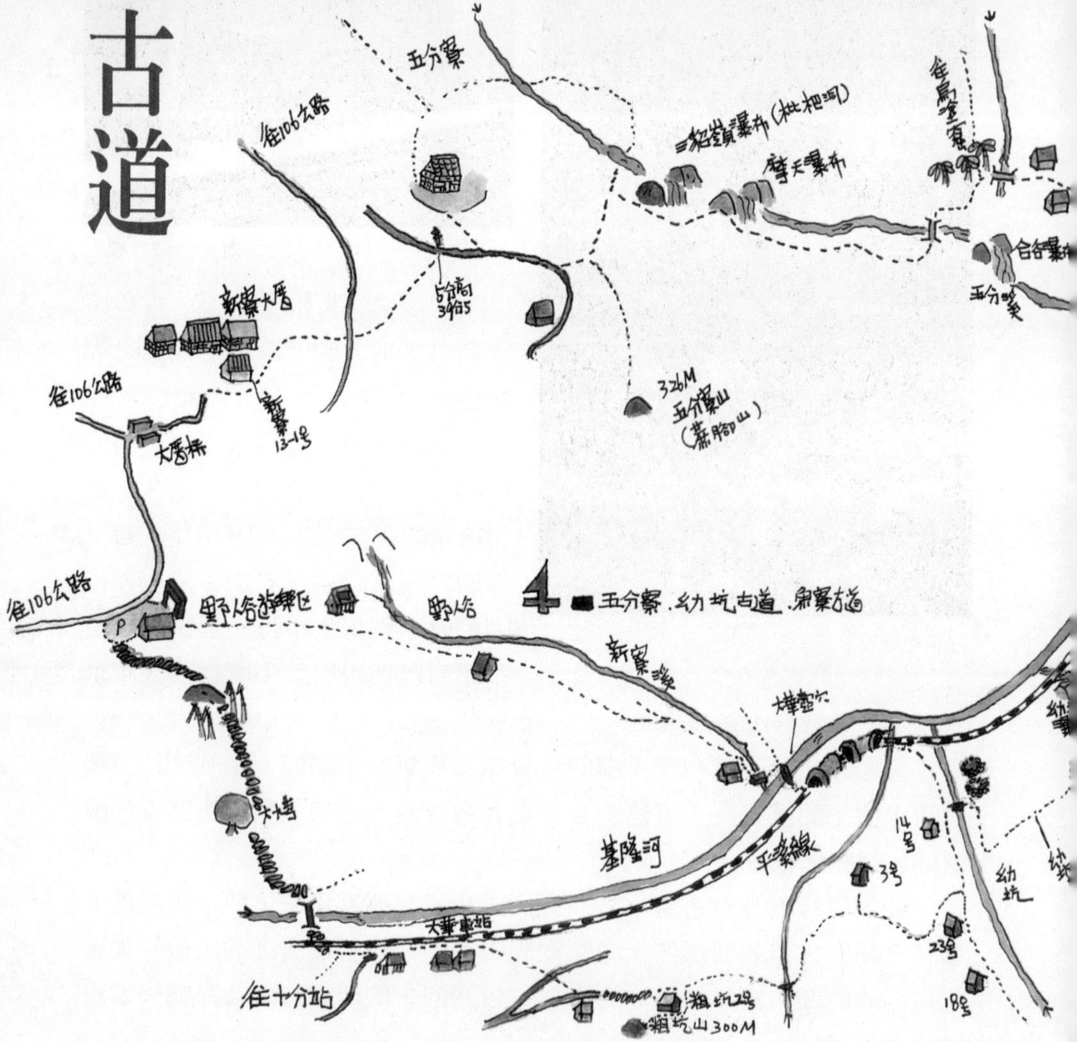

五分寮

往106公路

蛇籠瀑布(枇杷洞)

摩天瀑布

合谷瀑布

往菁桐坑

五分寮

新寮大厝

5分寮
34of5

326M
五分寮山
(蒹腳山)

大厝林

往106公路

新寮
13-1号

往106公路

P

野人谷游樂區

野人谷

4 ■ 五分寮.幼坑古道.魚寮古道

新寮線

樺壺坑

基隆河

平溪線

大華

天華車站

往十分站

粗坑口号

粗坑山 300M

14号

3号

23号

18号

幼坑

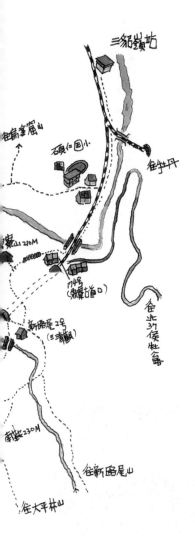

漫遊資訊

■ **行程**

　開車走106縣道經過十分寮,往瑞芳至「野人谷」站牌進入,抵達野人谷停車場。或搭乘平溪線小火車,至大華或三貂嶺車站下車為宜。

■ **步行時間**

　野人谷 **25分** 大華車站 **25分** 幼坑23號 **25分**

　幼坑2號 **30分** 隧道1號口 **40分** 大華壺穴 **25分**

　野人谷

■ **適宜對象**

　全家大小皆宜。

許久未拜訪五分寮古道了,不知新寮大厝上方,通往三貂嶺瀑布的稜線產業道路,後來變得如何,會不會壞了瀑布的景觀呢?

　　同時,我也注意到,此段基隆河對岸的幼坑古道(包含粗坑古道和魚寮古道)尚未拜訪,不知那兒又是何等風貌。我看到藍天隊以二萬五千分之一地圖為基礎,精心繪製的登山圖上,一條日治時代的保甲路,從大華通往三貂嶺。一些民宅錯落山林間,幾無

抵達大華車站的柴油電火車。

公路抵達。這等荒涼，難免讓我對它充滿遐思。

於是，和山友決定了一趟O型之旅，直接將車子停放在歇業中的野人谷停車場，準備逆時鐘，先繞行幼坑古道，再循五分寮古道回來。

從野人谷旁邊的石階山徑上山，穿過桂竹林叢，走往大華車站。夏日到了，幾位當地的老嫗在桂竹林裡採集。一路上從106縣道過來，老婦人拎著麻布袋和鐮刀的景象偶而可見。石階旁邊的廣葉鋸齒雙蓋蕨雖多，卻無人採集，難以發現嫩芽冒出的情形。石階濕滑，走得緩慢，好不容易下抵中途的大九芎樹。再次瞻仰，觸摸其光滑的軀幹，不免有探望老友的悸動。

前幾年跨越基隆河的生鏽鐵橋，早已在娜莉颱風時被沖垮了。如今重新搭建了一座紅色堅固的大鐵橋，醒目地矗立在壺穴地形的河流上。站在橋上，遠眺河岸。附近的山棕正好結果，周遭盡是它飄散的香氣，彷彿為我和友人的健行助興。上抵鐵道，往前不到百公尺，右

粗坑2號。

粗坑14號農家。

幼坑古道平坦好走，不失為北台丘陵的
典型健行路線。

信箱仍在，但昔時的舊木
房已經拆除。

邊有一條水泥石階小山路，我懷疑也是早年長相
細瘦的保甲路，通到十分寮去。

　　大華車站前並未改變多少，民宅不過那麼
六、七間。一位老婆婆在宅前架了太陽傘，擺了
一個醒目的攤位，賣剉冰、茶葉蛋和烤香腸等，
但遊客尚未到來。此地叫六分，我知道之前的大
站十分，原來的意思是「十份」，就是指有十戶人
家合作無間，在那裡興建家園。這六分就不知是
否即附近幾家住戶的關係。大華車站是因煤礦開
採，應員工的要求而設立，後來客運量不足，
1994年時轉型成為招呼站。

　　抵達月台，對面的二間民宅遮棚下，四個老人坐在椅子上聊天，似
乎從大清早就坐在那兒。我們到月台下的候車室等候。那候車室無疑是
全台灣最小的車站了，只有一間小木棚和一張坐椅；後面的售票口已經
廢棄，鐵柱生鏽；木柱和牆壁則塗滿了許多遊客的胡亂留言。比四年前
看到時，更添增蒼涼。

不遠地方，還有二間民宅並列，幾年前來，還是一樓的木房。六分14號是鄰長的房子，另一間人家，前面有過去就熟悉的郵筒。綠色的郵筒用來寄信到全台灣，下面的鐵紅色郵筒，用來收全幼坑和六分的信。

一位肩著圓筒阿宗冰淇淋的老先生趕到月台，原來火車即將抵達。這位賣枝仔冰的老先生過去未見過，顯然平溪線這兒賣枝仔冰的人，至少有三位了。

火車停靠後，只有六、七個年輕人下車。他們往幼坑瀑布的方向走。原來是當地人，回來這兒遊玩。我們要走的幼坑古道，他們只知道，卻沒走過的經驗。他們沿左邊的鐵道，準備走到幼坑瀑布玩。我們往右，上了石階路，循孤瘦的保甲路，穿過菜畦、竹林或次生林的環境。

未幾，經過一新的產業道路，循徑再上，又抵一產業道路盡頭。右方有一別墅型民宅。左邊是滑入山谷的泥土小徑，即保甲路。由左邊下行，隨即抵達一間土角厝民宅，粗坑2號。房子外貌略有損毀，但尚稱完整，少說有五、六十年的歷史，周遭植了龍眼和蓮霧，屋宅有一自製的土炕，以及廢棄的石臼。大門深鎖，主人似乎許久未回來。屋邊有一小徑通往粗坑山。

銳葉小槐花。

銳葉小槐花

學名：*Desmodium caudatum (Thunb.) DC.*。蝶形花科，別名：抹草、魅草、磨草。灌木狀多年生草本植物，高可達一、二公尺。三出複葉，深綠色，稍具革質。小葉披針形。夏季開花，總狀花序。白色或微紅白色。莢果長橢圓形，扁平，果面密生細鉤毛，可附著於人畜身上。閩南人喜愛以此植物戴在身上避邪。

繼續往下行，過一銀灰色鐵橋。此後古道的路線裡，這樣長相類似的鐵橋有三座。平坦而寬敞的古道，旁邊依舊是果園和次生林為多。我研判過去產業應該更為豐富。小徑時而在隱密的林子，時而

露於炙熱的陽光照射下。

　　不久，抵達一菜畦的岔路，左邊有一紅磚農家，過橋而入。屋前植一些園藝植物。我特別注意到了一叢銳葉小槐花，即閩南人常使用的抹草。屋裡有人探頭，是位阿婆，出來看個究竟。她證實了這抹草是用來避邪的。

　　阿婆今年八十多歲，她記得自當年搬來此已經三十多年。這房子也是那時才蓋的，小徑則是在後來晚一點時，才鋪成水泥道，但附近其他民宅的年代就久了。告別阿婆，沿小徑往幼坑前去。隨即抵達14號鄰長家。這間老屋以砂岩為主屋，兩側輔以紅磚小屋並連。庭院整理得非常乾淨，但主人亦不在家。小路在此分為二條。一條通往基隆河畔，另一條繼續走在古道。循古道下行，過溪。旁邊有一廢棄的聚落，不僅有結構完整良好的棄屋，也有水同木從中長出的紅磚廢墟。看來都像過去礦工的住宅廢墟。

竹芋。

竹芋

　　學名：*Maranta arundinacea L.*。葛鬱金科，葛鬱金屬。別名：粉薯、粉薑。原產地在巴西、亞馬遜河流域的熱帶雨林中。東部山地種植。塊莖富含澱粉，易消化，可供食用、餅乾、烹調之用。多年生宿根性草本，株高約十到五十公分。叢生狀，地下有根莖，根出葉，葉鞘抱莖。葉披針形，全緣，具葉鞘。穗狀花序，白色小花不明顯。夏、秋季開花。

　　由此再往前，多半走在林蔭之下，但天氣悶熱，行路辛苦。一坑翻過再一坑，偶有竹林產業。後來經過一古橋，小徑旁又出現一看似石碑的大石頭，長滿了青苔，難以辨認字體。以前的山友資料寫著：「台北州基隆郡」，準此無疑是一個界碑，應該是幼坑和新尾路的分界點。

　　疲累地上抵一岔路，岔路上有竹木和一棵開花的香果。這時才發現幼坑2號在附近，而非藍天隊所畫的位置，時間明顯地差了二十分鐘。

咖啡。

此一山友不小心的疏失，差點讓我誤判走錯了路。這個經驗讓我對地圖的依賴和準確度再次起了警覺和惕勵。但這樣的郊山是否得使用到GPS定位器，實在是見仁見智。有此一高科技，固然更確知自己在山裡的位置，但似乎也不免減損了在此小區域研判和摸索各種自然風物的樂趣。

2號旁還有3號宅，似乎都荒廢不久，也許才四、五年。和我並行的友人注意到了，附近仍有竹芋栽植，主人似乎偶而回來耕作。屋前的荒草堆上則長了仙草。雖然摘採的時節稍早了，但友人還是忍不住割了一大叢，準備帶回家煮仙草。畢竟，出來那麼多回，好不容易才看到有野生的仙草。再者，朋友對城裡使用化學物過多的仙草也頗有意見。

下抵岔路，右邊為上幼坑山的山徑。但這種悶熱天氣，縱使一百公尺的小山，都像攀登雪山主峰一般艱困。左邊過橋，山路再度恢復平坦，經過連續竹林和開闢良好的菜園。最教人驚異的，那菜園竟闢為咖啡田，

大華段平溪線和基隆河交會，展現此段鐵道最美麗的景觀。

不易抵達的幼坑瀑布。

好幾畦咖啡沿小徑，分佈於周遭的墾地上。這或許是受WTO影響，農民尋找自己出路，經營起自己農產品風格的產物。也可能，深受晚近咖啡風潮的影響，自創品牌。無論何者，過幾年，若在平溪線上看到，三貂嶺咖啡或平溪咖啡之販售，我將一點也不會感到意外。

霎時，我也想到福建巡撫丁日昌。1876年年底時，他來台視察了。其中農作物方面，他主張在北部試行推廣經濟作物茶葉，在南部山地則試行推廣經濟作物咖啡。當時，他視察了暖暖附近的山區煤礦，但恐怕想像不到，百年後，隔一座五分山的十分，如今居然種起咖啡來了，而且即將成功。

過一鐵橋，抵達三清觀前的1號隧道口。這個離三貂嶺最近的隧道，又稱幼坑隧道，平溪線就屬它最長，接近三百公尺。洞口最易生陰冷之風。此時涼風徐來，不意快哉。中午亦近，遂在那兒用餐休息，一併考慮著前去或者繞路折回。一棵樹上貼著指示牌。上魚寮古道或穿過

三貂嶺山洞到三貂嶺至車站，約四十五分鐘。沿鐵道往回走到大華，時間相同。

沿著鐵道健行，過山洞必須小心火車。

我到三清觀詢問山路情形。住持跟我說，山路已經崩塌，他們都是走山洞到三貂嶺。山洞雖長，十來分就可抵達碩仁里了。探詢完，我注意到左邊有一新闢的山徑，依舊綁有登山布條，想必就是魚寮古道了。

用完餐後，剛好一輛火車北上回瑞芳。當下決定沿鐵道走往大華。原因無他，平溪線為單軌，在無時間表可判斷下，此時過山洞，應該可以較安全地避開火車的突然出現。穿過二個山洞後，右邊的基隆河以我在北台灣所能驚歎的瑰麗和婉約，精彩地出現於我們眼前。深綠如寶石的河水，巨大而安靜地貼著龐然蓊鬱森林的大岩壁，優雅地繞了一個大彎。壯闊景色兼以雄偉，不輸太魯閣的千古奇險。幸好是徒步而來，若是搭乘火車，恐怕只能匆促一瞥，無法如此從容而閒淡地享受到這等風光了。

壺穴

壺穴是一種圓形的坑洞，大大小小地順著地層排列。通常出現在河床上。形成的原因是河水夾帶石礫，陷入河床的凹部。石礫在凹部內，受到水流的沖擊而轉動，經過長久鑽蝕，因而形成深淺不一的洞穴，或鑽出洞穴。

大多數單獨形成的壺穴為正圓形，但也有橢圓形、葫蘆形、卵形，以及各種奇形怪狀。有些大壺穴中，還能發現數個小壺穴的特殊景象，這是由於岩石本身並不是均勻的物質，加上受鑽蝕作用不一，壺穴乃呈現多樣化。基隆河段，除了三貂嶺到大華站之間有著密集的壺穴外，暖暖附近以及八堵、平溪間的河床上，也有不少的壺穴。

　　繼續沿鐵道行，旁邊繼續橫陳著基隆河的美景，只可惜天氣悶熱，走得有些辛苦。所幸左邊岩壁不時有山泉滲出，我們不斷以毛巾沾水涼快身子。接近35K處，終於看到了此間傳說的幼坑瀑布了。此一細瀑水量豐沛地隱身於密林間，從大約二百公尺的高崖處，飛濺而出，經過少說九層（二十年前為十二層）的石階，一小瀑串接一小瀑，接續著轟隆。那風貌在蔥蘢翁鬱森林的陪襯下，理性地激發出含蓄的穩健，那是十分瀑布等之明目壯闊，所不能提供的典雅。

　　續行至山洞前，旁邊銜接到幼坑14號的保甲路。過了長長的略帶有危險性的木棧道鐵橋後，進入山洞。出口右邊即大華壺穴。沿石階而下，旁邊有石碑豎立二座銅像，記述二位學生發揮人溺己溺之救援精神，下河救遊客，結果雙雙不幸溺斃。此地壺穴景觀確實不凡，但河水流量大而驚人，好玩水者不免會有下泅泳之欲望。但下方漩渦有多深，實難預料，過去幾年遊客在此玩水不幸罹難之事乃頻傳。

　　過了河後，即休業中的野人谷，步道仍在石階路分二條，我們選沿溪邊的左線，過橋後，抵一休息屋。後來再沿溪而上，發現右邊那條很可能因山崩，路途中斷，無法前行。沿著處處建築荒涼的山路上行，經過一觀音菩薩和土地公廟並列的小廟寺後，再走一小段，在野狗群伴隨下，回到停車場。儘管未按計劃繞行五分寮古道，但這一東隅之失，換來鐵道景觀的收穫，旅後回味卻更加無窮了。（2004.5.16）

在此河段救人，不幸罹難的二位學生紀念碑。

汐止石碇線

山羊洞

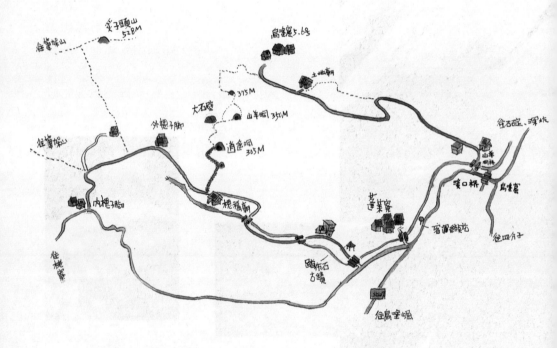

往筆架山

蝨子頭山
528M

往筆架山

外槐子腳

往槐家

內槐子腳

375M

大石碑

山羊洞 350M

逍遙洞
305M

槐福廟

蓬萊窩

踏桥石古蹟

出口

往烏室坜

烏室崖 5.6号

土地廟

往石碇、深坑

山羊洞桥

溪口桥

烏室窩

宿儸鈴茹茄

往四分子

山羊洞

漫遊資訊

■行程

北二高下深坑或石碇交流道，抵達石碇後，再轉烏塗窟。或搭乘景美捷運站666路公車至石碇、烏塗窟。

■步行時間

山羊洞橋 **30分** 土地公廟 **5分** 烏塗窟6號 **20分** 山羊洞 **6分** 逍遙洞 **10分**

椪福廟 **30分** 蓬萊寮 **10分** 山羊洞橋

■適宜對象

青少年以上皆可。

■餐飲

附近無餐飲，宜自備。

問了一些在台北長大的中年朋友，知道山羊洞的人還有一些，而且其中一、二人到這兒嬉戲過。但是後來的五、六年級生就少有人聽聞了。

　　在烏塗窟小村的岔路右轉，過溪口橋後，隨即看到右邊還有一座山羊洞橋。山羊洞橋為這條路的登山口。過了橋，右邊有一小土地公廟，斜對面為一家休閒餐廳。沿著產業道路前進，一路平緩，天空落著毛毛雨。路旁較特殊的植物為草莓蕃石榴，葉子長

草莓蕃石榴。

得很像榕樹，搓揉有一種香氣。另外，在農家前花圃，看到一種較特殊的灌木植物叫佛手柑。

由此往前，右邊出現砂岩的大石壁，直上到稜線。在一轉彎處，看見山羊洞登山口。其實不沿小徑，繼續走產業道路，也能抵達山徑交會的土地公廟。終點是烏塗窟5號和6號等三、四棟房子的聚落，周遭有些菜畦，也有早年廢棄的石厝。幾個農夫蹲在轉彎處的車棚

草莓蕃石榴

跟芭樂是同屬。葉如榕樹，果實呈圓形，比一般芭樂小，味道酸中帶甜。初期結果與一般芭樂相同，呈深綠色，再逐漸轉淡，成熟時則轉成粉紅色。在台灣各地並不多見。原產於巴西，早期傳入中國後，再輾轉傳到歐洲，因此歐洲稱它為「中國蕃石榴」，它與一般蕃石榴同屬，果皮色澤與風味很像草莓而得名。1940年代，從夏威夷曾引進數棵，供學術單位研究之用。

「草莓蕃石榴」因果實小，微酸，可食的部份不多，並不具經濟效益，是一種不適宜推廣的果樹。雖然樹形小而美，適宜庭園栽培，做為觀賞樹木。但是由於會結果，容易招來果蠅，因此也沒有多少人種植。

裡。他們跟我說，種「榕拔仔」（即草莓蕃石榴）是為了平時吃的。小時，他們從這兒走山路下山，從土地公廟旁的山路，一直走到石碇國小讀書，約一個多小時。祖先在此已經七、八十年。他們蹲坐的背後，溪邊就是上學的舊路，日治時代《台灣地形圖》（1921年）裡也有畫出一條山徑，從土地公廟下方，沿溪邊上來，並非今之柏油產業道路。所幸

昔時往山羊洞古道旁邊的土地公廟。

路程短，並無追究之重要性。他們說住家後無山路，但《台灣地形圖》裡有一條，通往摸乳巷。

八十多年前的這一老地圖還畫出，聚落前有條山路，通往山羊洞和外楒仔腳附近，再通往蓬萊寮。我們循此窄小而潮濕的山路，蹭蹬入林。

先上抵稜線。稜線上尚能看到

山羊洞可容七、八人一起進入，休憩於洞內。

幾棵茶樹遺株。翻過最高點，陡下後，從隱密的竹林間，看到山羊洞（350M）石壁。穿過此一狹窄的石壁山洞後，隨即出現一個大洞穴，中間有一塊平坦石塊，周遭放置石板，如同餐桌，可容納七、八人坐，不用擔心下大雨。

此洞穴內上頭另有二個窗戶的大洞，天然地斜開於上方，如同眼睛的窟窿。洞穴後下方有二處深洞，其中一處不易進入。另一處，呈狹窄隧道，勉強通行。由此而下，通往一片大岩壁。

　　另一逍遙洞（305M），在山羊洞下方，約五、六分鐘路程。洞前有一廣場，留有砂岩石椅成環狀，供山友休息。此一逍遙洞十分隱密，不若山羊洞之開闊。先爬上一岩壁之空間，再進入一處隱密的洞穴裡。進去時，非得帶手電筒照明不可。洞很深，最後有一道石壁堵住，似乎是人為的，刻意不讓人進入。

　　在此二處略潮濕的岩洞旁都遇見赤尾胎棲息，不知是否為巧合。從逍遙洞往下，皆為石階山路陡下。再往下行，中途又有一小洞，穿過後為一條小山徑，路程很短。走石階下山約五分鐘，一處新建土

山羊洞下方的逍遙洞，洞口較為狹小、險奇，僅容一、二人進入。

楒仔腳

文山地區的古契約中，有關茶樹記載的以深坑為最多。從深坑現有的舊契約來看，最早於嘉慶5年大坑（今萬順村）的契約中，已經有茶畬（即茶園）名稱的出現。道光、咸豐年間，深坑各地契約陸續有茶欉、茶園字樣出現。直到同治、光緒年間，茶樹種植變得普遍。在山羊洞附近的山稜線仍看得到茶樹餘株，可見此地連接到外楒仔腳，過去亦是產茶的重要地帶。

同治13年（1874年），內楒仔腳（清代屬深坑，今屬石碇烏塗村）的一份契約中更載明，將小種茶肆千欉做為對方勞力的酬謝。可見此時楒仔腳茶樹栽植已經尋常。茶欉在深坑也成為租借的抵押品，或為勞力的報酬，成為商品經濟重要的一環。

整治疏通中的烏塗溪，由石碇前往山羊洞的必經之溪。

地公廟，叫「楒福廟」。過去是一個三片岩石的小廟，最近才翻修。舊照嵌在廟壁旁。「楒」字，中文字典意為相思樹的意思。由此沿產業道路往右，可走到外楒仔腳。看來，早年那兒的山頭即已有不少相思樹了。從那兒有一條山道，《台灣地形圖》畫出，可通往炎子頭山，再翻到深坑昇高村。

往左，一路下行，沿溪邊道路漫遊，輕鬆走到蓬萊寮小村。這條產業道路非常適合賞鳥，地形開闊，森林翁鬱，半途便看到十來隻台灣藍鵲。只可惜附近有人偷偷地傾倒不少廢棄的私人家具。片刻後，抵達蓬萊寮，這是一處隱密的優美田園，烏塗溪邊有不少菜畦，以及多樣的水生濕地。對岸也有一些老石厝房子，仍保持過去的形容。

由蓬萊寮沿公路再走到出發的山羊洞橋，約莫十分鐘。這條產業道路路旁一如先前烏塗窟那條一樣，也有零星的草莓蕃石榴。雖說零星，在別的地方，我還不曾見過。（2003.11.1 陰雨）

踏布石古蹟

位於蓬萊寮，清代布匹以大菁染色後，最後將布匹以踏布石整平，當地居民以黑膠布遮蓋，避免被偷。這回因為趕路竟忘了拜訪，下回應抽空再前往探尋。但我猜想，就是像元寶長相的那種石頭了。

圳沽古道

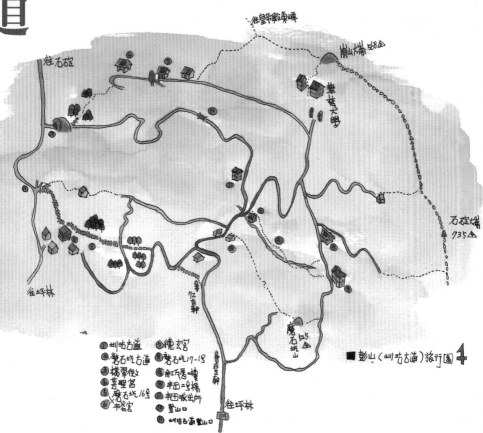

往石碇

往皇帝殿東峰

崩山大崙 568△

華苦大崙

往石碇

往坪林

石碇大崙
735△

磨石坑山
505

往坪林

圳沽古道登山口

① 圳沽古道　　⑪ 德玄宮
② 磐石坑古道　⑫ 磐石坑17-18
③ 橫翠俊　　　⑬ 紅瓦厝土地
④ 菩聖宮　　　⑭ 丰田三星橋
⑤ 磨石坑16号　⑮ 丰田派出所
⑥ 丰穗宮　　　⑯ 登山口
　　　　　　　⑰ 圳沽古道登山口

■彭山（圳沽古道）旅行圖 ④

漫遊資訊

■行程

由石碇走109公路，過豐田2號橋不久，遇岔路隧道口，過隧道，左邊即崩山大崙登山口。若不過隧道，由右邊陡上，前往彭山村。過一、二處大轉彎，即可看到圳沽古道登山口。

■步行時間

一、

登山口 **40分** 菩聖宮 **40分** 崩山大崙 **15分** 華梵人文學院

二、

圳沽古道登山口 **10分** 橫翠微 **15分** 茶園柏油路 **15分** 石碇幹#72 **10分** 石碇幹#58 **40分** 磨石坑山登山口 **15分** 石碇幹#86

■適宜對象

少年以上皆宜。

■餐飲

一路上有三家著名餐廳：

· 橫翠園民宿蝴蝶生態茶坊

自然生態園區，栽植有各種蝴蝶的蜜源植物和食草，代表菜：香椿豆腐、紫蘇蛋和白切雞。 地址：台北縣石碇鄉彭山村崩山47-3號

· 文仙黑豆腐專賣

文仙是黑豆腐及黑豆花的創始店，口感滑潤。店內的飲食僅有素食。

地址：台北縣石碇鄉彭山村崩山路64之1號

· 九寮坡

店名有「久」之意，餐飲有家常菜的感覺、鄉土的味道，也有一些特殊風味的小菜。地址：台北縣石碇鄉潭邊村九寮埔路2號

一、崩山大崙

　　早年交通不便時，行旅之人如何在北宜古道南線的旅行裡，從石碇通往坪林呢？殘存的這些古道現今的狀況又怎樣了？這些問題每每在我開車行經109公路時，就會浮現腦海。我不免有一種不安，彷彿不到這兒走訪，踏實地來去一段路，那心頭懸著的大石就是放心不下。

　　在壽山橋不遠的空地停車，穿過109號公路的隧道，右邊山坡的茶園隨即有一條往崩山大崙的山路出現，1921年的《台灣地形圖》已經出現這條山路。它和皇帝殿來的一條山路，交會於稜線，再通往崩山大崙。109號公路過去是日治時代石碇通往坪林的大路。

　　未幾，一路都走在寬敞的山徑裡，雖然外頭有高達攝氏三十七度的陽光，林子裡還算陰涼，只是悶熱了一些，沿途盡是低海拔林相，偶而露出茶園景觀。有些荒涼的茶園，偶有駁坎出現路邊。山路頗寬，穿過一處山櫻花種植良好的墓園。

　　約莫半小時後，銜接柏油路，抵達菩聖宮，再沿柏油路，一路遇見一、二處舊石厝屋，屋旁邊有好幾棵香果正盛開著果實。果粒大，皮肉薄了些。有點甜味，吃了二、三顆就有些膩。好幾棵大葉吊樟冒出果實。一棵一人抱的台灣扁柏，翁鬱地生長著。繼續走上泥土山徑，果然看見一條山路通往皇帝殿東峰，看來是小粗坑的舊路。由此遠眺，可望見二格山高聳的山影和筆架山連綿的山稜線。

　　穿過隱密的林子，附近有一、二處墓園，墓碑有「安溪」字樣。看到

古墓告知了，往生者的祖先可能來自福建清溪，安葬於台。

「黃界」應為稜線上的土地地標。

這二字，不免想起小說家陳映真《父親》一書裡＜安溪縣石盤頭＞一文，文中小說家提及，「安溪人入台的歷史，也是一頁辛酸的亂世黎民流亡史。」一則明鄭時期，安溪有許多壯丁成為鄭軍，施琅攻台時也徵用許多安溪人。在這種權力的征伐下，安溪人飽受傷害。等清朝領有台灣，為加強台灣的開發，大批安溪貧困農民進入台灣拓墾，成為佃農、長工等下階層的勞動人口，安溪遂成為閩南人遷台中，遷入最多的一系。

　　崙線上則立有石碑，書寫著「黃界」，這是過去在其他山頭少見的界碑，大概也是附近安溪人劃分領域的地界吧。繼續往前約莫十來分，抵達崩山大崙。由此往山下走，隨即抵達華梵大學，在那兒享用午餐、觀景。走下柏油路之山路，經過一些石厝，抵達豐田派出所附近，攔車回家。（2003.6.30）

二、圳沽古道

　　這次在彭山村圳沽古道登山口停車上山，離上次距離約五百公尺的半山腰。彭山村，舊名為崩山，約乾隆年間，泉州人許故、許交、許忽等人開闢。境內

昔時圳沽古道入口之一。

魚木。

大山時有山崩現象,故得名。

　　圳沽古道明顯比崩山大崙那條古道更早,遠在1904年的《台灣堡圖》裡即繪出。登山口有一處小水潭,石階看不出古道之形容,走了一小段,經過茶園,右邊農舍前的農地,出現馬利筋的花圃。眾人甚感驚訝,捨古道,沿田畦而入,進而看到刺蔥、魚木、長穗木、賊仔樹和大安水蓑衣等各類植物,更是狂喜。原來,整個庭園都是各種蝴蝶喜歡的各類食草,還有一個木牌特別豎立了皇蛾的蛹。猜想主人一定非常嫻熟蝴蝶之習性,刻意栽植了這些食草。這樣悉心經營生態家園的主人會是誰?

　　再趨前到一棟三層樓的紅磚房子拜訪。原來是一家40年代的老厝,現在改為民宿茶坊兼蝴蝶生態園,店名橫翠微,取自李白的詩,＜下終南山,過斛斯山人宿置酒＞,前二段如下:

　　暮從碧山下,山月隨人歸;
　　卻顧所來徑,蒼蒼橫翠微。

　　走廊還掛著許多外地買來的茶具。還有過去的石磨、石臼或古老的物器等,擺放在房子的大廳。主人是一位中年婦人,忘了問名字,名片上叫「王媽媽」。後來才知叫王肖琛。

　　年輕時,王媽媽夢想著中年以後,在市區靜巷內開個咖啡坊,沒想到因緣際會,在

遇見種植許多蝴蝶食草的「橫翠微」民宿主人王媽媽。

彭山村買到此間農舍。後來在舊址上，將古厝加以修葺，請老師傅重新打石，再用清水紅磚改建成一座古意的、憩靜的渡假茶坊，門窗全用檜木製作，看不見鋁製品的冷硬。又特別在園中一角，裝置一古老時代的「水葉仔」，讓來的朋友沉浸在年少時汲水之情趣。

　　由於喜愛蝴蝶，她一邊自修研讀，一邊也到各地學習。如今對各種蝴蝶和寄宿花草的知識都相當熟悉，雖非學者，亦算半個專家。

　　再向她打聽圳沽古道之名的由來。原來，登山口的牌子是當地鄉公所豎立的。原本要叫彭山古道，但後來依據一位華梵大學教授的調查，決定沿用圳沽的古地名，稱為圳沽古道。沽者，水名也。圳沽之意是當地附近有田地和水圳。這條農家小山徑是過去當地人挑茶、柴和米下山到石碇交易的路線，也是過去淡蘭古道的支線之一。她還想，將來要在古道旁種一些有趣的食草，吸引蝴蝶到來。

　　可惜，還要趕路，無法久留。繼續往前，沿著石階路，抵達一處產業道路。過了產業道路，眼前又有一片美麗的茶園。小小的圳沽古道迂迴茶園間，蜿蜒而上，橫的豎的石板條皆有，景致特別。

通過茶園的圳沽古道。

但柏油產業道路又切穿古道。順路而行，又遇到石階。沿石階而上，上抵109公路，此線日治時代

就有大路的規模。周遭無特別地標，只能以
109公路上的電線桿#72做為標記。古道消失
了，有些失望。根據王媽媽的口述，其實往右
到崩山村，還有古道，但許多地方都被現在的
公路橫斷了。沿公路而下，走到電線桿#58，
磨石坑17-1號，有山路可以走上磨石坑山。

在磨石坑遇見一位採野菜的
農婦。

　　繼續下行到公路岔路口，磨石坑16號左
邊有石階山路，沿崩山溪的支流上行。早在
1904年的《台灣堡圖》裡，這條也已出現，
可通往梅樹嶺、上坑口庄，再翻抵石碇。經過
一處擁有游泳池的大別墅，跨過一處舊石板
橋，進入林子，隨即又跨過一處石板橋，附近有茶園。溪雖無支流，但
水流量大，時而有小水瀑出現。未幾，抵達一處岔路，兩邊都可上抵產
業道路。有些茶園也荒廢了。遇見一位採苦茶油和野菜的老婦人，她帶
著一把鐮刀割草。有二棟紅磚屋座落那兒，附近菜畦面積不小。

　　沿公路往上，隨即抵達往磨石坑山的登山口，十五分鐘後，抵達山
頂，無特別視野。下山不久，望見左邊有一條產業道路上來，山路鋪滿
了碎石等廢棄物。找不到下山的路，只好循此下山，中途遇到一條大錦
蛇，少說有二公尺，腹部最粗大部份寬如大人之手臂。

　　下抵109公路，電線桿#86。由此走回電線桿#72處下山，回程走柏
油產業道路，這條小路可通到電線桿#62附近，沿途香果不少。另外也
能由此經過一間農宅，走到橫翠微。彭山村的甜柿很有名，但我只在此
看到一棵。農宅的老闆正在採收牧草心，對橫翠微生態家園的經營方式
頗有微詞。（2003.10.4）

皇帝殿

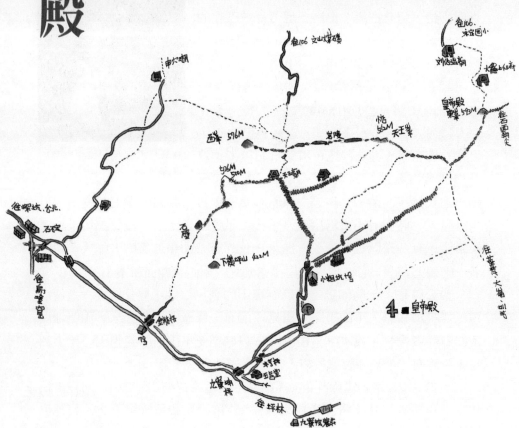

■行程

攀登皇帝殿有好幾種方法，路徑也相當複雜。在此謹建議四種較為普遍的路線。

一、由石碇派出所石階上行入山路程如下：

　　石碇→皇帝殿西峰→東峰→九寮埔橋→石碇

二、由永定國小下車，右上產業道路前行，路程如下：

　　永定國小→太極神宮→劉伯温廟→皇帝殿東峰→西峰→石碇

三、由大溪墘皇帝殿北稜登山口啟程（可參考「石霸尖」），路程如下：

　　大溪墘→石霸尖→皇帝殿東峰→西峰→石碇

四、前面三條都需要一天時間，想要只花一個上午、最短的一條如下：

　　石碇→九寮埔橋（小粗坑入口）→皇帝殿西峰鞍部→東峰→九寮埔橋→石碇

以上因攀爬岩稜，時間難以估算。

■適宜對象

青少年以上為宜，宜備手套。

■餐飲

在天王廟有餐飲，宜自備。109路上有九寮坡等餐飲店。

　　位於石碇小粗坑北稜上，故名小粗坑山，為市郊最聞名之岩場。亦係登山界頂「叫座」之山峰。山稜由東而西，形成一條岩壁，有幾段瘦削如刃，峭立大仞，即俗稱「螞蟻過門楣」，步履過關，令人提心吊膽，因而聞名遐邇。

　　　　　　——林蔡娩主編《登山手冊》〈皇帝殿山〉台北市登山會（1970）

想要對石碇有更深入的了解，皇帝殿是必須走訪的山頭之一。攀爬過那狹窄山稜線，遠眺周遭的山巒，或許更能深刻體會石碇建立在狹小的崩山溪溪岸的苦衷，以及貧苦生活的特色。

皇帝殿小粗坑登山口。

皇帝殿本身是個台北近郊爬山相當知名的岩場，和五寮尖齊名。山區的地質年代屬於幼年期，因而多懸崖深壑、險石奇峰。東、西峰兩邊的山頭雖只高五百公尺（593M、576M），但連接在一起，距離近二公里，裸岩稜線不時突露，形成台北爬山者的最愛。

大部份走皇帝殿的岩稜稜線都是走一天的時間。在這裡謹建議一條於晴朗天氣半天可走完的路線。切記，不要在天雨時行走，小心穩健，緩慢前進，大體不致有危險。

第一次北上讀書，約女生攀爬的第一座郊山就是它。從三十年前學生時代迄今，在石碇山區，攀爬此山的次數也最多。感情之深，回憶之多，自不在話下。相信此山也是四、五年級一輩人，早年約會的重要景點。

小粗坑14號位於翻越玉桂嶺的古道上。

目前，一般都是從石碇小粗坑入口的登山步道進入者為多。此路線，車過石碇，從九寮埔橋進入小粗坑產業道路，遇到

復興廟，左右各有公路可抵達停車場。從停車場往左走到一戶石厝人家，小粗坑10號，即為目前環形步道的登山口。

　　若往右山路陡上，通抵崙頂的小粗坑14、15號石厝農宅。早在《台灣堡圖》（1904年）時即可看到一條山路，由九寮埔左轉跨溪，從九寮埔橋上行，經過小粗坑，翻嶺，下行到西勢坑。此乃石碇之小粗坑古道也。現今，偶有山友順稜線走往華梵大崙，或皇帝殿。（詳見前「圳沽古道」）

　　若從小粗坑10號左邊的石階走上天王廟，大抵是最典型的上山路線。皇帝殿之名即來自天王廟。從廟旁右側的隱密小徑，上抵其中的鞍部。也有的未抵達廟時，就從右邊的石階小徑上山。不過，這條山路較無特色，不若廟後的小徑。

　　若是走廟後小徑，我喜歡形容整段爬山的過程像是在走「三層骨」。三層的內容截然不同。第一層是不斷升高的人工階梯，第二層是樹梯，從天王廟起，必須藉助樹根和繩索往上，第三層是瘦削、嶒崚的稜線小徑，從鞍部開始直到東峰、西峰。

　　這座山山勢雖不高，但南可鳥瞰小粗坑山谷，北向視野開闊，可以望見四分仔尾山，朝西北更可遠望七星山和礦嘴山。

　　在風衝稜脊上，生長著什麼樣的植物，那是我最有興趣的地方。那兒有小葉赤楠、馬醉木、大明橘（最常

皇帝殿多岩稜，必須依靠現場的登山繩輔助。

見）和大頭茶等代表性的稜線植物。這些植物因為葉形變小，有時變得不易辨認。最具優勢的殼斗科植物是白背櫟，葉背是白的。稜線的蕨類則以雙扇蕨為主。另外

攀爬岩稜險峻的皇帝殿，宜多小心走路的步伐。

還有一種杜鵑花叫守城滿山紅，葉呈菱形，花開粉紅色。不過，它是落葉性的，冬天可能看不到葉子。五葉松偶而可見。衛矛科的雷公藤，過去在稜線上很常見，由於具藥性，多被採摘，如今已經很難發現。

小葉赤楠。

從這兒走到東峰約需二個小時。中途有二個分叉點都可回到停車場。第一個分叉點是天王峰（中峰），插有天王廟的旗幟。

若是一般岳界人士和學生的登山往往縱走，從西峰到東峰，這樣的行程不論從石碇或者永定國小的方向，都要一天的時間。主要係因例假日時遊客很多，大家被迫排隊走稜線。非例假日，那是一個人的山稜。可與山之嶙巖和嶒崚，盡興地對話。（2000.5）

石霸尖

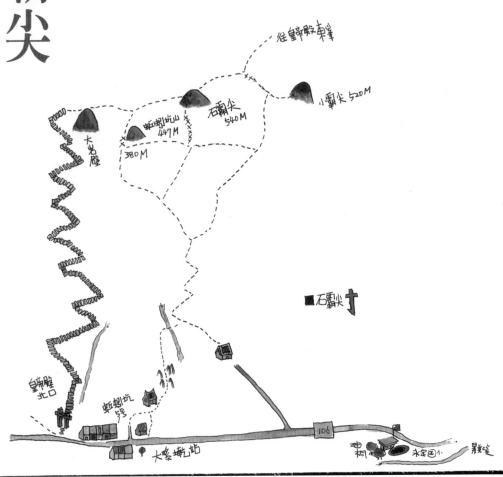

■行程

搭乘往平溪之台北客運15、16路公車,抵達大溪墘或永定村站,或自行開車至大溪墘。登山口在蚯蚓坑5號民宅旁。或皇帝殿北稜登山口。

■步行時間

一、

大溪墘登山口 __30分__ 岔路口 __20分__ 蚯蚓坑 __25分__ 石霸尖岔路 __10分__ 石霸尖 __6分__ 岔路 __5分__ 小霸尖 __30分__ 岔路口 __20分__ 登山口

二、

皇帝殿北稜登山口 __50分__ 大岩壁 __30分__ 石霸尖

■適宜對象

青少年以上適宜。

■餐飲

附近唯登山口有雜貨店,但無餐飲,宜自備。

一、初訪石霸尖

這是一條相當麻辣的山徑,路程短,但原始而充滿狂野,是典型平溪線山區的代表山頭,卻又挾帶著皇帝殿尾稜的巉岏險勢。可惜,因為被皇帝殿東西峰威名所遮蓋,又僻處於大溪墘這條稜線的一偶,始終未被登山人所重視。

它卻是我心目中上選的半日遊賞之地。同時,圈選為半O型、蝌蚪小徑的代表。弧線來回,在一個岔路點,沿小路繞一圈。

首次注意到它，最初是在106路，從平溪回台北的路上。那天，接近藤寮坑時，一個轉彎，突然間，眼前一座山峰像乳頭般聳立於成排的稜線前。最初，誤以為，它就是高險的石霸尖，但登頂後才知是小霸尖。

皇帝殿北峰登山口。

過去，永定皇帝殿北稜登山口還未開闢時，多數人都從永定國小前的產業道路走到太極神宮。這條小徑是永定登皇帝殿傳統登山的主要路線。然後，再從那兒爬上玉京山和皇帝殿東峰。但產業道路極端乏味，大大減低了登山者從這兒出發的樂趣，因而現今較少有登皇帝殿者，選擇從此地來去。識得山性的人，應該喜愛由大溪墘的登山口走上去。

我要攀爬以及陳述的，便是大溪墘路線的危崖。大溪墘就是今日台北縣石碇鄉的永定村。整條街的聚落，緊緊偎依在景美溪上游大溪墘溪南岸的106公路上。當地居民早年也多以採礦為生，另種植稻米和茶葉為副。

大溪墘老房子一景，舊登山口於旁邊小徑。

這條小徑的登山口在蚯蚓坑5號宅旁。為何這兒叫蚯蚓坑？我十分好奇，但並未問到答案。從小徑上去，先抵達一座小廟叫天鳳宮。過了此廟，右邊有條小水泥路。一小段水泥路後，都是隱密的森林。順著溪流的小徑非常

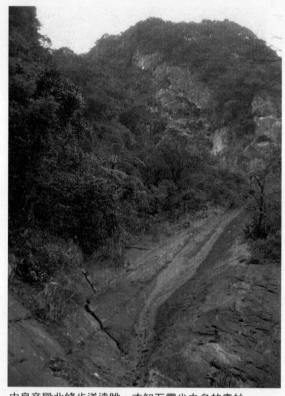

由皇帝殿北峰步道遠眺，才知石霸尖之名的奧妙。

潮濕。小徑周遭的森林彷彿是剛剛從潮濕的地方浸染很久才取出來的物品，還濕淋淋的，很重。

　　不過，溪對岸又是另一個世界。一條通往太極神宮的產業道路破壞了環境。它卻是過去登皇帝殿的主道，難怪少有人願意選擇此地登山。

　　走了十來分鐘，過了卵石嶙峋的溪溝後，林相才以完整的原始面貌出現。小徑周遭以大菁、樓梯草和冷清草等不時交替出現。永定附近以煤礦開採出名，因而有些砂岩的土層會露出煤渣。

　　溪溝之後，小徑不再是泥土路，轉而成為溪石天然形成的崎嶇路徑。又過了一刻，來到岔路口。右邊為上石霸尖接連東峰的小徑，路況較佳，趕路到皇帝殿者，往往走這一條。

　　左邊上蚯蚓坑山（又叫后厝山，447M），路途陡峭。我選擇此線登頂。才邁開腳步，未幾就遇見直接通往石霸尖的岔路。繼續往左，攀繩而上。約二十分鐘後，抵達蚯蚓坑山圖根點。無啥視野可言，山林投不少。從那兒再啟程，眼前出現岔路。往上是一塊高峻的大巉岩，險惡地

山葡萄

　　小本山葡萄，別名細本山葡萄、小山葡萄、小葡萄、山葡萄。自生於台灣平地及山麓叢林內之藤本，中高地帶亦偶見之。全年均可採集。掘取根部或帶根全草，洗淨，曬乾。盛產期為冬末春初。

　　小本山葡萄生長很慢，野生品幾已絕種，所以價錢很貴。目前都是人工大量栽培的植物。在效果上，人為炒作大於其真正的藥用價值。

山葡萄。

阻擋在前。右邊有小徑往下急速陡降。遲疑一會兒，試著挑戰大巉岩。這塊大巉岩少說有四公尺高，雄偉地垂直壁立，只有一根繩索自山林投中垂吊下來，半懸空中。岩壁上纏繞著粗大的山林投根莖，相互糾結。想要爬上這垂直的岩壁，只有靠那繩索和山林投的粗根。

　　試著爬上去，中途踩斷一根。所幸捉住繩索，晃在半空，避開了摔到山谷的悲慘。後來，想想自己是來健行的，並非來冒險。於是，放棄攀爬，往右邊小徑下到溪谷去。

　　沿小徑急陡而下，繼續有山林投的根莖，巨大地垂掛在石壁上，同時有山葡萄的粗根。那是我見過最為粗大的，在岩壁形成特殊懸垂而下的奇景。

　　下抵山谷，路再分二條。按早年的地圖採左線上石霸尖。不久，抵達了攻頂處。這兒又有岔路。根據登山地圖，右邊的岔路亦可登上霸頂。但是我未前往，因為左邊的路線吸引了我的注意力。

　　一塊陡峭而潮濕的大岩壁，巖巖聳立，不斷地有壁水自青綠的草叢和岩壁滲出。一條粗大而潮濕的繩索垂下來，彷彿已經使用很久，隨時會斷裂。可以提供攀

野生山葡萄現在已經不容易採集。

燕尾蕨。

燕尾蕨
柄長，營養葉卵圓形。葉末端收尖，二回分叉脈形。葉端有時形成燕尾狀分歧。海拔一千公尺以下原始森林內，生長於岩壁斜坡上，北部山區不常見。

爬而上的只有一些伏貼在岩壁的樹根，以及岩壁的大小隙縫。我戴起手套小心地爬上去，看似濕滑，爬上時卻沒什麼困難。

上抵半山腰，這才發現它果真崚嶒。勉強捉著樹根再上，接著是連續的四根登山朋友架設的鐵梯。若沒這些鐵梯，山友恐怕都無法上得去。登頂中途，周遭不時傳來大冠鷲鳴叫之聲，增添了這山的險峭氣勢。只不過，仔細觀察山頂之植物，似乎也未有什麼特別的，小葉赤楠、紅楠、大明橘以及雙扇蕨都尋常得很，只是少了蚯蚓坑山的山林投，也無其他危崖的金毛杜鵑。

石霸尖（540M）並無基點，只有一棵樹，釘了牌子，註明自己是皇帝殿的東北峰。儘管沒基點，卻因了此牌，彷彿才有身分的認證。原本以為，石霸尖是氣勢軒昂的山頭，不意竟是尋常山頭，連個視野都無。這兒有二條岔路，右邊往皇帝殿東西峰。左邊的較奇，往后厝山去。無疑地，若是能爬上剛才的大巉岩，屆時也會抵達這兒。

從永定煤礦站新設立的北稜石階登山步道走上來，最後也接到這兒。猜想官方開闢者應該是考量了後條石階步道的好處。走那條初始為石階的步道，至少避開了大溪墘的險惡，以及太極神宮的荒蕪。只是我不喜歡石階步道的枯燥和單調。

由石霸尖稜線繼續往前，未幾又到了岔路。左邊明示著到皇帝殿東峰去。右邊就是我選擇的蝌蚪小徑的折回路線。攀繩而下，看到大片叢生的燕尾蕨，美麗如海中魚群之悠游。這種蕨並不常見，多半生長於岩壁陰暗區。沒消多久，遇見鞍部，繼續往上，有繩索可上小霸尖。孤高

的小霸尖上，視野尚可，短矮的樹叢中，可眺望皇帝殿稜線；同時，亦能從頂峰遠眺東北邊平溪的峰頭尖，巍然地聳立在群山之間，和薯榔尖遙遙相對。

下山時，遇見一棵二人抱的大九芎。這兒九芎還不少，長得怪模樣者亦多。下山的小路猶如山巖險道，毫無路相，幾乎都是卵石溪溝。好不容易繞回先前的岔路，再按先前來時的小徑走回。（2001.3）

> **竹柏**
>
> 　　常綠喬木，雌雄異株。單葉對生，橢圓至卵圓披針形，平行脈不明顯，全緣，表面光滑。搓揉葉子有著類似蕃石榴的氣味。種子徑約一公分，成熟深紫色，表皮有白粉末。
>
> 　　台灣是北方來的生物和南方來的生物交匯處。竹柏是指標性植物。在一億年前，松杉柏類植物開始演化。竹柏是屬於南方大陸系，葉子比較寬大。北方系的，像松樹葉子。竹柏是台灣原生種的植物，日本人到台灣第一個發現的地方在南港，故取名為「南港竹柏」。後來發現台灣其他地方也有，再改名為「台灣竹柏」，簡稱「竹柏」，又叫「山杉」。
>
> 　　日治時代竹柏是很好的建築材料，因為樹幹非常直且硬，可以用來做房子的主樑，如今在野外很少看到很粗的竹柏，可能多被砍伐。

二、再訪石霸尖

這次攀爬是為了帶孩子攀登大霸尖山而準備的練習。主要是加深孩子對大霸尖山的印象。再者，從這個角度走到接近稜線時，才可能發現石霸尖的形容，果真有一種霸氣。

這處登山口也是皇帝殿北稜的登山口，一路出發都是石階路。不斷地「Z」型上去，路徑單調，走得教人煩躁。儘管初期旁邊有小溪溝，但是毫無什麼喜愛的感覺，唯好奇那石階有多長。

那石階路，果真迢遙，一直到稜線才結束。消失前由一大石頭下，往上仰望，山勢巍然如鬼工，終於感受到為何叫石霸尖之因由。石霸尖多雙扇蕨於稜線上。這是附近石碇和木柵山區稜線的特色。此回在小霸尖上，還發現不少竹柏幼苗。以前在此區較少看見。（2002.2.09）

玉桂嶺

往台北106縣道

往白北106縣道

往暖格‧平溪

往山峰頭尖

玉桂嶺‧弓‧子

峯頭

玉桂嶺‧弓

南勢坑‧弓

玉桂嶺‧53

往木柵坑‧華梵大學

南勢坑古道

白宅(193)

姑娘廟

大坪道路

白宅樓

南勢坑‧2-53

大坪

白宅古厝

石厝

往伏獅山

大尖坑山 597M

伏獅山 732M

玉桂嶺

往司公髻山

漫遊資訊

■行程
由石碇往平溪，在藤寮坑右彎進入，抵達玉桂嶺1號橋。

■步行時間
一、

玉桂嶺1號橋　__20分__　大坪道路　__5分__　岔路口　__5分__　玉桂嶺5號宅　__45分__　石厝終點　__25分__　大坪土地公　__15分__　九芎山　__40分__　大坪道路

二、

玉桂嶺1號橋　__15分__　2號橋　__35分__　南勢坑土地公　__35分__　九芎山　__40分__　大坪道路

■適宜對象
全家大小皆宜。

■餐飲
附近無餐飲，宜自備。

一、大坪道路線

玉桂嶺，昔時稱肉桂嶺，可能以前有不少肉桂樹吧。

由縣道106進入藤寮坑，在玉桂嶺1號橋的土地公廟停車，前方是峰頭村。一個昔時挖煤的小村，附近山區仍到處有煤礦的遺跡。景美溪最上游的藤寮坑溪，從其右側浩蕩地往北流去。左邊有一條往上坡的公路，蜿蜒通往東勢格，再進入平溪。這條是清朝初期石碇地區移民最早進入東勢格的舊徑，而非由現在的106縣道，伸入姑娘廟。但由石碇地區進入玉桂嶺的山路，主要路線，不只是沿著永定溪的106公路而已，

玉桂嶺景美溪上游

平溪鄉大抵於乾隆時代就已開闢，但因位處於東邊的偏遠山區，開發晚了數十年。當時主要通路，只能越過保長坑通往水返腳（汐止）。或由瑞芳庚子寮（今瑞濱）上陸，經九芎橋，進入平溪鄉新寮村。此外，沿今106縣道景美溪支流藤寮坑溪，從石碇鄉的玉桂嶺，亦能進入東勢坑。景美溪即發源於玉桂嶺，後自木柵經過景美匯入新店溪，主流全長為二十五‧二公尺。

還有由石碇南邊的小粗坑山（皇帝殿）南稜，進入西勢坑、玉桂嶺。

停好車後，尋此左邊公路前行，一路有柚子花香之味，溪邊的香果林亦開花。隨即左邊出現峰頭尖的登山口，看來並不容易攀爬。

繼續往前，抵達一處彎道，那兒有牌子寫著「大坪道路」。裡面的村子正在辦喪事。我們聽從當地老人的建言繼續往前，後來才知曉，這兒也能走上玉桂嶺（九芎坑山）。

過了榕樹的土地公廟，隨即抵達一處彎道。循右邊小徑走，再遇岔路，看到右邊小橋有布條。沿布條之方向前進。沒消幾分，抵達玉桂嶺5號農家岔路。沿著新修築的產業道路，走了近五十分鐘，一路山谷開闊，鳥聲不斷。但就我所知，鳥會的賞鳥路線裡，尚未安排此一路線。之前的路途，就記錄到烏鴉、翠鳥、紫嘯鶇和台灣藍鵲了。加上大概是遷徙季節，冬候鳥的聲音亦不少。可惜，一路都是水泥小徑，

玉桂嶺山腳下最後一間鐵皮屋，白宅舊厝。

很不適合健行。

　　許多登山布條被推倒在地，顯然此地不少原先的登山小徑已經被摧毀。抵達一處保安林紅界樁的岔路，左邊為杉林世界，繼續往右邊，經過一處民國61年之墳墓，抵達一石厝。石厝全新，旁邊有舊廢棄而傾倒之石屋數

大坪土地公廟。

間，石厝亦無路牌。根據過去的資料為一白姓人家之古厝。環顧周遭，明顯是一個小小村子的產業之地。石厝為道路終點，後有二條上山的登山小徑。左邊小徑上山，通往伏獅山。一路杉林頗多，走了近半小時，一路都往東北之方向。天幕低垂，仿若要滂沱大雨，隨即折回頭，走石厝旁下山的森林小徑。

　　小徑伸入隱密的林子裡，路況平坦，周遭都是產業的荒廢地。唯右邊是隱密山谷之小溪。約莫走了二十分鐘左右，抵達一處廢棄的石厝，玉桂嶺14號。石厝裡有荒廢的不鏽鋼製茶器具，隨即接上另一條寬闊的產業道路。周遭有許多小徑，到處是產業之跡，唯滿目蕭然。九芎坑山（即玉桂嶺，597M）就在前方昂然地矗立著，平緩而明顯，眼前又垂掛了許多布條的登山小徑，明顯地通往這座山。

　　有「九芎」之地名，猜想附近過去應有不少九芎吧！至於更遠的伏獅山，在東南之位置，這兒看不到。往上小行一陣，片刻即抵峰頂，可

玉桂嶺砂岩大峭壁。

惜無啥風景。

回到山腳的產業荒地，附近不少九芎。後來，在產業道路上，看到一間土地公廟，右邊字體不明，左邊對聯寫著似乎是「德佑太平庄」。猜想這裡就是「大坪道路」的太平庄，亦稱為大坪頂。過去這兒應該有一個小小散村的產業存在著，只是後來都荒廢了。1904年《台灣堡圖》上標示，附近產業相當廣闊，亦有不少散村，頗堪玩味。

沿著產業道路慢慢地下山，約莫四十分

守城滿山紅

又稱馬禮士杜鵑，由於最早是在南投的守城大山發現而命名。北部分佈十分零星，近郊的一些山區諸如內湖新山、龍船岩、坪林山區、大油坑產業步道和七星東峰都有，數量較少，僅次於烏來杜鵑。花先葉開且是單生，花冠淡紫色有紫紅斑點是其特徵。往往在4月前後盛開，遠眺十分醒目。

鐘後，抵達一間民宅，在那兒看到一條龜殼花約莫一公尺半長，盤蜷在溪溝休息，非常美麗。

　　守城滿山紅開花了，成為此間山坡綠林唯一的醒目花色。我們從大坪道路出來，回到玉桂嶺1號橋。（2002.3.24）

二、南勢坑溪線

　　從十來間公寓的峰頭小村出發，光是從房子的外表，委實難以看出此一小村昔時曾是煤礦之聚落。不遠前的礦坑、煤礦設施，以及坑道等景物，四年前來時，還清楚可見，現今都已經深埋於蔓草間。

　　沿藤寮坑溪上游漫行，經過聳然、險峻的大峭壁。這是北台灣最大的一塊砂岩石壁，禿裸面積長達六、七百公尺，垂直壁面凹洞累累，目視亦近一百五十公尺。

　　約莫片刻，抵2號橋，旁邊為進入南勢坑地標之尋常土地公廟。橋另一頭為靈糧堂之禮拜堂。不過橋，循右邊支流小溪進入。前段為廢棄物填塞的泥土路，後段為水泥。路面開闊，但滿目荒蕪，河岸地基掏空，充滿一種拓墾的蠻橫之氣。土石流則隱隱待發，準備報復人們開墾山林的貪婪，只可憐了旁邊清澈的山溪。

南勢坑2-5號旁，楓樹下土地公廟。

　　1904年《台灣堡圖》裡，此一山路周遭多已開墾，似乎也散落一些民宅。大坪道路周遭亦然。經過一條往九芎坑岔路，此路一般山圖並未記錄。隨即邂逅一古樸的姑娘廟，鐵皮屋下，簡單的石頭小廟祠，裡面只供奉著梳子和一小鏡。據說是供奉早年一當地未婚之早逝女子。續往前，眼前出現「旺峰農莊」石碑。進而遇一岔路後，右下抵岸。左上遠離陰翳的森林小溪，抵達了石厝和土地公廟。

　　先說土地公廟，座落在小台地上，現場清明而開闊。小廟本身古樸，周遭則以石頭堆砌成平台，廟後則有一紅葉之楓樹依傍。若論北台小廟之風景位置，此地當屬第一了。再往前，一鐵皮屋和石厝並立。鐵皮屋上鋪著最新流行的文化瓦。屋主家族在此已經居住百年，不太愛講話，似乎也不是很歡迎我們的突然出現。

　　旁邊的古厝已經廢棄，只剩下四面石牆，以及裡面的空廚灶。但看那石厝基礎，可非一般砂岩之隨便堆砌，而是有著細心雕刻的花紋和圖案造型，連窗柱都是工整的石條，猜想石厝主人恐怕是此間富裕之墾民了。在此深山，百年之前竟有此講究基底之石厝，不免詫異。再看周遭墾地，過去的梯田現在似乎都整修得非常開闊整齊，有些地方成為菜畦，但有些地方只是空著，淪為草皮和園藝樹木，似乎準備做為旅遊休閒，或宗教建築之用地。

　　石厝旁邊有一登山口，由此上行，可登九芎山。只是山區陰雨不斷，雲霧繚繞，干擾了上抵山頂的雅興。但看到土地公廟之婉約，還有石厝之精緻，還是覺得此行頗有收穫。（2004.12.14）

五坑越嶺道

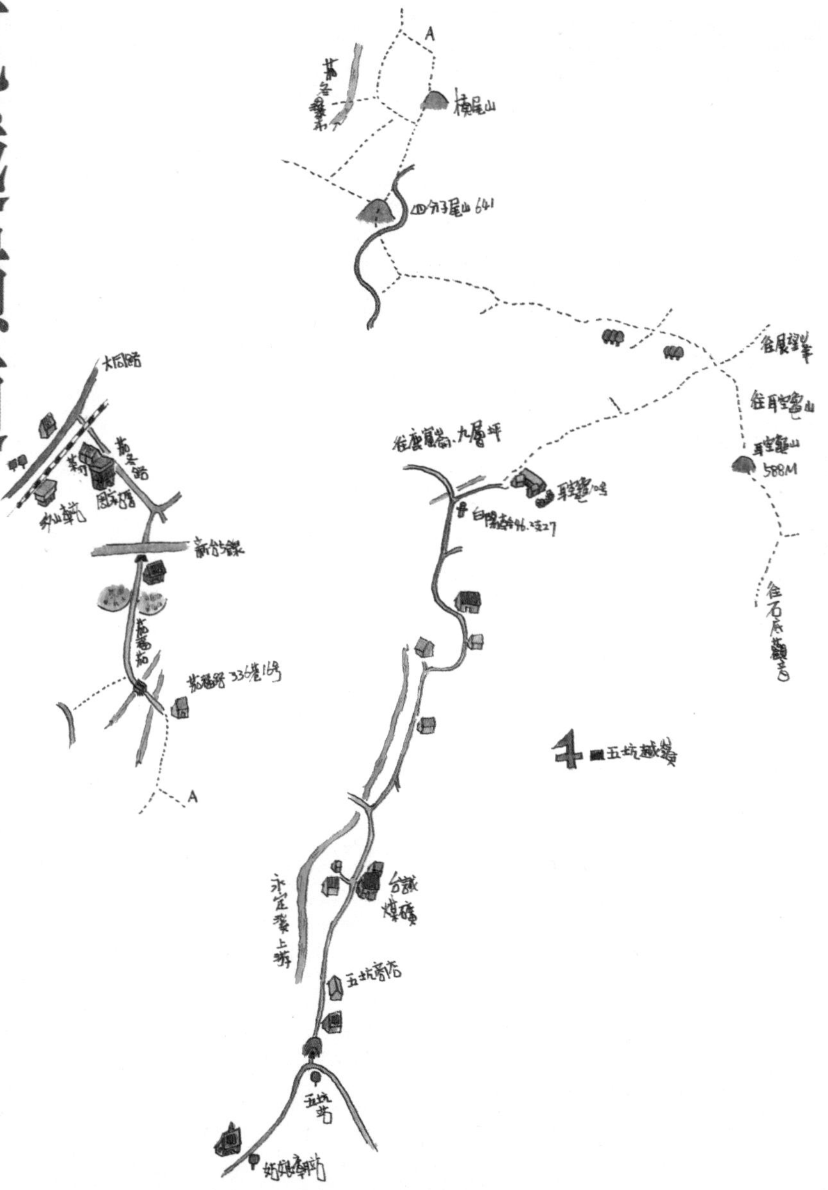
A
四分子尾山 641
大同路
新台5線
往鹿窟、九層坪
往展望峰
往耳空龜山
耳空龜山
588M
五坑越嶺
台誠煤礦
永定溪上游
A

漫遊資訊

■行程

搭乘捷運在木柵站下車，再搭乘台北客運15或16路至五坑站下車。

■步行時間

五坑　**15分**　台誠煤礦　**45分**　耳空龜10號　**25分**　耳空龜鞍部　**70分**　四分尾山

50分　貢尾山　**25分**　茄福街336巷16號　**40分**　汐止火車站

■適宜對象

青少年以上為宜。

■餐飲

一路上無餐飲，宜自備。汐止車站附近有百年紅龜店。

五坑煤礦坑的出口隧道，座落於北縣106公路上一個大轉彎處。車子過了姑娘廟，就清楚看見了。

從五坑站下車，穿越這座昔時開鑿的山洞，彷彿進入一個奇異的時空隧道，走往一個不屬於現今時空的舊地。

坑口右邊隨即出現一座小小的土地公廟，以及早年因礦坑關閉而歇業的「五坑商店」。斗大的牆壁，字跡已經模糊。

尚可通行轎車的產業道路，旁邊就是水勢急湍的永定溪。路旁偶有一、二戶人家，多半養著

五坑台誠煤礦，據說是台灣最後一間關閉的煤礦，時間為2000年12月。

台誠煤礦架高的台車道 。

台誠煤礦的荒廢廠房之一。

　　狗。行人經過時，一路吠叫不已。約莫十來分鐘，抵達二年前歇業的台誠煤礦。

　　根據菁桐人的說法，直到2000年12月時仍有礦工搭乘公車到五坑工作，如此一來，台誠煤礦或許是台灣最後一間關閉的煤礦。

　　路邊有一間大廠房，屋頂下方留存著釘有木製的台誠煤礦標誌。二年前來時，確實可印證這個說法。那時廠房開啟著，旁邊的幾間小屋也還在使用。如今周遭的幾間房子，都已經深鎖，只有公告仍是新的，彷彿昨天才歇業般。

　　這幾年此地也一直以斷斷續續的開採方式在營運。當初為了便於搬運機具上山，這裡有坡度極大的台車路線。後來又改用粗徑PVC管溜放煤產，不再以鐵道運送。

　　煤礦附近現在變成菜畦，好幾位婦人在此種植箭竹筍。繼續往前，遇一歧路。探問路人，往右邊上產業道路。

　　手上有一份1997年7月張茂盛繪製的五坑附近登山地圖，以及1993年龔夏權繪製的〈汐止地區登山進行路線圖〉。

　　兩相對照，走到此地時，產業道路明顯地已經開通，過去的登山小

呂赫若

呂赫若，小說家。1914年出生於台中豐原，畢業於台中師範。1935年以＜牛車＞揚名文學界。此後，不斷地有小說等作品發表。1935年，一度進入東京武藏野音樂學校聲樂科學習聲樂，並參加東寶劇團演出歌劇。1942年返台，除了繼續寫小說，籌組「厚生演劇研究會」外，並出任《台灣文學》同仁及擔任《興南新聞》記者。1944年，第一本小說集《清秋》，在台北清水書店出版。呂赫若可說是台灣文學成熟時期，最重要的小說家之一。

戰爭時期，不少作家放慢了自己的文學腳步，或者根本就停止參與文學活動。呂赫若是僅見的、格外活躍的一位，寫作不輟。呂赫若也和楊逵一樣，在終戰後繼續創作。1946年時，已能用中文寫小說。

戰後，更積極投入台灣新文學重建運動。1949年，他出任台北一女中音樂教師，並在中山堂舉辦過音樂演唱會。不久之後，呂赫若忽然從台灣消失，關於他的轉變和下落，留下的是無法證實的傳言。呂赫若鋒芒畢露的文學才華，像乍現光芒的文學彗星。

據傳，呂赫若是受到建國中學校長，也是「台灣民主自治同盟」盟員陳文彬的影響，加入中共在台地下組織。但此一突變，幾乎無法從他的文學作品中找出任何思想轉變的軌跡。

依據後來國安局出版的《歷年辦理匪案彙編》在＜鹿窟武裝基地案＞中說，呂赫若於1950年7月上旬，奉派搭走私船赴香港，與中共人士聯絡，返台後失蹤。因此，後來傳出呂赫若於1951年死於台北石碇鹿窟的說法。有人則以鹿窟多蛇，常有人遭毒蛇咬死，相信呂氏是遭毒蛇咬死。但呂氏遺孀蘇玉蘭則以曾相約到日本經商之言懷疑，有人怕呂赫若出來自首，在山裡先槍殺了他。說法如此差異，實難判別。呂赫若是否為共產黨，恐怕是難解的歷史之謎了。目前，市面有《呂赫若集》（前衛）及《呂赫若小說全集》（聯合文學）出版。

徑消失了。沿著產業道路繼續往前，幾乎難以看到任何登山步條。倒是看到好幾間新的鐵皮屋。約莫半小時後，抵達電線桿「白陽幹46.2支27」，右邊有條斜坡小徑，掛了不少明顯的布條。於是，放棄了產業道路，循此走到一間石厝農家。

這棟石厝屋深鎖著，毫無水電之設備，門牌書寫著耳空龜10號。旁邊則有許多廢棄的石厝之跡，明顯地有二、三代在此定居的歲月。我更感到興趣的是石厝的大門。緊閉的大門上塗著奇怪人像的彩色之漆，彷彿在那兒看過。

後來才想起，山水客工作室的吳智慶曾經在此調查過。二年前，他在尋找淡蘭古道裡汐止到五坑

神祕消失於五坑附近山區的呂赫若。

鹿窟事件

　　鹿窟村是石碇和汐止交界的一個單純小村。二二八事件結束不久，鄉民仍處於白色恐怖的階段。

　　此一鹿窟事件，源起於陳本江、陳當和、呂赫若、陳春慶等眾多人，因參與二二八事件鼓動暴亂失敗，眼見情勢轉惡，他們乃展開逃亡。陳春慶為鹿窟地方人，其襟兄蕭塗基與堂兄陳啟旺皆為鹿窟地區頭人，因而陸續逃至此，並組織「台灣人民武裝保衛隊」，吸收當地及附近百姓發展力量，藉以尋求生活、自保。

　　1952年，省議員投票當日，附近鄉鎮進駐許多國軍。原來，當時國民黨軍隊獲得情報，以為當時在鹿窟附近山區有數百人的共產黨武裝基地。於是，快速展開對周遭山區的封鎖，範圍包括了耳空龜、九層坪、五坑、石碇等區域。這項圍剿在12月28日開始，共進行四十五天。近千人被捕，拷打審問近二百人，被槍斃者三十多人。此後，鹿窟一帶村落只剩下二、三戶人家，人去樓空，斷壁殘垣，景觀淒涼，以迄今日。汐止在二二八事件當中，影響不大，鹿窟事件卻成為汐止人最深的痛楚。

　　由於壯丁被掠，或槍決，老弱婦幼無力耕作，造成白雲、九層坪、耳空龜等植茶地區荒廢多時，加上解除包圍後，軍警又持續進駐在此地約三年之久，不斷藉故調查。許多人於是遠走他鄉，間接導致汐止茶業走向衰退之途。

耳空龜10號。

　　這一段的康誥坑古道，後來意外地訪查到1952年發生在此的鹿窟事件。這段報導曾經在《綠生活》雜誌出現過。我有存藏，而且翻讀過幾次。

　　其實，讓我感懷更深的，恐怕是在鹿窟事件裡，台灣前輩小說家呂赫若在此失蹤的傳奇。如果要我大膽判定，根據自己常年在此山區旅行的經驗，我著實難以相信，他會在此地因毒蛇誤咬而導致死亡。

　　我們抵達的石厝正是當時吳智慶尋找得十分辛苦的潘家古厝，雜誌刊登出的照片，正是那大門。根據吳智慶的報導，那是1998年冬末，他從汐止方向上來，欲拜訪住在康誥坑的潘禮，尋找古厝。潘禮卻回到了耳空龜這處老厝。吳智慶乾脆也循線而來，只是他的資訊可能有誤，山路又複雜。結果，他帶隊走的山路有大半部份是四分尾的山稜線。最後，快接近耳空龜山時，在一處鞍部

茄定路上的周家古厝。

下山，幸運地竟撞到了潘家古厝。然後，再沿古厝下山，循產業道路（當時尚未開通）往上，找到了過去的康誥坑舊路和土地公廟。

吳智慶來時，一樣注意到這兒無電，仍舊過著貧苦的日子，仍使用煤油燈。

但是，目前下方道路已經有電線桿。我們在潘家石厝待了一陣，周遭都是果園和菜畦。柚子、李子和菜畦等都照顧得很好。沿著二年前吳智慶下山來的路線走上去。這條路線目前掛滿登山布條。林子裡非常潮濕，但路況良好。約莫走了半個小時後，抵達鞍部。總共有三條岔路。往右轉至耳空龜，中間的路通向東山國小，往左邊行銜接到四分尾山。

我們按計劃決定翻過四分尾山到汐止火車站。原本，想要循張茂盛繪製的路線前進，顯然那地圖的路線，已經難以依循。

沿著稜線，到處可見茶園遺跡。可見當時茶葉之種植，在此一定相當廣泛。茶園荒蕪的原因，可能是茶業沒落了，但鹿窟事件，導致茶園無人看管，相信也是重要因素。一路上仍有二、三處岔路。但只要沿著稜線主道，不致迷途。半路上，聽到了採藥人的呼喚聲，但並未見到，倒是看到不少肥大的薯榔。走了近一個小時初頭，接近四分尾山時，和產業道路相遇，教人有些氣餒。就不知是否為原來的那一條。登山牌說可以通到光明寺。我們上抵四分尾山，一座二等和三等三角點都有的山

康誥坑古道

過去的淡蘭古道，眾人所熟知的主要路線，主要由台北，經錫口、水返腳、暖暖，越三貂嶺，經牡丹、頂雙溪，過草嶺，再到大里簡，入頭城。其實從文獻史料可得知，當時還有一些次要的路線。在水返腳（汐止）街南側山區，就有數條山徑可通往宜蘭。其中一條由康誥坑上嶺西行經鹿窟下石碇，經大粗坑、大湖桶（湖桶古道）下頭圍。另一條由康誥坑上嶺後東行，經九層坪、耳空龜、五坑分水嶺，至平溪，由平溪上赤崙、下頂雙溪去宜蘭。今日的五坑越嶺有局部路線是和當時的康誥坑古道重疊的。

頭，視野良好而開闊。往左，可以通到茄冬瀑布和大尖山。

前幾年，曾經走過好幾回茄冬古道。由於擔心山腰路滑，而且好奇貢尾山的路況，遂放棄了茄冬古道，繼續走稜線下山。我相信，當年茄冬古道和康誥坑古道相互串連，都可以通到五坑的舊路線。

又過了半小時，抵達茄冬古道和貢尾山的岔路。繼續上山。貢尾山是座圖根點的小山，無視野。繼續往前路況不明，有崩塌地，差一點走錯路。所幸，在左邊找到了下山的陡急路線。一路跌撞，下抵了茄福路底336巷16號農家。由此順產業道路輕鬆下山，經過新台路的土地公廟。驚見二處鳶尾花田，開滿紫色花海，清麗地照亮了屋宇零亂興築的山區，為這趟看似單調而乏味的路線帶來一些驚喜。

繼續走到茄定路，周家古厝依然以草木葺深的斑駁之姿，雄偉地矗立。旁邊的茶行也依舊古意盎然。幾位老人坐在客廳聊天，走廊的擱板則堆放著茶具，讓人品茗茶水，一若百年前的擺設方式。

越過縱貫線，再經過著名的百年紅龜店，順便買了一些好吃的草粿和湯圓，再到汐止車站前，搭乘板橋至基隆的客運。大約五分鐘就一班，一上車就熟睡回台北。（2001.12.23）

汐止車站前不遠的百年紅龜粿店。

姑娘山、雞冠山縱走

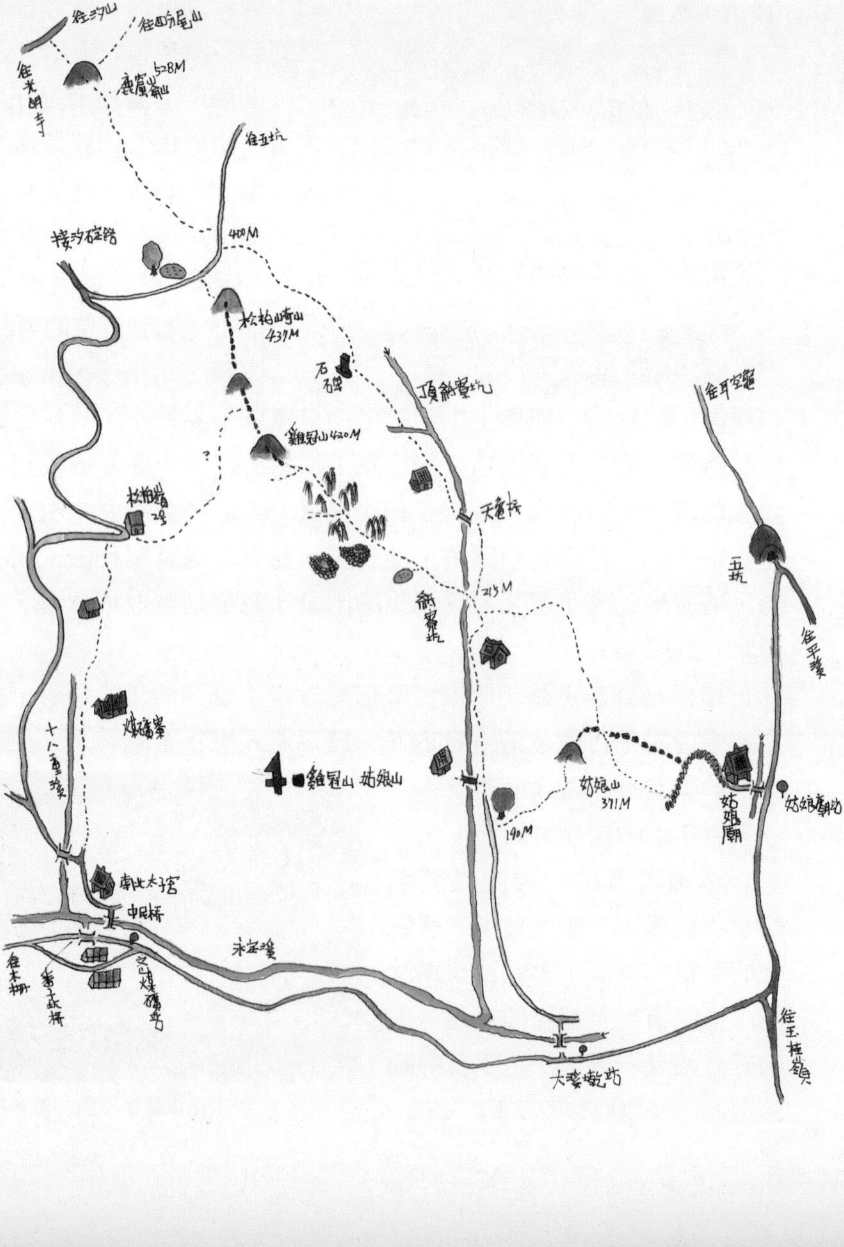

往三叉山

往西方尾山

往光明寺

鹿寮山628M

往五坑

400M

接鈎碇路

松柏崎奇山
437M

石石牌

頂線寮坑

往耳空窯

雞冠山420M

松柏崎
2號

天龍棒

213M

五通

俞寮坑

金平寮

十八重溪

糊確峯

雞冠山 姑娘山

姑娘山
371M

190M

姑娘廟

姑娘廟步道

南比太子宮

中興橋

名木棚

永定溪

往玉桂嶺

番婆坑

名糊確峯

大坑崎坑

往玉桂嶺

漫遊資訊

■行程
在捷運木柵站搭乘台北客運16路，姑娘廟下車。

■步行時間
姑娘廟 __45分__ 姑娘山 __30分__ 怪古樹 __15分__ 土地公廟 __50分__ 雞冠山 __60分__

松柏崎山 __15分__ 產業道路 __60分__ 番子坑（文山煤礦）

■適宜對象
青少年以上為宜。

■餐飲
附近姑娘廟有餐飲，宜自備。

按照最近的活動慣例，搭乘台北客運16路，沿著這條往平溪的106縣道，有十幾處山頭可以選擇為登山的路線。我都很想出版一本《106縣道登山指南》呢。

這次選擇在姑娘廟下車，決定攀爬姑娘山和雞冠山，二個圖根點的小山。姑娘廟素來熱鬧，例假日，廟前總有三、四間小吃舖開張，形成小小的熱鬧市集。小徑在廟之後方，沿石階路而上，不久即遇到岔路。根據過去的登山資料，二條路都可抵達雞冠山。但現在登山客都循右邊林木茂密的稜線上山。左邊的水泥小徑走來無味，且傷膝。更何況，登山之路是在開闊的狹小山谷。

一離開水泥小徑，就是陡峭的林徑。約莫半小時，銜接著左邊的山徑。此外，右邊也有險絕之山徑從雞冠山過來。我們繞南小行。未幾，抵達山頂（371M），有一圖根點。一處視野不佳的位置，反而是一路行

製紙

紙寮坑此一地名，讓我想起早年製紙的行業。一般之粗紙主要製成黃股紙，又區分為厚紙及薄紙二種。厚紙常用於民間製作金、銀紙之主要紙材。較薄的黃股紙，多為寺廟印製符咒用紙，因為厚度較薄，較易燃燒完全，焚化後，灰燼泡於水中飲用，民間傳說可治病平安。

黃股紙材料為桂竹的嫩竹，纖維較細軟，早期用牛拖碾石將嫩竹壓碎，和水、生石灰攪拌成粘糊狀紙漿，攤在竹架上曬乾後使用。製作黃股紙的工作十分辛苦，從砍竹、搬運、打漿均靠體力，撈起紙漿，含有水份的粗紙，又厚又重，一天工作下來全身疲憊。不合時宜的笨重方式手工造紙，幾乎已被淘汰，目前台灣製造「金銀紙」紙材都仰賴進口粗紙。紙寮坑附近多竹，應該與製紙亦有關係吧。

來時，在稜線上，還能下瞰一些周遭之景色。

休息一陣，再循南側山徑下山。一路依舊陡峭，最後都在石壁的山溝起伏上下。一個小時左右，蹭蹬抵達一棵長相奇怪的老樹位置。附近有產業道路從大溪墘銜接過來。道路旁即溪邊，溪床有挖石機正在施工。美麗的溪床近來因了桃芝颱風，兩岸面貌全非。對面有一間老紅磚屋，地基岌岌可危，挖土機正在重新修築護牆。

根據地方資料，這兒可能就是下紙寮坑，若往上走約莫半小時，可抵達頂紙寮坑，那兒豎立有一座石碑。根據山岳界人士和田野調查史料，這條路如今亦被稱為紙寮坑古道，它和鹿窟古道（含部份五坑越嶺線）、康誥坑古道是相連的。但它不是淡蘭古道的路線之一，而是一條石碇到汐止的山路，主要以挖煤和茶葉之運送為主。

二年前的登山資料指出，這兒到大溪墘站有大半仍是山路。現在一輛賓士車停在我們眼前，顯見山路已十分暢通。我們繼續往北，沿大溪墘溪上溯。為什麼這兒叫紙寮坑呢？根據過去我對類似地名的了解，都是和造紙有關。譬如，新竹九芎林紙寮窩、苗栗獅潭紙湖、紙寮等地都是造紙的地方。猜想這兒以前也有造紙吧。

後來，掛電話和「山水客」吳智慶聯絡上，沒想到這個問題也將他考倒了。結果他去翻查石碇鄉的文獻，找到了明確的訊息，帶來了教人興奮的消息。果然，乾隆時，有一位泉州安溪叫王隨的人，在此開闢，

紙寮坑古道上的土地公廟。

並且在山谷製造粗紙，因而有紙寮坑之稱呼。之後，才又有頂紙寮坑。

　　若純就製紙的工作來說，紙寮坑古道就是一條豐富的舊時山徑了。只是，在此偏遠的地方製紙，能夠運到哪裡呢？唯有二處，一是沿永定溪挑送到深坑、石碇。另一路就是繼續沿紙寮坑古道繼續翻山到汐止。但位處偏遠之地，如何搬運呢？當然最有可能是就近提供給附近煤礦工人使用而已。

　　過去製粗紙，地方上的記錄，多半以麻竹和桂竹之竹筍尖為多。但我沿溪四下望去，並無廣大竹林。往前不久，遇到颱風造成的河堤中斷，越過溪。未幾，旁邊出現一座青苔滿附的土地公廟，旁邊有駁坎。印證這座古道之存在。再往前，路分二條。右邊一條沿溪溝，通往雞冠山。左邊則再分二條。繼續往前就是通往九層坪和鹿窟崙山。最左的一條跨過溪，朝向雞冠山。我們在溪邊享用午餐。

　　用餐後，沿半人工又明顯天然寬廣的石階上山。正疑惑為何有如此寬闊之石階時，左邊出現了一處荒廢的水田。水田裡密佈著水草和平地已經難得一見的田螺。可能是地方海拔較高，因而無福壽螺入侵。繼續往前進

田螺

　　台灣產田螺科共有石田螺、圓田螺和稜田螺，常見者為前二種。後者稀少。石田螺貝殼較小，螺塔較高，殼高約二公分。圓田螺殼高約三‧五公分。二種均多產。肉可食用。均產於河川、池塘和水田。福壽螺屬於蘋果螺科，殼甚圓，有黑褐色口蓋，殼口內呈紅褐色。殼高約七公分。1980年被人引進養殖。後來被丟棄於野外，迅速繁殖，嚴重危害到稻田農業和水塘生態。卵粉紅色，肉勉強可食用。

石厝聚落附近的舊器物。

入潮濕的密林裡，左邊的稀疏林子則有一些廢棄的石屋。

進去查看，赫然發現石厝屋竟有四、五棟。仍殘留有石甕、酒瓶、碗等，還有小孩的舊書包和舊時裝連環紙砲的玩具手槍。看來這些石厝廢棄的時間不過三、四十年，就不知和鹿窟事件有關否，或者是因為煤礦停採而廢棄的石厝。這樣大規模之石厝群，還是走訪胡桶古道以後，再次地記錄呢。

莫非這裡就是製造粗紙的地方了？再往前，果真一片龐大的麻竹林。一路上，我開始積極尋找線索，諸如石輪、石槽等，但並未發現任何線索。

繼續往前，路分二條岔路。左邊為平坦之山路。稍事查看，見到了一畦菜瓜寮。小徑繼續往前，但我未再深入。

隊伍往左上山，又過了十來分鐘，遇陡直岩壁。攀一條繩索，上抵稜線。雞冠山稜線視野開闊，左右二邊的山脈皆十分清楚。尤其是光明寺、耳空龜、九層坪、四分尾山等汐止和石碇交界的山脈都一目了然。難怪這座山山勢雖無巉岏形容，卻是此地名山之一。在山和山之間，原始林相還是如早年般蓊鬱，我不禁再想起前輩小說家呂赫

文山煤礦

日治時代，石碇鄉境內的石碇村和中民村，當時有「台北炭礦株式會社」在此開礦。中民村因礦業的發展，經濟活動由農業轉為礦業。大量外來人口移入，形成繁榮的氣象。中民村當時的礦業集中在番子坑和中央坑。在生活上，中民村設立員工福利社，提供礦工生活飲食。此外，在中央坑和番子坑二地都設有工寮，解決外來礦工的居住。在交通上，設立有接駁專車，做為礦工上下礦坑的交通；並開闢了輕便道和台車道，便利了煤礦的運送。1970年代，台灣煤礦業開始走下坡，大量礦工離去，中民村只留下舊橋墩、礦坑、台車道、工寮等歷史遺物。

「文山煤礦」候車站。

若。這片他最後消失的山水，現在變得比任何地方都更被我所熟稔了。

雞冠山（437M）因山形很像公雞的雞冠而取名。我們隨即循北稜下山。原本欲在鞍部下到文山煤礦。但下山時，未看到任何分岔路口。但是，在登山俱樂部余昭憲〈姑娘山、雞冠山〉（1998.8.16）一文中，卻有此一山路。

　　繼續沿稜線前行，看到不少羊角藤。一小時後，意外地走到松柏崎山，另一個測量用圖根點的山頭（483M）。今天共走了三顆四等圖根點的基石。

　　過了松柏崎山，再走個十來分鐘，下抵產業道路。附近有一水塘。水塘旁邊是一棵大烏心石和鵝掌藤之類的寄生植物。這是通往汐止的產業道路。有一條岔路──南碇路，經過松柏崎村子到石碇。

　　循產業道路下行，過了十八重溪，抵達番子坑。若都走柏油路，行程約一小時。行程頗為單調。其實，這段路在松柏崎5號宅時有一條小徑，可通松柏崎2號宅，往文山煤礦的舊礦區，由那兒走山徑下山，較有登山健行的完整感。可惜，一時不察，疏忽了繼續看地圖，回來時才發現這一小小的疏失，不免有些遺憾。（2001.12.30）

長在山稜線上的羊角藤。

茄冬古道

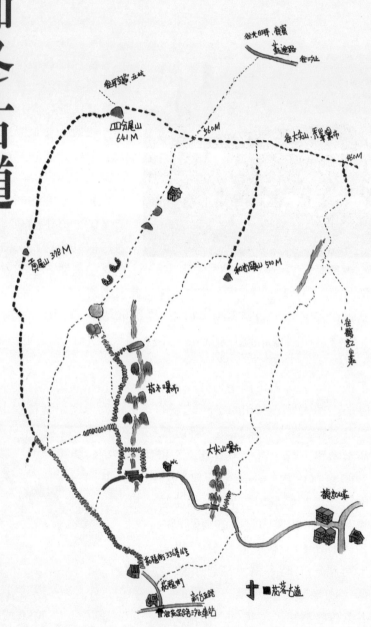

往火日部，餐宿
藍運路
往叉址

往耳空站，五坑

皿分尾山
641M

560M

往大知山，秀瑩瀑布
460M

東尾山 378M

和尚頭山 500M

往鸞紅山莊

茄冬瀑布

大火山瀑布

WC

横於山莊

茄福街 336巷16号

茄苳村
新舊公路
往茄苳公路 376車站

十 ■ 茄苳古道

漫遊資訊

■行程

由汐止秀峰路上山，從馥記山莊進去到底，亦可從茄冬路接茄福街進入，由此小徑上山。

■步行時間

茄福街底　**30分**　茄冬瀑布　**60分**　土地公廟　**10分**　稜線　**20分**　四分尾山　**60分**　茄福街街底

■適宜對象

青少年以上為宜，地面濕滑，宜特別小心。

　　一般登山人對汐止地區郊山的風景區，最先想到的恐怕是雄偉的秀峰瀑布。殊不知，茄冬瀑布的水氣流瀉時，連續性的四個水瀑，更具有一種原始的賁張力量。

　　茄冬瀑布也跟秀峰瀑布一樣，位於通往耳空龜、五坑的路上。一條石階山徑，沿著連續的斷層瀑布旁邊修築而成，順著茄冬溪一路上溯。路邊九芎不少，大葉楠更多，淡美的森林幽靜而瑰麗，石階旁邊也設置有一些休閒場所。例假日時，許多識途老馬的市民都會來這裡郊遊和戲水。

　　在接近上游盡頭時，右邊有岔路過溪澗，同樣通往大尖山（460M）和和尚頭山（560M），但路途較險峭而濕滑，而且

茄冬瀑布

　　茄冬溪發源於茄冬腳山、北茄冬腳山、大尖山等山區，往西北流向，經汐止橋注入基隆河。溪上游，茄冬山西方，有一茄冬瀑布，屬於中型瀑布群，共有四瀑，飛泉奔湍，各有風味。附近茄福街旁邊的茄興街，有一紅牆小土地公廟，旁有一棵五百多歲的茄冬伴著。

有些許攀岩的危險。

　　若繼續往前，離開瀑布盡頭後，往上走抵達林間地，遇到四分尾山和茄冬古道岔路。山路附近散佈著竹林產業。左邊山路前往五坑、耳空龜。（請參考「五坑越嶺道」）繼續沿右邊小徑往前，陸續出現駁坎遺跡。經過二處開墾的梯田空地後，抵達一廢棄的小土地公廟，再往前即抵達稜線。此路被稱為茄冬古道，研判是早年汐止地區住民通往耳空龜等地的重要山徑。

　　此一稜線，山路多條，值得多趟來回。往南

茄冬瀑布為一連續瀑布的景觀。

秀峰瀑布

　　由汐止秀峰路進去，往大尖山的途徑，經過勤進路上的「世運村」，繼續往山上走，過了馥記山莊、天秀宮，可見到指標指往「秀峰瀑布」。往上的石階或從往下的階梯都可走到「秀峰瀑布」。約莫十分鐘抵達「龍船洞」。

　　在往瀑布的途中，左邊為山壁，右邊是若隱若現的汐止市區。未幾，聽到隱隱傳來的水聲，秀峰瀑布氣勢磅礴，高十餘公尺地飛瀉，自陡崖峭壁轟隆而下。另幾達百公尺的壯觀石壁，平整如魯凱族石板屋的石板。

茄冬古道接近稜線上，已廢棄的土地公廟。

下山，抵達勤進路。往右行分別有岔路抵達和尚頭山、大尖山、秀峰瀑布。此一方向，遊客甚多，多半從光明路開車上來。若往左，可前往此一山區最高的四分尾山（641M，有二等三角點），再折回到茄冬瀑布。這是我繞行此地的習慣路線，一則達到健行的快樂，同時也避開了人群的吵雜。

　　我也曾在此一稜線，沿著大尖山瀑布的指示牌（已經掉落），帶孩子繼續下行探險，試圖走回茄冬瀑布。結果路況不明，小徑幾乎消失。最後，依著殘存的登山布條，陡然下落約七、八十度的密林，抵達一處路況不明的小瀑布，再利用救生繩，跳過瀑布的險崖，沿著狹窄的小徑，抵達一處瀑布小水潭。後來，並未如預期，沿著登山的地圖走到大尖山瀑布。循狹小的山徑，踉蹌走了約一個半小時，竟抵達馥記山莊一處人家後院。（2001.7 & 2001.9）

四分尾山山頂。

菁桐古道北段

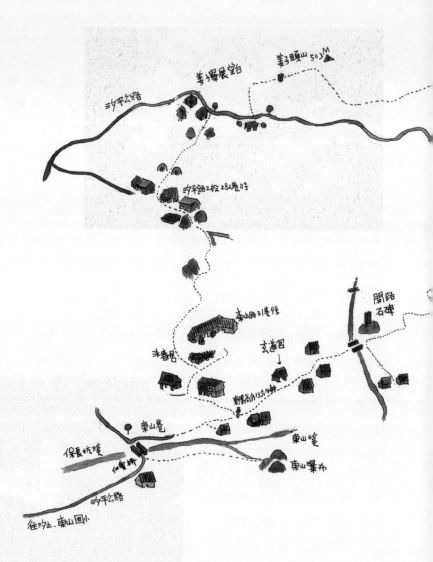

漫遊資訊

■行程

由北二高走新台5線到保長坑，右轉汐平公路。過忠孝橋、東山國小到仁愛橋下車，旁即東山巷。亦可由汐止車站搭乘汐平公路社區巴士前往。

■步行時間

東山巷 __40分__ 開路紀念碑 __60分__ 盤石嶺 __30分__ 姜子寮展望台 __20分__ 紅頂古石厝 __15分__ 永春居 __15分__ 仁愛橋

■適宜對象

少年以上皆宜。菁桐古道北段為一非常適合自然觀察教學的路線，可走上山，再搭乘公車回到仁愛橋。

■餐飲

一路在姜子寮展望台有小吃攤販和行動咖啡。

經過近半個月的綿綿細雨，難得有一放晴之日。按一個月前就打算的行程，前往菁桐古道北段。菁桐古道是現今的稱呼，過去習慣稱呼為保長坑古道或汐平古道。（請參考平溪十分線「菁桐古道南段」的box）

開車從保長坑進入汐平公路，抵達仁愛橋後，就是目前山友健行的古道。

汐平公路前半部份路段，大抵是沿汐平古道路線修築，一直到仁愛橋時，才另走路線盤曲而

菁桐古道北段入口，位於公路轉彎下石碇的仁愛橋旁邊。

上。過去之古道從汐止老街翻越北邊多墓地的平緩山嶺，由保長坑進入東山里。此後，陸續經過石門峽、小坑口、石壁仔、東山國小、舊派出所，來到這處叫下石碇的仁愛橋。

過去，走這段古道，需要一點腳力。根據平溪鄉耆老的回憶，往年走汐平古道，從平溪到汐止總得花六個鐘頭時辰。從仁愛橋到菁桐的菁桐古道，約莫三個小時。

若從仁愛橋起，走完菁桐古道北段約需一半時程。先經過石碇子山區。接著抵達石碑。然後是作裨內、廢神仔碇。最後，銜接汐平公路的福興宮。全程約三公里長。

仁愛橋下仍在挖土、疏圳，一輛推土機正在溪邊工作。自從三年前象神颱風，這裡出現土石流後，近幾年印象裡，橋下始終在施工，原本清淨的溪水，

汐平公路不少路段即沿過去的保長坑古道修築，路邊還殘留有不少古厝。

石碑旁邊即當年的保甲路。

古道在日治時代還通小汽車。

流到橋下，被沙土混濁，隨即形成污黃的水道。橋下的溪流為保長坑溪上游支流東山溪。

　　古道在仁愛橋邊，東山溪左岸。右岸也有一條步道通往東山瀑布，約莫十來分鐘。左岸有一「東山巷」牌，指引著山徑的方向。

　　初始為一條陡峭的產業道路，勉強通行小車，但隨即遇到路面崩塌，車輛無法通行。看到這樣的路面，我反而感到欣慰，原本還有一些休旅車會來冒險，現在再度成為步行者的天堂。只是一路上住家散落在古道兩旁的農戶們比較辛苦，他們只能靠步行或騎摩托車接駁了。

　　由於考量到交通問題，我打算走O字型路線，抵達中途的盤石嶺後，再沿汐平公路走到姜子寮展望台（或搭小巴士），從展望台的小徑繞

汐平公路中途站，福興宮亦為古道分水嶺。

汐平公路視野開闊的姜子寮展望台。

回來。

　　約莫一刻鐘，抵萊茵農莊，可望見對面半山腰密林裡的東山瀑布。連綿大雨後的瀑布，瀑轟隆瀉出，氣勢相當雄偉。

　　經過幾處美麗的農舍別墅後，左邊有一小徑（電線桿為「東陽高分13分14幹」），通往永春居，此為待會兒下山的路線。頃刻間，來到一處嶺頂緩坡。坡上一間小廟，玄道宮。旁邊農舍，幾隻黑狗狂吠著，彷彿許久未見到生人。

　　稍事休息，隨即再上路。尚未見到任何路人。天空雖無落雨，但雲層低矮，陰暗得很。所幸離開了水泥產業道路，踏上泥土小徑。路徑也依舊保持平坦而開闊，顯見此一古道維護良好。只是路面翻修成現在的

產業道路，傾倒了廢棄的紅磚泥塊和磁磚，再壓平充作路基。這是一般山路，看了最讓人難過的路面內容。遠在日治時代，此一山路即可通行車輛，但我發現，一路爬升，頗為陡峭，一般車輛恐不易行駛。

未幾，過了一溪徑，抵達中坪。大石上豎立一座石碑。古道原有三塊開路紀念碑，目前只能找到這一座。此一古道在1911年開闢為保甲路。我曾在一文章中拜讀，石碑上刻有「明治四十四年九月開路紀念碑，警官高見澤保甲民」等字樣。如今卻只看到模糊的字跡，難以辨識。或許，原先那座已消失了。

大石旁邊有一沿溪向下的山路，附近都是農田。再順溪尋找，文獻裡提到的石橋，卻只看到一座木板橋。那篇文章裡提到，「順岔路而下約五十公尺，在深及三米五的溪溝上，濃密的林木與枯藤之間，橫跨一座並不起眼的石橋。石橋由四塊長三米六至四米不等、厚度約一尺的條狀粗石板組成，總寬一米九二。仔細觀察可以發現，石橋不是直接將石材橫跨溪澗之上，而是從溪底以大石堆積至古道高度，再疊放石材當橋。」

後來，遇見一對婆孫搭乘小巴士，從盤石嶺走下來。那小朋友在前，我先向他詢問，他依稀還記得古橋。等老阿婆走到，我再探詢，她說那古橋橋面已經因象神颱風沖毀。她的兒子害怕遊客在橋基上面來去，不小心會掉落，所以把它拆除乾淨，現在已經找不到。路斷了，老阿婆並未住在這兒。今天星期日，她和孫子回來探望

展望台附近例假日時常有遊客集聚。

老家的情形。從小她住在此，常看到平溪來的人，經過這兒到汐止。

從「開路紀念碑」往上走，繼續出現上坡路，路面有新鮮的吉普車痕。約一刻鐘，右側林子中有一古樸的山徑。深入觀看，只見一戶林間深處的農舍。古道上，一路散落著鐵皮

永春藝園內的舊石厝三合院。

屋石厝或新的房舍，但都無人跡活動，猜想跟路面崩壞有著絕對關係。再前行十分鐘，路旁又出現石厝住家。由此回首，鳥瞰來時古道。鳥道一線，蜿蜒於隱密濃綠的細雨山嵐間。

再繞到一大石壁處，此地有一狹小山路，前往姜子寮西南峰，入口有常遇見的「雲山水」和「藍天隊」懸掛的布條和指示牌。由此遠眺姜子寮山巒稜線，嶙峋山勢，甚為壯觀。再往前行，抵達了盤石嶺的公園，福興宮即在此。此時剛好有一汐止來的小巴士抵達此一終點站，再繞回去。

抵達姜子寮展望台時，二位學生李致緯和杜欣鴻，不過國中二、三年級。他們

金桔。

金桔

又稱四季桔，原產於東南亞地區。可能為金柑與桔的雜交種，屬芸香科植物。在台灣，金桔除了利用於盆栽及庭園景觀外。近年來，因金桔檸檬茶之風行，栽培方式轉為經濟栽培。目前，屏東地區最多。主要集中於長治、麟洛、鹽埔、內埔等鄉鎮。

金棗

　　金棗又名金橘或金柑，適合生長在雨量充沛的地區。1906年由日人田代氏自日本引進，目前蘭陽平原最多。與李仔同為蘭陽平原名產，是宜蘭蜜餞的原料。金棗具有止咳化痰、促進血液循環、潤喉解渴等功效。

金棗。

覺得路程太輕鬆，想要探尋更刺激的路線。我建議他們，爬上姜子頭山走走。未料，他們竟一直往前，走了近一個小時，回到盤石嶺。再搭乘小巴士回來。日後山友若走這條O型路線，或可參考他們的走法。但他們從山路下盤石嶺時，山路較陡峭，都是靠著繩索下山。

　　攤販告知，通往仁愛橋的小徑在展望台下的公園底。初時，小徑略陡，但頗為平順。經過零星墓地後，抵達二、三戶石厝農家，屋頂鋪了鐵皮。附近有一條產業道路通往汐平公路。那兒種了不少金桔和金棗。樹林下有石椅供人休息。農家前有水圳。沿水圳繼續往前，遇岔路，走右邊陡峭小徑下行。

　　此時皆為隱密森林，小徑並不好走。未幾，抵達永春藝園。藝園內有一間老舊的石厝三合院。院內大門旁立有石碑和一位阿嬤之銅像，相當特別。仔細閱讀石碑文字，大概敘述此一石厝李姓家族從福建泉州南安縣四十四鄉李家莊，在乾隆29年搬遷來此地定居，已經有二百二十多年歷史。此一石碑除記載緬懷先祖的過程，還約略記述日治時代陳扁女士堅貞淑德，督勵子孫的事蹟。立碑人是一位後代的李姓台北縣第二屆縣議員，時間為1984年。

　　藝園下方為永春居祠堂。附近二、三間裝潢亮麗的別墅並立，猜想也是李姓家族的房子，但似乎都暫時無人居住。猜想也跟山路崩壞有關係。未幾，銜接回接近仁愛橋的菁桐古道上。（2003.12.3）

木柵深坑線

樹梅古道

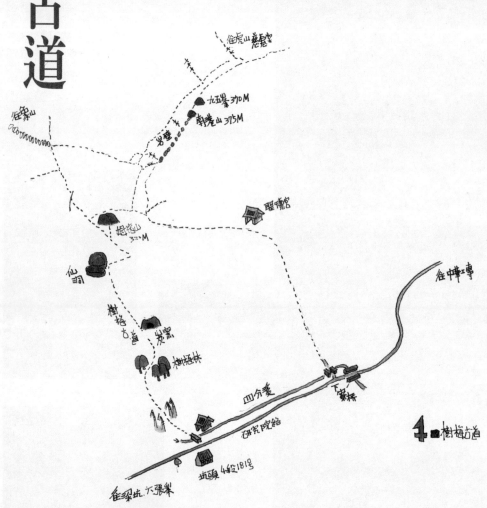

往虎山慈惠堂

九五峰 390M
南港山 375M
老鷹尖

往象山 ∞∞∞∞∞∞∞

妙覺山 322M

仙洞

聖德宮

樹梅古道

炭窯

樹梅涼林

往中華工專

四分要

研究院路

下寮橋

坑頭4段181号

往深坑.木柵梨

4 □ 樹梅古道

 漫 遊 資 訊

■行程

自行開車，可由研究院路進入，或搭乘小12公車在坑頭下車。登山口在研究院路四段181號對面往回五十公尺的石階梯入口。

■步行時間

土地公 **30分** 仙洞 **10分** 姆指山 **60分** 下寮橋

■適宜對象

全家大小皆宜。

■餐飲

附近無餐飲，宜自備。

在相貌普通的五指山系裡，比較難以感受到空靈的蔥蘢景觀，眼前以樹梅為主的陰翳森林，卻讓我驚異地讚歎，而且駐足良久。

等我上抵頂峰回來時，一名登山客正坐在樹下閱讀報紙。我們迎面碰頭時，靜默地微笑以對，猜想都同時在享受著這片森林的寧靜和美好吧！

樹梅就是一般人所熟悉的楊梅。在南港山系和隔鄰五指山山系的山腰森林裡還算普遍。但是，要形成一片林海並不容易看到。這兒不僅形成了，而且和我過去所遇見的樹梅環境明顯地不一樣。

樹梅（右上）
和橫皮（左）。

樹梅

又稱楊梅，屬於楊梅科，多年生長綠性喬木。原產於中國長江及珠江流域各省，在台灣南部也有野生的恆春楊梅。果肉柔軟多汁，高可達十餘公尺，樹冠球形。葉互生、革質、單葉不分裂，倒卵狀長橢圓形或倒披針形，全緣，葉面深綠色，背面稍淡，二面皆平滑無毛。果實為核果、球形。外果皮暗紅、鮮紅、粉紅或白色。果肉柔軟多汁，果汁鮮紅。

台灣楊梅產地以中、北部低海拔山坡地種植較多，產期多在春季清明節前後。楊梅品種繁多，風味差異也頗大，有些品種味道甜美，適合鮮食，有的品種果實小而酸，大都為加工醃漬材料，做成楊梅乾。小時常當作零食。

過去，我見到樹梅生長環境多半在半山腰林子裡，和其他樹種生活在一起，要不就是單獨長在山腳鄉間的產業道路。

這片以樹梅為主的林子位於生長較乾燥的森林裡。樹梅之下並無其他優勢的灌叢和喬木生長，多半也是喜愛生長於乾旱環境的芒萁。以前，我遇見芒萁較多的環境時，上面若有樹林，往往是相思樹。莫非是無風的山谷所致！林子裡上層的喬木都往上拔高，樹幹峻嶒清瘦，林子的空間較為稀疏，卻帶有一種奧妙的自然秩序，和芒萁呼應，形成美麗的層次。

這裡是樹梅古道的半途，沒想到在這條接近市區的古道裡，還能看到如此綺麗的低海拔景觀。到底這條古道有什麼特色呢？容我先介紹登山口的四分溪山谷吧。

南港的四分溪山谷被南港山系隔絕，在台北盆地東側形成一條綿長而腹地狹小的山谷，行政區屬於台北南港，知道的人亦不多，也沒多少人到來。在過去當地的歷史裡，這座山谷素來也被稱為「後山」。

依生態工法整治的四分溪。

　　「後山」這個名詞在北部或許不是針對四分溪的唯一稱呼，連木柵景美地區，當時也被人如此稱呼。但在這裡指的確實是四分溪山谷。我正在走訪的樹梅古道，則是後山山谷裡最裡面的一條，路程也最短。

　　後山山谷裡面只有一條汽車走的研究院路，沿著溪蜿蜒，連接南北。公路兩旁少有住家和商舖。開車經過時，只偶有幾間塑膠五金類鐵工廠突兀地穿插在老舊的屋宇和土地公廟間。想要看到百年前的四分溪，必須停車駐足，沿著一些公路旁的小徑進入，才可能在小山谷裡，邂逅二、三間隱密的老舊紅磚住戶。

樹梅古道一景。

如果再仔細探訪，你會發現，定居在此的人家多半都有上百年的拓墾歷史。除了到台北，他們似乎繼續生活在19世紀的日子裡，只靠著研究院路和21世紀聯繫著那麼一點現代和網路時代的關係。

　　根據過去的踏查經驗，後山裡至少有四條主要舊路，翻過南港山系，和台北盆地聯絡。除了樹梅古道外，還有三條主要的山徑翻越過南港山系前往台北盆地。它們分別為：一、由中華工專旁公車205總站登山。二、由麗山橋土地公廟登山。三、由順天橋登山。這幾條舊道，各自翻越南港山系不同的鞍部，進入台北盆地的崇德街、吳興街等區域。

四分溪山谷內後山的舊石厝。

每個登山口都有二、三間舊石厝古宅，或者土地公廟。咸信，這些山徑少說都有一、二百年的歷史。

位於四分溪源頭的樹梅古道比起前面的幾條，都更為隱密。根據當地人的經驗，樹梅古道已經有二百多年的歷史，日治時代還變成一條保甲路，戰後因為乏人使用才消失。這條古道會沒落是必然的，因為日治時代南港因煤礦開採鋪設輕便道，同時開闢了舊莊路通往台北，當地對外的交通便不再仰賴翻山越嶺的幾條古道了。

當初交通不便時，一位七十多歲的當地宿耆，在《中國時報》記者曾至賢的採訪裡，生動地回憶了一段走樹梅古道的經驗：「當初連一隻豬，都是要扛過這座山挑至松山街上去賣，換取日用品，再由原路回到南港。」

其他古道後來都變成台北近郊的重要登山步道，但位置偏遠的樹梅古道卻遭遇不同命運。至少有四、五十年間的歲月裡，樹梅古道消失在這股歷史的推進當中，埋沒於荒煙蔓草裡，最近才在鄉公所的帶頭下，重新開拓、整修出來。搭乘公車在坑頭下車，在坑頭

姆指山下的石厝凹。

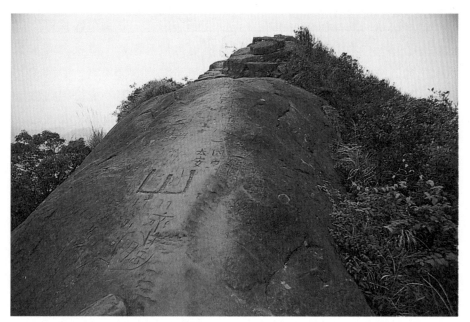

從台北盆地遠眺，地形指標明顯的姆指山。

四段181號對面的一處空地，從研究院路往下看，溪邊綠竹林裡，座落著坑頭土地公廟。下了階梯，一座不起眼的拱橋，橫跨四分溪。如果不仔細看，勢必會疏失掉這個重要的證據。

原來這座拱橋由砂岩建成。砂岩當然是就地取材自四分溪。古樸的造型一如我在其他地區的經驗。老舊的拱橋已經有七十多年的歲月。會建造這座有模有樣的拱橋，顯見當時是一條重要的道路，因為四分溪在此不過三尺之遙，隨便一跨就過。

過了橋即坑頭土地公廟。廟前最近掛了一張鋁製解說牌，介紹了老廟、古道和拱橋的歷史緣由。坑頭土地公廟是當地居民的守護神。由鄭清雲、林蓮春、林春梅等早期開拓者，在清咸豐年間獻地捐贈興建的。

　　這條路為何稱為樹梅古道呢？正如開頭所形容，原來這條昔日的翻山越嶺小徑，在半山腰中途就擁有這片樹梅之故。通常，夏秋之交，當地人在登山途中，沿途都可看到樹上結著紅澄澄的飽滿果實。口渴了，摘下來即可生食。現代人吃多了各種好吃的水果，可能不覺得楊梅滋味如何。但當時水果稀少，楊梅的果實可是生津止渴的好果物。有人還取來當作樹梅酒。少年時代，我在柑仔店也買過醃漬過的樹梅，快樂地吃過一陣。

　　沿著土地公廟旁邊小徑緩緩爬坡，一如其他附近的山區，先是綠竹林產業。過了綠竹林後，次生林慢慢地出現，而右邊的山谷則赫然出現了隱密而濃密的原始森林，似乎從不曾被人干擾過。

　　這片次生林就是我佇立的樹梅林海。孩子在路上遇見一隻盤谷蟾蜍，還發現一個完整的紅圓翅鍬形虫的空殼。我檢視樹梅，並未找到任何存留的果實。倒是在地面上發現了不少山紅柿熟爛了的果實。翻開果實，露出像烏魚子般色澤的三粒小種子。

下寮橋方向登山口。

　　一顆佈滿青苔的大石上，有武靴藤（或大錦蘭，二者種子長相近似）的種子橫躺。它的白色長羽被露水沾濕，顯然無力飛行了。恐怕也無法發出嫩芽吧！前幾天，在山區另一邊，還看到大錦蘭

的種子一粒粒如雲朵，在風中，朝遠方出發，尋找
著另一個可能的家園。它們不僅是大錦蘭的種
子，也是低海拔森林的種子，意味
著這樣的森林仍在活絡地成長。

　　我還聞到一股稀薄的麝香
味傳出，那是北台灣低海拔森林冬天時特有的味道。以前
運氣好時，在相思樹下的芒箕裡總會聞著，卻不知是哪一
種昆蟲釋放的。現在在樹梅林裡也有，可能跟相思樹無關，就不知和芒
箕有無關係了。

黃藤。

　　抵達一處凹地的山谷時，走在前面的孩子被一隻在地面驚飛的大鳥
嚇到。我聽到咕嚕的聲音。猜想是竹雞。檢查地面時，竟發現了二個穿
山甲的地洞，似乎已廢棄了一段時間。相信這裡有不少穿山甲棲息，因
為旁邊就是原始林子。但是，在西邊面向台北盆地的森林，如今要找到
穿山甲就困難了。就不知白鼻心是否能在這裡遇見？二、三十年前，這
兒還有少數記錄。

　　山谷的石壁有泉水自石縫流出，形成甘冽的泉水，孩子們興奮地取
來洗臉，當時這裡便是過路人憩腳的休息地方。

　　過去的南港以包種茶和礦坑聞名，這些遺跡在古道小徑旁還可看到
蛛絲馬跡。譬如山黃梔，俗稱黃枝花，是早期包種茶主要香花來源。據
說，古道上還存有數叢，而且長得相當高大。我並未看到，倒是注意到
了幾枚掉落的果實。以前包種茶也是燻花茶，香花除了山黃梔，還有樹
蘭、秀英花、茉莉等。有這些花，就有茶樹的存在。這兒茶葉也不少，
現在都只存一些老茶樹。

　　茶葉外銷滯銷時，附近山區盛行採煤。因而到處砍茶樹，改種相思
樹，主要是利用相思樹在窯裡燒成木炭供應生活需求，礦坑亦需要相思

樹做支撐架。但是，古道這邊並未看到太多相思樹。翻過山稜線，我知道，象山山區那兒比較豐富。

接著，在半途發現了遭人砍伐的黃藤，一根根橫倒在路邊。以前的人採樟抽藤，指的便是這種黃藤，現在則流行吃嫩心。目前，在北部低海拔偏遠的山區，黃藤還相當常見。但是在常去的福州山和坡內坑走遍了，也不過看到一棵而已。除了黃藤外，還有幾棵高大的麻竹佇立路邊，當地人似乎仍在利用葉子和竹筍。我的經驗裡，麻竹似乎容易在較原始的林子裡看到，尤其是隱密的溪邊。

之後，小徑旁邊赫然出現一處廢棄的木炭窯。這座碩果僅存的木炭窯，窯體上頭的頂蓋已經損壞，窯底生長著濃密的穿鞘花和姑婆芋。不過，仍可以看到石頭砌成的窯壁形容。仔細檢查附近，還找到木炭的殘渣。過去，地方文史工作者還尋到古瓷碗。他們曾研判，早期住在四分溪的開拓者林淡曾經在此活動，破碗應該也是當初留下的，已經有一百多年歷史。

修築良好，但鋪砌過度的象山步道。

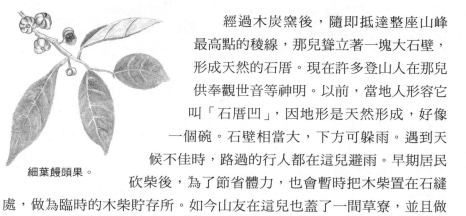

細葉饅頭果。

經過木炭窯後，隨即抵達整座山峰最高點的稜線，那兒聳立著一塊大石壁，形成天然的石厝。現在許多登山人在那兒供奉觀世音等神明。以前，當地人形容它叫「石厝凹」，因地形是天然形成，好像一個碗。石壁相當大，下方可躲雨。遇到天候不佳時，路過的行人都在這兒避雨。早期居民砍柴後，為了節省體力，也會暫時把木柴置在石縫處，做為臨時的木柴貯存所。如今山友在這兒也蓋了一間草寮，並且做了一個小灶，供登山朋友燒火、煮飯使用。旁邊還堆放了一大批木頭。

經過石厝凹後，還有十來分鐘的階梯路都是風衝矮林的環境。有些金毛杜鵑花開了，那是唯一開花的稜線植物，紅楠則冒出嫩芽。至於，大頭茶花朵則零星地掉落在地面，上個月還有不少的烏心石花瓣，現在未再記錄了。

在稜線上，大明橘、小葉赤楠、鼠刺和細葉饅頭果等常見的低海拔植物茂盛地生長著。終於抵達姆指山（320M）山頂稜線。台北盆地東區的景觀赫然呈現，沿著左邊的小徑繼續往前行，下了空地就是四獸山步道。這裡鋪設有台北市最精緻，卻難以接觸泥土的石階步道。樹梅古道過去的遺跡已經被它淹沒，直到象山山腳，悲矣！

從這兒往山下走，遠眺著101大樓，一個小時後就可走到吳興街，這是當地人最常往返的路線。當然，也可以繼續前行，沿著崇德街到松山去。如果往右，可以前往南港山，同時也可回到後山的麗山橋。山路之四通八達，讓人感覺，從19世紀的單一，迅速跳進了21世紀自然步道的繁複。（2000.2 春節時）

坡內坑古道

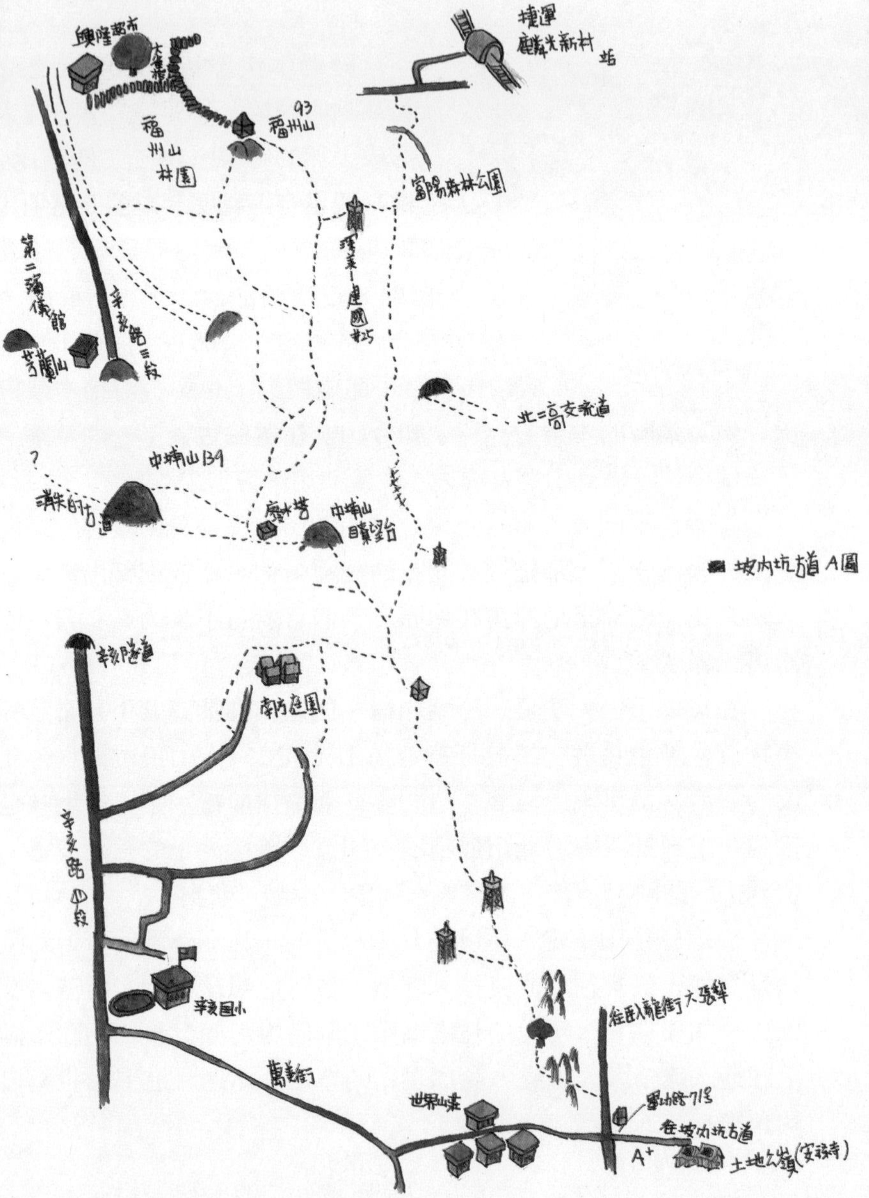

興隆超市

大榕樹

福州山林園

福州山　93

富陽森林公園

捷運麝靜光新村站

第二殯儀館

芳蘭山

辛亥路三段

禪華一康國小

北二高交流道

中埔山139

寶林塔

中埔山

中埔山觀景台

講禪的步道

?

坡內坑步道 A圖

辛亥隆巷道

辛亥路四段

育內庭園

辛亥國小

萬義街

世界山莊

往武功龍街大磚埤

蜀山路71号

在坡內坑古道

土地公廟(安祿寺)

A⁺

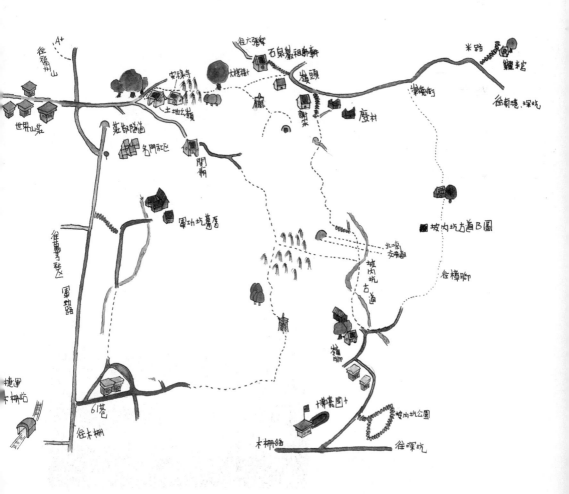

漫遊資訊

■行程

如果想由富陽森林公園出發，可搭乘捷運在富陽捷運站下車，或搭乘3、15、72、
211、258路公車。若想在名門社區出發，可搭乘36、211、258等路線。回程可搭
乘木柵捷運線。

■步行時間

富陽森林公園 __50分__ 中埔山觀景點 __40分__ 安祿寺 __15分__ 謝家 __30分__ 坡內坑土地

公廟 __30分__ 木柵捷運線

■適宜對象

老少咸宜。

■餐飲

由於接近市區，周遭環境出入口都有便利商店等商家。

福州山，這個名字在台灣南北部山區都偶而可見。早年，通常以這個名字為地名，附近多半也是閩南人拓墾的環境。那山往往不高，大抵是丘陵，而山區的景觀，多半接近閩南人在對岸福建省的老家。此外，這樣的山區往往有不少墓園。

從福州山下瞰台北市大安區。

1998年坡內坑古道素描。

晚近名氣最為響亮的一座，或許是台北市區的那一座。「福州」二字的地理意義，似乎也在那裡充分地展現。

這座福州山位於台北盆地辛亥隧道附近，雖然不過百公尺，卻是一道地理分隔線。百年前，台北建城時，從東門城牆上，往東南方遠瞧，一望無垠的水田的地平線上，一排連綿的小山隆起。台北城的人都知道，那裡就是大台北地理的分界，包種茶從那座山開始種植，一直到木柵、深坑和坪林的山區。好幾條古道也從那兒深入，直到宜蘭。茶、米、鹽、豆腐、大菁和藥草等等民生物資，都在這幾條古道上，被漢人不斷肩挑著來去。

基本上，福州山是一排連綿小山的總稱。除了福州山本身，其實還包括了中埔山、芳蘭山等。這些山是埋葬祖先的所在。早年，許多城裡的人過世後，都被後代子孫抬到這裡來埋葬。也正因為公墓到處，福州山成為登山人較不喜愛攀爬的地點。這排離我們最近的、最尋常的山巒，因而離我們最遠，幾乎忘記它的存在。1971年辛亥隧道開通後，福州山更乏人注意，稜線上的山道也逐漸為人遺忘。

仍舊保持蓊鬱次生林林相的富陽森林公園。

土地公嶺上歷史少說有一百八十年的庇祐宮。

但前幾年，福州山公墓移除，加上捷運出現後，它有了一個很大的轉變。再加上晚近自然步道觀念盛行，社區營造意識催生下，這個山區遂展現了另一個迷人的風貌。數條隱藏於山裡的古道也逐漸復活了。

山水客工作室吳智慶和愛樹人廖守義老師，長年以來，一直在為大台北社區的文史進行踏查的工作。有一回，他們便和我相約，一起走訪福州山。我們各自居住在山的二邊山腳多年，都相當嫻熟這個山區，也都期待如此的砌磋，激發出更多有趣的觀察心得。

我們約在土地公嶺的位置碰頭，直接切入這座山區的核心，展開對這個地區的理解。土地公嶺位於四獸山尾稜和福州山起頭的交會點。著名的坡內坑古道和茶葉古道、福州山的稜線步道即在此相逢。

土地公嶺上，目前有一座廟宇輝煌的安祿寺。一座擁有悠久歷史的土地公廟，委身於它旁邊，不起眼的屋角下，叫庇祐宮。矗立一旁的嶺頭石碑記載著它的歷史，「嘉慶己卯年梅月重修」，亦即1819年。算算至今，足足有一百八十年的歷史。原來，石碑豎立的這兒，當時稱為土地公嶺路。碑上敘述著當時地方人士捐資興建山路的情形。石碑上記載著，

茶葉古道上的「茶路」石碑。

謝家三位兄弟和文化工作者吳智慶（右二）。

捐贈者的名字。有錢者捐六元、五元不等，錢少的人捐一元、二元。石碑是重修，若再往前估算，以前越嶺古道闢建於二百年前，清乾隆、嘉慶年間的民間說法應當不假。

以前最常使用此古道的人，大概以三張犁、六張犁的人為多。他們到土地公嶺（後來又稱作中正嶺）做什麼呢？當時，翻山越嶺，最重要的是到景美街買賣貨物。一直到日治時代，景美老街都是附近山區最重要的市集，以前的人常稱為後山。除此，到木柵指南宮拜拜、遊玩也是大事。此一大廟也是附近重要的景觀地標。當時翻過土地公嶺後，先下軍功坑，再決定走往景美或木柵。軍功坑地名之由來，可能與當年清朝士兵在此開墾有關。

關於土地公嶺，另外一個更值得思索的意義，或許是它和茶路的關係。早年通往深坑、石碇和宜蘭，此地亦是重要孔道。其中最便捷的一條，便是土地公廟後，穿越竹林的隱密細道。穿過綠竹林和麻竹林的次生林，中途會遇見一棵粗大而健壯的正榕，少說有六人抱。樹根突露，在地面盤根錯節，和樹冠佔領著相似的面積。

走約一刻鐘，抵達一處視野開闊，叫嶺頭的地方。西南山谷整個六張犁和附近的墓園區盡覽眼底。隨即，會遇見另一條通往木柵的重要山路，坡內坑古道。此一古道又稱祖師爺路，因為西北邊有石泉巖祖師廟之關係。這裡也是茶路的部份路段。沿著山崙線的崇德街一直走，經過公墓區，再穿過福德坑、象頭埔，可以走到深坑老街去。著名的茶路就在此，被淹沒了大半。

　　總之，一個小小的嶺頭，前前後後有四、五條古道交會於此。可見這兒的歷史有多麼繁複。

　　嶺頭目前有二戶人家，幾乎足不出戶。其中一戶姓謝，祖先從福建安溪來台墾荒。木柵附近山區的住戶，多半是由此一地區移民而來。我們到訪時，他們家兄弟五人都出來迎接。最近經過吳智慶協助，他們把自己的房子成立文化別莊。畢竟，這裡歷史地位相當特殊，居於幾條重要古道的交會口。謝家兄弟亦十分好客，相當期待這裡的人文歷史更能讓眾人知道。謝家老大謝德義後來告訴我，「唐山祖先不算，歷經孝、友、傳、世、德字輩等五代，如今我們德字輩的兄弟姐妹都三代同堂，算算大概已經有二百年」。

　　跟謝家兄弟聊天才知道，十五分即興隆的地名。辛亥隧道最高的山

中埔山

　　若由辛亥路三段往南，進入辛亥隧道或開車上北二高交流道前，眼前有一道山脈矗立著。這座海拔約一百公尺初頭的山脈就叫中埔山。由中埔山左稜延伸出來，貼近左邊公路的矮山為福州山。福州山過去是墓園，十年多前，基地徵收，改建成今日的福州山林園，鋪上許多枕木步道。最初徵收後，滿山荒涼。只有原來少數幾株山菜豆、大葉雀榕等大樹保留著。後來，荒地上撒了田菁當肥料，並種植許多低海拔森林的樹種，如今已經蔚成一片小林。

　　若翻過此山稜線，下方山谷是隱密的富陽森林公園。過去那兒是軍事基地和彈藥庫，近十來年才開放為公園。裡面有許多烏臼、相思樹和雀榕大樹。公園周遭環境森林翁鬱。一條小溪汩汩流過其間，還有一處山洞。

　　辛亥路三段右邊則有開闊的自來水廠，山腳更有第二殯儀館緊鄰。自來水廠後面的山是芳蘭山。芳蘭山下有一甚少人知的美麗三級古蹟──義芳居。此一百年三合院，保存相當良好，但山後也是墓園的環境。芳蘭山再往西即蟾蜍山，又稱為內埔山。現為空軍雷達站基地。

　　中埔山又叫十五分後山。十五分是興泰里過去的舊名，中埔山在其後頭，故而稱之。中埔山最高點在辛亥隧道上方，海拔約一百三十九公尺。唯左邊空曠的高地，海拔略低，視野較為良好。這座舊台北的界山，在1904年的《台灣堡圖》裡，曾經有一條山徑翻過中埔山，銜接坡內坑古道，亦通到興泰里和興隆里的山谷。60、70年代還是台北近郊爬山的重要路線，如今稜線上仍留有舊時代的木牌指標。

　　中埔山林相主要是低海拔殘留林，以相思樹為主。過去最重要的產業應該為茶，步道上偶而仍可發現少數茶株。除了茶，在北邊山腳有蓮霧和楊桃林，此路線由富陽森林公園進入，翻過北二高，在通往高壓電塔的保線路上。另外在最高點的舊水塔旁有一片香果林，咸信是過去附近農民刻意栽植的。

相思樹開花時是福州山山景最美麗的季節。

頭中埔山，亦叫十五分後山。早年興隆路附近有輕便路，一些商人可以從那兒挑著貨物，可能是豆乾、鹽或豆腐等，從十五分後山經過土地公嶺至嶺頭，走崙背到南港去。整條福州山系是一條當時重要的古道。為何如此，原來當時平地無公路亦無隧道，低矮的山巒稜線遂成為最為便捷的路線。

　　謝家兄弟還告訴我，辛亥隧道附近的山坡地，山腳附近就住有一、二百戶人家，都以茶為生。附近都是土角厝，經常有生意人到此賣生活物品。而謝家附近古井也住有幾十戶人家，還有一個派出所。戰後，山區墳墓愈來愈多，如今住戶都已經搬遷。

　　後來，走到謝家對面觀察，那兒果然有六、七戶荒廢的舊宅，古井、石牆等遺物仍在，以前派出所便設在這兒，後來又改到謝家左邊的房舍。我不禁再問到蘭陽之事時，更教人驚奇。謝家兄弟以前聽長輩說，宜蘭人挑貨物由此到大街（迪化街）去，一日可到，隔一日再回去。不過，這不是擔米的旅人。如果是挑

芳蘭山山下的二級古蹟義芳居。

軍功坑山谷的舊紅磚三合院。

米，就另當別論。當時，蘭陽平原盛產米，當地人最常挑著米，天未亮就步上往胡桶、坪林的古道，黃昏時抵達石碇。那晚在石碇老街附近過夜，隔天再沿茶路，趕抵台北。（詳見《北台灣漫遊——不知名山徑指南 I 》坪林烏來線「胡桶古道」）

米路

米路，有人亦稱為新坡嶺古道。這條路，由泰和里吳興街600巷100弄底走進去，沿著廣闊的溪溝旁之步道，前進約五、六分鐘，即可抵達俗麗的牌樓。牌樓旁即書寫有糶米公廟之由來。

沿牌樓左邊，過了小橋，注意到一些木柴堆後，濃鬱的林子裡隱藏著德興煤礦舊坑道口和一段殘廢的舊步道。若沿牌樓之步道上行，旁邊有近乎乾涸之小溪溝。遇雨時，溪溝才會漲滿。這裡是象山步道系統之一。儘管道光年間，當地務農的居民已將收成的稻米挑往文山地區交易買賣。此段步道本身並未有早年之遺跡。周遭植物多為當地人栽植之園藝，林子多半被開拓破壞。附近產業植物頗多，刺竹和綠竹也不少。但溪邊之植物裡，水同木似乎佔盡優勢。

經過財神廟和地藏王菩薩後，走至三百五十階時，即抵達糶米公廟。廟前有一棵大葉楠老樹陪伴著糶米公，綁有紅布條。大葉楠樹身並不大，胸圍不過一百八十三公分。從這兒可遠眺象山和台北市信義計劃區。再往前，約五十公尺，上了五百階，抵達新坡嶺嶺頂，另一邊即為六張犁墓園區，滿山皆為墓地，幾無林相。這是我接觸過最短的一段古道了。大約半個小時就可上抵嶺頂。

米路在此和昔時之茶路交會。可以想像早年挑米者在夏天時，和深坑來的挑薪柴與茶葉之人在新坡嶺交會的情景。沿著崇德路往右邊六張犁方向走，約六、七分鐘，可順坡內坑保甲路下行至景美和木柵。這也是當年挑米到景美和木柵的主要路線之一。

至於米路之由來，據說是百餘年前，有群賣米的挑夫，在過嶺之前，都在楠樹下歇腳。楠樹約一百一十歲。有一回，有九位鄉賢在楠樹下結拜為兄弟，指石立誓，每次挑米一擔，預留一碗。累積基金，準備建廟，祈求風調雨順，國泰民安。

另有傳說日治時代，有新坡人躲避空襲到此，故而興建此廟。但也有一說，早年有老婦人經古道避雨。當夜夢見土地公，因而糾當地民眾將廟重建。此一古道，由吳興街385巷進入，至600巷98弄，遇100弄再轉入。至底可見指示牌。步行時間，若由100弄底步行至五百階山頂，約二十分鐘。（1999.5）

樟腳附近的米路也是當時這些挑米者的必經之路。以前，我一直以為，這只是信義計劃區的人挑著米到景美地區賣米，買茶葉等貨物。原來，這條道光年間的古道，也是當時蘭陽人挑米進城的必經之路。兩造人在米路途中看到一個水泉，坐下來歇

坡內坑溪的天然魚梯。

息飲水，就在此供奉糶米公。過往，米商在此奉獻一些米，向神明致謝，希望米賣好一些。這就是糶米公廟的由來，廟旁有一棵一百多歲的大葉楠。這廟即庇護來往文山地區的賣米販，見證新陂嶺的早期開發。

離開謝家繼續往前，路邊有水溝，溪水湍急。謝家兄弟說以前北二高還未開始，溪水量更大。北二高興建以後才減少。謝家兄弟小時常常走坡內坑古道下山到木柵國小讀書。那時此路即保甲路。每回來去都要一個多小時，走得相當艱辛。

坡內坑古道前的綠竹林。

經過北二高橋墩下，坡內坑溪在旁淙淙流出。隨即，出現一處像魚梯般的天然石床。過去水量豐沛時，也是附近婦人浣洗衣物的好地點。再下去是嶺腳，附近的住家和謝家也有姻親關係，都是早年使用這條古道的見證人。這兒也是坡

坡內坑古道登山口的洗衣石。

內坑溪最美麗的一段，他們常在溪邊浣洗衣物。過去，我也常帶孩子來此戲水。但二、三年不到，水量已經不足以泡腳了。

此地叫嶺腳，竹林岔路口座落著一間香火鼎盛的土地公廟，背後有二棵大樟樹爬滿寄生的伏石蕨。原本，這裡的坡內坑溪並未有排水溝覆蓋，現在為了貪圖停車位，把溪面蓋住，成為難看的水泥停車場。前年，這裡尚有一處美麗的洗衣石環境，我曾經特別繪圖素描。看到如今的人工化，忍不住喟歎。我們對自然環境的破壞和改造，除了「暴虐」之外，幾無它字可形容。

從這裡繼續走出山谷，看到一些紅磚老房子都建在高出丈許的台地上，顯見這兒的住家特別嚴防景美溪氾濫，隔壁的軍功坑老房子也建築在相似的位置。經過紅磚老房子後，是公園和舊糖廠的宿舍，緊接著是博嘉國小的木柵路、景美溪出口。從出口到此都是柏油路的環境，已無古道之情景。坡內坑溪從這段路起也鋪成下水道。但是，相信這兒仍是早年走這條山路的必經之道。

當年走這條古道的人來到景美溪邊，不論他是做什麼行業的，一定會遇見溪上的平底小船。從這兒遠望東邊之山巒，深坑在望。而指南宮後的猴山岳亦雄峙在那兒，鳥瞰著溪岸和台北盆地。（1999.10.21）（註：六張犁之名其來有自。一張犁是五甲地，六張犁是三十甲地。）

大坑保甲路

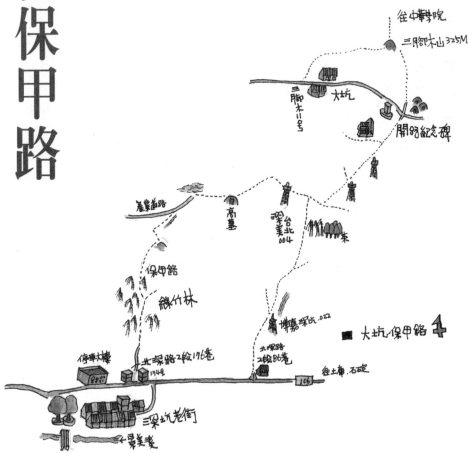

往中醫院

三腳木山 325M

三腳木11号 大坑

開路紀念碑

產業道路

高墓

台北
深美
004

保甲路

深坑.022
博嘉

綠竹林

大坑保甲路

停車大樓

北深路2段176巷
1194号

北深路
2段86巷

往土庫.石碇

106

三深坑老街

往景美溪

■**行程**

搭車至深坑，由深坑老街出發。

■**步行時間**

北深路二段176巷登山口 **50分** 大坑開路紀念碑 **30分** 北深路二段86巷

■**適宜對象**

全家大小皆宜。

■**餐飲**

深坑老街有各種餐飲小吃。

> 亂峰深處幾村莊，一路春風草木香；
> 誰之別開名勝地，滿庭弦誦自洋洋。
>
> —— 館森鴻（日治時代日人）〈深坑雜詩〉

有 一回，在深坑老街走逛，看到一家古樸餐廳的門口，貼了張深坑老街附近地理環境的地圖。這地圖和深坑導覽（每份五十元）並不一樣，多了周遭的步道路線。其中，包括了前往楓子林老街和炮子崙小村的舊山路。

此外，最吸引我的是茶葉古道和日治時代通往大坑和草地尾的保甲路。通往坡內坑、六張犁和公館的茶葉古道，十年前，我已經走過，印象還清晰得很。當時探查時，也走過一段保甲路。

但是，前往大坑的路線就不曾踏查。大坑屬於外股附近，那兒早年

已經失去老街風味，徒然成為飲食區的深坑老街。

蓋了一些石厝。從1973年起，出現一條產業道路，迂迴而上，還得開車繞上一大圈。但早在產業道路還未出現以前，卻是靠著一條保甲路的小山徑和深坑聯繫的。

沒多久，我再到深坑老街時，特別選擇這條保甲路健行。一來十分好奇這條路周遭會有什麼樣的產業，和深坑的關係又如何？二則想要好好認識綠竹林的栽植，以及當地對綠竹栽種的看法。

從當年的保甲路入口（北深路二段176號）進去。一開始就是急陡而狹窄的水泥產業道路。一般車輛難以上去。走了一段，隨即就是大片綠竹林沿著山坡出現，偶而有幾座墳墓。自然景觀寥落，難以形容的貧瘠。

抵達一處岔路後，遇見採筍的農夫。他告訴我保甲路在左邊，是一條泥土小徑。和農夫聊了一陣，這兒幾乎是他擁有的山坡地，總共有

綠竹。

綠竹林

早期深坑周遭山頭以茶葉為主，近十幾年來，茶葉逐漸沒落，改以綠竹為多。茶葉逐漸稀少。每年5月起至10月是綠竹林盛產的季節。清晨時常可見挖竹筍的農夫出現在山坡地，扛著尼龍袋和挖筍鋤，辛苦地挖堀新長出的綠竹筍。通常，一斤竹筍約七十到八十元的價錢，價格非常好。

在保甲路旁採綠竹筍的當地老人。

二甲，但他只開墾了一甲多，另一甲靠山谷邊，保留給樹林生長，藉以防止土石流和山崩。

他強調，自己種的竹筍沒有噴灑農藥。這樣一甲地，一年下來的耕作，大約能賺二十多萬元。不多，只夠個人開銷。我們聊了許多竹筍如何生長得好的方法，以及竹子有哪些虫子會出現。

繼續上路，上抵一處嶺頂。一條往下的小山路，循線而下西邊的坡地。陰森而涼爽的隱密林子出現，而且有潺潺水流的小溪溝，截然不同於上來的綠竹林坡面。一刻鐘左右，抵達尚未鋪柏油的產業道路。

往左可能通往象頭埔吧？取右邊的路線到大坑。抵達產業道路盡頭，下方林子傳出水瀑聲。沿右邊小徑而上，經過一處「渤海高氏」的墓園。繼續在陰森的林子前進。慢慢地又往上爬，抵達「深美台北004」高壓電塔。

此後有二條路線，山路開闊。研判都是蓋高壓電塔的保線路，以前的保甲路已經被其掩蓋。沿左邊的路線往前，繼續走在稜線。又連續經過二座，終於抵達嶺點的產業道路出口。老榕樹旁立有「大坑產業道路紀念碑」，記述了1973

夏初時為採綠竹筍的最好時節。

小毛氈苔。

年當時築路的情況和捐錢築路之大坑村人的姓名。

　　由此往左，不到二百公尺，彎了一個小彎就到大坑。村子不大，道路旁座落了十來間公寓和鐵皮屋。另外，有二、三間殘存的石厝。土地公廟旁有公車站，那是深坑社區巴士，班次甚少，一天不過三、四班。從草地尾上來，繞一圈由109縣道下草地頭，回深坑。

　　詢問當地老人，都說當年只有這條保甲路上下。我只好從原來的路走回，下去時，試著走另外一條路，那兒有一、二處舊農家。猜想路線可以通回原路。

　　沿著保線路走，採另外一條下山的路，繼續經過綠竹林和一處僅存的茶園。隨即又進入森林，旁邊有大溪澗。不過半個多小時，下抵山腳。一位婦人在住屋大門清洗小毛氈苔，準備曬乾煮食，我知道猴山岳還有不少，但問她採自哪裡，她卻是不肯說，只隨便道個後面我下來的山頭。（2001.6.10）

婦人正在清洗小毛氈苔。

炮子崙瀑布和古道

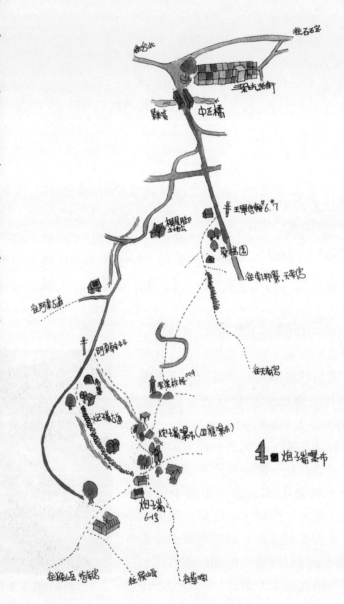

■**行程**

由北二高至深坑老街，過了中正橋，遇大團圓餐廳走右邊阿柔洋產業道路，再遇岔路時，取左邊路線。過了快速道路，約五分鐘後，抵達茶園登山口。或由右邊梘尾腳產業道路前進，約半小時後抵達高氏墓園。左邊有隱密小山路，可上抵炮子崙，乃至前往草湳、猴山岳。

■**步行時間**

王軍信幹#6 **15分** 岔路口 **30分** 稜線電塔 **10分** 四龍瀑布 **5 分** 炮子崙6-1號 **20分** 阿柔幹44

■**適宜對象**

少年以上皆宜。

■**餐飲**

深坑老街有餐飲。

一、初訪炮子崙小村

記得第一次去時是冬天的陰雨時節，由梘尾腳產業道路一路健行而上。路邊有一條清澈的水圳，長滿水草。中途在土地公廟前休息時，看見一位婦人利用圳溝的清澈溪水洗衣。續行，路邊開闊的山谷，鳥聲不斷，種類約有十來種。北部低海拔森林的鳥種大抵都記錄了，包括了一群台灣藍鵲。抵達高氏墓園旁的山谷時，更是鳥聲此起彼落。冬天時，果實纍纍的裡白蔥木和山鹽青，更吸引鳥類覓食團體的集聚。

過了墓園，產業道路旁，左邊有一條幽暗、隱密而潮濕的石階小山

阿柔洋產業道路，深坑登山口附近著名的母子樹土地公廟。

幹花榕

　　喬木。葉革質，卵形，先端銳尖或具短尾，基部鈍，葉全緣，有時波狀或具疏鋸齒。雌雄異株。隱花果著生在主幹及枝條上，扁球形，寬二．五～三公分，具長柄。全台低海拔及蘭嶼地區，多在河谷二側。在炮子崙登山口有一棵當地山區難得一見的幹花榕，就生長在登山口的溪邊。

　　徑，這是以前通往炮子崙村落的古道，如今有產業道路可通達村落了。

　　登山口左邊有二間石屋小廟，應該是有應公之類的廟寺。小徑旁邊則為急湍之炮子崙溪。溪流旁有這兒少見的重要樹種幹花榕。初次去時，小徑上還殘留著卵石石階，這個條件和有應公廟的組合，讓我研判是一條經常使用的古道。

　　當時走在濕滑的卵石石階相當辛苦。這條石階小徑旁邊有不少鳳仙花和蕁麻科植物，姑婆芋亦不少。此外，林子裡蛇目蝶科的蝴蝶不時飛起，隱密的潮濕地區，斯文豪氏赤蛙細弱的鳴聲也此起彼落。

　　石階本身因經常有人踩踏，變得渾圓。這條古道，不僅是炮子崙百年前通往深坑的主要山徑，由於炮子崙產茶，相信也是一條挑茶下山，或茶販上山的重要道路。但1996年後，我再去拜訪，卵石石階消失，鋪成水泥石階步道了。

通過炮子崙瀑布（四龍瀑布）的危橋。

炮子崙瀑布上游一景。

　　大約行走二十分後，抵達半山腰台地，赫然浮現一處美麗小世界。這裡就是炮子崙的散居小村。三、二殘存的石厝三合院，以及現代公寓樓房散落於台地上，隱匿於林間。小巧而綺麗的茶園，形成優柔線條的梯田。茶園邊不時有小溪圳伴隨，甚至有人工小池。

　　若繼續往前，除了茶園，還有各種濕地和菜園，如水甕菜、筊白筍等，但未看到水田。後來，有一回從山後下來，發現水稻在更高的台地耕作。

　　隨即有一處綠竹林。過了養鴨的水沼

裡白蔥木

　　裡白蔥木和刺蔥是向陽的先鋒樹，多半分佈於伐採跡地、道路開通後兩旁的破壞地、林緣，或是森林破空處。它們都是中低海拔常見的小喬木，全株被有銳刺，皆為二回奇數羽狀複葉。但裡白蔥木小葉長四～七公分，葉背灰白殆無毛，小葉柄長約五公厘；而刺蔥小葉長八～十公分，葉背被有褐色毛，殆無柄。

炮子崙11號三合院舊石厝。

地，眼前景觀為更隱密的山林，此地為炮子崙6-1號的住處。從這兒繼續上行，石階小山路進入密林，可登上著名的猴山岳，但是路程頗遠，約要走一個半小時。先至林家草厝，再上抵鞍部後往左至頂峰。這是條聯絡大崙尾天南宮的舊路，並非昔時到指南宮拜拜的舊路。

往左邊的小徑前行，不久會遇見一間伸手式的石厝老屋，炮子崙6號旁邊有龍眼樹和打水泵式的蓄水槽，和一間傾圮的石厝廢屋。

空地左邊有一條小路可通另外一條石階小徑。此小徑依舊是舊茶路之一。它穿梭於剌柏和扁柏的園藝苗圃間，不時有溪澗伴行，充滿綺麗自然的小徑景觀。

中途會走過一處古樸的小石橋（1997年時被賀伯颱風吹毀），周遭水源豐沛，溪澗、急湍和池沼，各種水生環境皆有。左邊則是筆架山高大的支稜，如腕龍背脊之龐然。最後，石階山路通往一處嶄新的公寓，炮子崙7-2號。

置放農具和茅草的茅草屋。

若沿石階山路右邊的小
徑行去，綁著紅帶的大榕樹旁
邊有連續二間三合院石厝，分
別為炮子崙10、11號二戶人
家。10號姓高，11號姓蔡。
蔡家興築較為典雅，仍在賣包
種茶。護龍還保留茅草覆蓋著
屋頂。

上面屋頂鋪著茅草桿的土角厝，現已相當罕見。

蔡家石厝左右皆有山徑
和古道重疊。山路雖迢遙、複
雜，都可翻越猴山岳，走到指南宮。此地還有一條腰繞田間的小徑，迂
迴穿過一些梯田、竹林後，最後通往炮子崙13、14號等聚落。屋後的山
徑亦有一條山路，可通往指南宮。

三、四十年前，炮子崙的人都習慣循這些山路上山。最主要的一條
是猴山岳山腳，開闊的保線路。登山人若沿著此靠溪的山路，慢慢地上
爬，路途相當平坦而寬闊，大抵在濃密而陰涼的森林下。中途，會經過
一處開闊的茶園，再經過二處高壓塔，繞過猴山岳鞍部，抵達指南宮後
山。（1996.5.17）

二、專訪炮子崙瀑布

炮子崙瀑布至少還有二個稱呼：四龍和阿柔。四龍瀑布是太平洋戰
爭時的名字，阿柔瀑布是山友在地圖上取名的。這些名字一度困惑我，
同時也因了旅遊指南的地理不甚清楚，我始終弄不清楚真正位置。

而炮子崙小村，我已帶孩子去遊玩了三、四回，在無心訪查下，竟

正在田裡準備播種秧苗的林家。

也未找到瀑布。可見它是一個不太多人知道，也未有標示的地點。儘管網路上有它的資料，在深坑鄉的導覽裡也有這一個地點，但都未說清楚。

為了弄清楚這個眾人疏忽的神祕瀑布，我決定選一個輕鬆健行的時日，找出它的明確位置，以免在此健行的人陷入和我一樣的困惑。

抵達王軍信幹#6茶園登山口時，赫然發現它是目前深坑附近離老街最近的山徑，約莫五分鐘即可抵達。登山口隔了一條阿柔溪，對面是麻竹寮的一間三合院，那兒有山徑可通往向天湖。老街腹地狹小，如果逛得不過癮，似乎可以選擇此段瀑布古道。

登山口有桑椹園，結滿了肥大的桑椹果實。初始，上山的路都是石階，兩旁為竹林。過了數百公尺，石階小徑成為泥土路，有護板擋土。之後，直到遇見岔路，都是泥土落葉小徑。岔路往左，依舊上坡，通往鎮南宮。右邊沿著半山腰的路途平緩，才是通往炮子崙瀑布的路線。

這時進入較隱密的低海拔潮濕森林的環境，仍時而可見竹林之跡。旋即，遇到一處土石流，過了之後是產業道路。道路下行不過半百，左邊綁有登山布條，一條溪溝形容的山徑往上。接著，往右和泥土的產業道路再相逢。轉而，上抵稜線的高壓塔。這是唯一的清楚路標。

高壓塔是一處岔路口。往下切，前往瀑布，約莫十分鐘後，就聽到

隆隆的水聲。隨即來到瀑布上源的炮子崙溪。這兒有一杉木橋,已經搖搖欲墜。小心過橋,一條山路穿過杉林地帶,約莫五分鐘抵達炮子崙小村。往右,連續五十公尺左右的下切陡坡後,抵達瀑布下方。

如今眼前的瀑布只剩下一道,豐沛地沖刷而下,並未如過去形容的四條。當時即因四條水柱,如龍飛舞,在太平洋戰爭前被稱為四龍瀑布。這處瀑布相當陡峭而垂直,形成一個半圓的桶壁形容。據說雨量豐沛時,那聲勢相當恢宏而嚇人。我從這地理形勢亦可感受得到。瀑布下方有遊客鋪成的大木架橋,供人在這兒淋浴。

右邊還有一處小棚子,提供戲水者休息,同時設有簡陋的更衣室。我還看到一個告示牌跟木架橋有關,上面書寫著:「水療能打通六筋穴脈,按摩消暑治酸痛,唯每次不能超過十分鐘。否則容易反撲傷身。每次上架沖水,只限一至二人。」

小棚子旁有小山路,沿著炮子崙溪下行,穿過潮濕的森林,約莫二十分後即抵達阿柔洋產業道路,接近高氏墓園。它和先前所熟知的炮子崙古道是並行的,只是墓園在溪左岸,山的另一面。(2001.5)

四龍瀑布如今往往只剩下「一龍」飛濺。

南邦寮古道

漫遊資訊

■行程

北二高下深坑交流道，駛往深坑在台塑加油站左轉往阿柔洋產業道路，約四公里在復興橋停車，過橋約二百公尺，左邊有一指示牌登山口。

■步行時間

復興橋 __15分__ 土地公廟 __25分__ 南邦寮1號 __25分__ 南邦寮3號 __30分__ 高媽墓 __15分__

天南宮

■適宜對象

青少年皆宜。

一、

「南邦寮古道」的名字是從網路旅遊作家Tony的網站裡獲知的。Tony在此旅遊網站寫了許多有關北台灣山區的旅行小記，相當值得登山人參考。這條古道通往早年深坑的一個舊村落叫南邦寮，因而被其如此稱呼。

Tony會知道此一舊時古道，主要是一位喜愛爬山的美國人艾琳達，提供了此一甚少山友知悉的路線。80年代時，艾琳達因與施明德的政治婚姻而聞名台灣，如今時隔事遠，轉而喜愛爬山，經常在木柵一帶山區走動。想必爬山有一種奇妙的快樂，遠非塵間俗事所能媲美。我在拜讀其英文的登山報告時，從文字的描述心情，特別能感受到這種情境。

後來，我翻閱現今一些地圖對照，原來這條山路早在過去就是登山

古道上的土地公廟。

人走往天南宮和筆架山的熱門路徑，包括自己在1975年時第一次筆架山的攀登。只是後來阿柔洋產業道路修成（1997年完工），一般人駕車可通到天南宮，再翻大崙尾的山崙，陡降至另一邊的草湳，或攀登筆架山。南邦寮古道以及和其並行的阿柔洋保甲路（或阿柔坑），山友都失去攀登的樂趣。二條山路也都逐漸沒落，南邦寮更因位置較靠隱密的山谷，幾乎被人遺忘。唯一、二個年代過去，從古道的探查角度，竟形成另一條地方文史之途，充滿昔時難以認知的樂趣。

車子停在復興橋。橋北岸有一些臨時的鐵皮工廠。產業道路兩邊皆有梯田，一路從深坑下來，除了麻竹寮，就只在此遇見梯田景觀。登山口在過復興橋不遠處，左邊水泥路牆有艾琳達留下的清楚標示：「Linda Road 天南宮」，但未有登山路條繫在樹上或枝幹。

南邦寮1號古厝仍常有先前的住戶回來採竹筍。

從林子裡眺望南邦寮1號古厝。

南邦寮位於昇高村內，最南邊偏遠的山谷。「南邦」與「楠梆」同音，早年漢人在此開拓時，搭寮派人看守，以楠木為梆，敲打警示墾民的防番設施。台9線二格山登山口附近也有一「南邦寮」的地方。深坑老街對面的麻竹寮則位於昇高村的北邊。先民來此開墾建寮居住，因見此地遍種麻竹，故而名之。位於麻竹寮和南邦寮間，有一個向天湖聚落（詳見「向天湖古道」），都是昔時攀爬筆架山的路線。

南邦寮3號更加隱密、荒涼，僅石柱明顯屹立。

甫進入登山口，隨即聞到腐敗的鳳梨味道。原來不遠處，有人在阿柔溪邊置放了一堆腐爛的鳳梨。鳳梨表面至少就有十來隻扁鍬形虫集聚，在那兒吸食鳳梨汁液。此溪共三股，此應為中股。

另外有一條石階岔路沿溪上山，此即昔時古道。穿過竹林，沿溪行，逐漸緩上。旁邊的溪水形成好幾處美麗的水潭，天氣炎熱時非常適合戲水。在此區，抵達土地公廟前，左邊還有一條白色塑膠水管的隱密小徑，艾琳達提到沿此一條小溪上溯，可以遇見一個美麗的小瀑布深潭。若再沿深潭左邊的小徑探險，行程約一小時，有幾間廢棄的石厝和平坦的耕地，但地圖上並未標示。

後來有一回，我和友人前往，沿著隱密的小徑走到這處小瀑布的美麗深潭。深潭約有六、七公尺平方，最深處少說有一公尺。旁邊還有嶙峋的小徑往上。上去了，又有另外的水潭夾於險峻的岩壁間。附近真有明顯的狹小石階，陡峭而上，並有山路入林。只是循此再上去，一片原始森林的風貌，大概是許久未有人來此走訪吧，無法再找到任何山徑的

遺跡了。那次走訪是在黃昏時，遇見三條蛇，二條是青蛇，一條可能是臭青公。

約莫片刻，抵達巨岩下的土地公廟，遠離了阿柔溪。這土地公廟對聯寫著「溪邊流福澤，南畔樂神庥」，修建日期為民國55年8月。此一小廟當然是古道的好證據，唯根據日治時代1904年《台灣堡圖》，那時南邦寮聚落已經存在，顯見古道存在之年代更為久遠。

此後，山路不再以石階為多，變成寬廣如保線路的平坦山路，緩慢上升，舒適而愉快。一路上並無登山布條，卻有艾琳達留在枝幹上的紫色布條，或岩石上的噴漆，很容易辨識。偶有石階出現，四處有一些小叢竹林，以及廢墾的田地。

半小時後，遇見一片大竹林，竹林下有茶樹餘株，以及一個有趣的假人像。抵達一處岔路，往左穿過竹林繼續是山路。往右則有三、四間荒廢的石厝，屋頂多已消失，荒草叢生，只有石厝牆仍完好。1985年5月《登山》雜誌山友林溪海繪圖的〈二格山山系路線圖〉，註明了此地為南邦寮1號。石厝前，過去是一塊平坦的大水田，後來荒廢了，芒草和薑花叢生。

最後一間土角厝仍保持完整，石砌功夫頗講究。屋牆外有些製茶的機器荒廢在旁，此外還有剝落的筍殼，可見這兒仍有農夫在使用。另外周遭遺有石磨、石槽、石盆和木桶等。木門則上了鎖匙，裡面應該有些重要的農具。這兒並不靠溪邊，需要引水。土角厝後面是一漥小池塘，池畔有一小貯藏室，旁邊還有芭樂和檸檬二種果樹，還有桂

大崙尾2號宅前醃漬的冬瓜。

山徑旁的奇怪建物。

花。池子則養了不少吳郭魚，裡面還有田螺。很興奮未看到福壽螺的蹤影，猜想是孤僻一角，又位處偏遠的關係。這池子無疑地用來蓄水。此間的水由後面的山澗取得，有一條小山路通往那兒。旁邊還有幾棵高大的香果，但尚未結果。

朝那兒檢視，發現左邊的山坡竟有二座廢棄的炭窯。有一座壁頂毀了，但反而能看清內部的建築形式。圓形的窯土壁面，都是木炭燜燒過的黑色炭漬。我突然想起，一路上山，並未看到多少相思樹，或許整個山有一番轉變了。

小山路盡頭是一處水源區，取水的源頭是片狹長的山谷。主人在此頗具創意地運用了一些巧思，以天然石塊堆成水塔。最上的石塊鑿出方形凹洞，以過濾網鋪著，山谷裡的水以竹管引自此，經過濾網灑取，去掉土塊和樹枝等。根據艾琳達的記錄，農舍主人姓陳，還經常回來工作，猜想那筍殼是他們工作的遺跡。另外還有一條小山路在池子後面，周遭都是綠竹筍林。

南邦寮還有一處古厝，在更前方的山路。繼續上路，山路較為隱密，路上多藤刺阻擋，可能少人來去。未幾，抵達一處小彎道，路邊石塊堆疊成一個圓形池子的石塊區，面對山路的牆，中間有一塊石頭豎立，彷若石碑。以前不曾看過如此建物的內容，不知此為何用途，說是大菁染料池，似乎離水邊又遠了。

接著，再往前爬過一處可能荒廢的柚子果園，抵達一處石厝廢墟。靠近山路邊的一間小石厝，研判是一間廁所，下方有一大凹坑。此外，沿著屋腳有石渠做為排水道。緊接著，在蔓草荒藤深埋間，舊石厝的殘

牆和一對砂岩大石柱鮮明露出，地面也有石渠排水道的遺跡。此地就是南邦寮3號了。

　　低迴一陣，繼續向前。未幾，有一清澈的小水潭，不過一公尺見方。流水從山谷的石塊堆緩緩湧出。池子裡有許多水薑、蝌蚪等棲息。古氏赤蛙和無霸勾蜓都出現了。天氣悶熱，隨即用池水洗臉，冰冷而舒適。艾琳達的報告裡提到，此地為過去婦人浣洗衣物和果菜之地，同時也是南邦寮3號的飲用水源。沒想到時間相隔如此之久，小小的水潭還活絡著。

　　艾琳達的報導裡還有第一手的田野資料，原來此一山區最早的開墾者姓黃。他們在此居住了三代。第三代子孫目前已六十多歲。1960年代末時，因為電力可以輸送到較低的山腳村落，於是搬離了這裡。過去，他在這兒種植蘭花，半夜翻山運到指南宮去賣。如今他只來此採綠竹、麻筍和柚子。

　　南邦寮過去以大菁著名，但我在此區來回，只見到少許的大菁而已。或許是山路遠離溪邊所致。如果沿著半途另外一條斜到溪邊的山徑，說不定會看到更多吧！

　　山路此時又開闊了起來，坡度緩慢，感覺這是一條非常適合散步的小徑。在逐漸上坡的山路上，周遭明顯地開墾過，有許多蛇木的幹莖殘骸遺留，也有一

短尾葉石櫟

　　殼斗科石櫟屬，別名短尾柯。台灣話又叫杜仔。小枝具五稜。葉橢圓形，革質，先端漸尖或尾狀，基部楔形或圓，幾近全緣，前端略呈波狀緣，下表面灰白色。葉脈在表面微凸，背面明顯凸起，故亦被稱為「魚骨頭」。殼斗碟狀，鱗片三角形，外被絨毛。分佈全島低、中海拔森林中。

　　一般石櫟屬的成員，都有似淺盤狀的殼斗為其共同特徵。杜仔的果實成熟時，光亮渾圓的外表相當受到人類喜愛，常被用來製成手工藝品的裝飾物。赤腹松鼠和台灣獼猴也喜歡享用果實，地上常有破碎果殼。杜仔材質堅硬，做為薪炭、枕木、橋樑也很適合，亦可栽種香菇。

短尾葉石櫟。

些園藝植物的遺株。猜想此地就是黃姓家族當年種蘭花的所在。

上抵一座小山崙，在地面發現了一些短尾葉石櫟的果實，這是低海拔最美麗壯碩的殼斗科堅果。過去，在北部附近山區攀爬，我並未見過。看來這處深坑最原始的森林區域，還有一些生物寶藏值得發掘！

台灣獼猴最喜歡這種果實了。說起牠們，過去的《深坑鄉志》，曾經有老人提到，此地尚有一群台灣獼猴約百餘隻。但其他哺乳類方面，除了數量頗豐的赤腹松鼠，以及很少數的穿山甲外，其他就不曾記錄了。

再走一段山路，附近仍有駁坎遺跡，又是一處小山崙，再度看見短尾葉石櫟。小徑上到處都有這種綽號「魚骨頭」的枯葉。隨即下一山谷，石塊間有一小溪汩汩流出。山谷裡無一絲光線，陰暗如黃昏，但外頭天空仍是明亮而炎熱的。

走出山谷，隨即經過一處仍在栽植的茶園，應該是文山包種茶吧。隨即是一最近興建之墓園，上面寫著「高媽黃ＸＸ墓」，應該是大崙尾高姓人家的祖先。高家是此地最早開發的家族。上抵大崙尾，此地有三、四間老屋，環繞山腰。第一間三合院石頭厝為大崙尾2號，第二間一條龍為大

深坑的哺乳類動物

根據老一輩人士的口述，在民國20、30年代，深坑境內尚有野豬、野羊、石虎、水獺、黃鼠狼等稀有動物，但多已絕跡。到民國60年代，當地人回憶，深坑地區過去常見獸類尚有台灣獼猴、山羌、果子狸（白鼻心）、筆狸、山豪鼠、野兔、鯪鯉（穿山甲）等。目前，在南邦寮大崙尾、土巷一帶，還尚有一群約一百餘隻的台灣獼猴棲息。穿山甲偶而可見，赤腹松鼠還有不少。

菜頭攛仔與菜脯

根據李瑞宗主持的《草山雜煮會通訊》的採訪記錄，菜頭攛仔是將菜頭（白蘿蔔）洗淨切丁，放在太陽下曝曬一日，再加鹽巴搓漬，貯存甕中。一個星期後，漸漸入味即可食用，也可加一點糖增加風味。

菜脯則是將蘿蔔洗淨切丁，放在太陽下曝曬，傍晚收起後，用鹽巴搓漬，裝入布袋內，用石塊壓住。第二天再取出曝曬。如此動作重複三天，水份漸失，變成俗稱的菜脯。將菜脯置入瓶中，瓶口以稻草塞住，倒插入土，是菜脯的貯藏方式，與客家福菜的做法類似。

菜頭攛仔在短時間內需食用完畢。菜脯可長期保存。

經常房門深鎖的大崙尾2號。　　　　　　　正在院前耕作的大崙尾3號高老先生。

崙尾3號。二家都姓高，旁邊都是他們的菜園。3號的高先生已經七十多歲，正在曬菜脯。門前山路，經過菜畦，通往筆架山岔路。中間的石階路和右邊的泥土路，都通往天南宮。

　　位於阿柔洋產業道路最高點的天南宮，係大崙尾1號。住持高清正是高家後裔。附近的青山藥膳飲食店，也是他經營的。天南宮位於山頂開闊之位置，視野開闊，可遠眺整個台北盆地，大屯山和七星山皆可瞭望。賞鳥人士亦將此地視為觀鷹盤旋之重要地點。他的孩子則在飲食店對面的公路，開了家別緻的「青山香草」教育農園，專賣咖啡、香草和保健植物，展現了年輕一代旅遊觀光的經營觀念。

位於崙頂的大崙尾1號天南宮。

大崙尾主要有四戶。大崙尾4號離崙頂較遠一點，由產業道路往下約二、三百公尺處。那是家三合院古厝，如今鋪了紅色鐵皮屋，周遭仍有不少茶園。主人姓黃。二位老先生，黃水永、黃水月，很巧合的，都有一面之緣。黃水月是在探查阿

高家後代在崙頂開設青山香草教育農園。

柔洋保甲路時，在出口邂逅。黃水永則更意外，我在產業道路旁看到有人割草，過去問路，不小心認識他。

其實，二位老先生的大名，更早時，在炮子崙旅行時便知悉。炮子崙當地農夫，過去會沿山路上到大崙尾幫忙工作。他們叫「換工」。小孩子也會跟著跑去玩。大崙尾的人也下山，協助他們割稻、採茶。端看農事的狀況，相互遞補人力的不足。

黃姓家族在南邦寮的拓墾歷史裡，也扮演了重要的角色。在一篇有關大菁的報導裡，黃水月接受訪問時，還提到深坑的大菁和自己的自傳，內容大致如下：

黃水月生於1934年（昭和9年），在家排行第二，1942年（八歲）就讀於深坑公學校畢業，1945年台灣光復，繼續就讀於深坑小學。目前為深坑鄉茶葉產銷班輔導的農戶。

根據老一輩的說法，深坑大崙尾地方，在開發之初，山坳處林下栽滿大菁，在山陵處則種植著茶樹。此地另一高姓族群，是專業的栽菁染布農戶，當初的菁礐池有很多個，浸出的靛白，運往艋舺銷售。日治初期，一度成為染布的集散地，不只是深坑地方的布匹，就連木柵地方的布匹也經

由草湳運到這裡來染，因而繁華一時，但以後漸漸為茶葉所取代。

　　至於早年在此的菁礐，原在高姓家族的祖厝（現已荒廢）那邊有，但在開闢茶園及水田時，已經毀滅了。

　　另外，根據《深坑鄉志》，深坑有個叫魏坤的福建人，聽說曾當警察，民國50幾年退休後，在南邦寮地方收購大菁、浸泡大菁為業。不過不是做為染料，而是做為藥品，賣給中藥商。這藥品叫青黛。性寒色青，粉質細膩如黛，即做畫工著色之染料，也可做中藥用。

　　我自己和黃水永聊天時，更知道，他們兩兄弟都認識這種植物，但不曾採集或製作過。當時染料的製作和摘採，主要集中在南邦寮，溪邊或許還有機會，可以找到當年的器物。當時製作染料的人，後來到鎮南宮做住持。以前，他們兄弟沿保甲路走下深坑讀書，不用一個小時。回山上時，由大崙腳、王軍寮至大崙尾，就需要長一點的時間了。（2003.9.10）

二、

　　這回再訪南邦寮時，主要是想再探看是否能遇到那群《深坑鄉志》裡提到的獼猴群。結果，過了土地公廟後，聽到獼猴的沙啞叫聲，不斷地自對岸傳來。接著，對岸濃鬱的密林裡，樹林劇烈地搖動

在阿柔洋保甲路口遇見的黃水永先生。

海州常山

　　馬鞭草科，別名臭梧桐、山豬枷。落葉性大灌木或小喬木，嫩枝與葉面均被有褐色軟毛，全株具有一種特殊的臭氣。葉對生，三角狀卵形或闊卵形，全緣或上半部具疏鋸齒。聚繖花序具長總梗，在枝端排列成繖房狀；花萼深五裂，淡紅色，花冠白色，雄蕊四枚，花絲細長；核果球形，徑約〇‧六～一公分，成熟後深藍綠色。海拔〇～一千八百公尺，各地次生森林，常長於林緣。

　　它的全身充滿奇怪味道，並非人見人愛。嫩芽和嫩葉可食，先用鹽水泡個一、二天，除異味後，再撈起來炒或煮皆可。莖葉煎汁，可做為牛馬之殺蟲劑。中藥用。

海州常山。

白鳳菜。

白鳳菜

　　菊科；別名：白廣菜、台灣土三七、長柄橙黃菊、肝炎草、珍珠草、白擔當。台灣特有亞種。葉厚，青綠，被毛，匙形或長橢圓形，先端鈍，葉基下延成葉柄，葉緣不規則裂片或琴狀羽裂。頭狀花少數，具長總梗。分佈於濱海地區，偶見於低海拔山區處，或者栽培於住宅附近、菜園。嫩莖葉可採摘供食，具有特別菊花香味。現今有人特別栽植，做為藥理食物。

著，仔細瞧，果然有四、五隻猴子在那兒活動。

　　我抵達南邦寮1號。通泉草沿著小徑開花，彷彿一隊士兵迎我前往。除了綠竹外，田裡有人種了金針，還有草莓蕃石榴。但最教我吃驚的是海州常山，竟也有人栽植。雖然在野生蔬果裡提到，它的嫩葉可食，我猜想是中藥用的吧。

　　抵達大崙尾3號時，發現前面的菜畦，田埂則有殘留的白鳳菜，似乎是自己生長出來的。上回來並未發現。白鳳菜在台北晚近發現的機率不大，這還是首次邂逅，在野外反而容易看到外來種的紅鳳菜。（2004.2.26）

向天湖古道

■行程

自深坑交流道，沿外環交流道，抵深坑台塑加油站十字路口後，尋找停車位。可自麻竹寮出發，或從竹芳橋起步。

■步行時間

一、

竹芳橋 **25分** 向天湖2號 **20分** #5電塔 **15分** 麻竹寮山 **10分** 岔路芭蕉園 **25分** 向天湖8號 **40分** 向天湖2號 **15分** 麻竹寮

二、

隱修院 **15分** 向天湖8號 **5分** 向天湖10號 **5分** 向天湖9號 **5分** 隱修院

■適宜對象

一般人皆宜。若走稜線，草木茂密，孩童較不宜。

一、

亂山深處一輿行，父老趨迎説下情；
芋薯種田猶足食，笑看處處爨煙生。
　　　　　　── 深坑廳長丹野英清〈巡視文山途上作〉（1904）

　　四、五年前，深坑通往石碇的外環交流道還未切穿麻竹寮時，我常帶孩子去遊玩。蜿蜒的豐饒梯田，淳樸的三合院古厝，搭配古意猶存的深坑老街。這樣的自然環境，放諸台北周遭環境，著實不易再尋獲。

　　可惜，外環交流道出現後，整個環境變得破碎了。麻竹寮和深坑被

麻竹寮美麗的梯田，目前已因深坑交流道的切割而消失大半。

交流道切成兩半，不同的世界，彷彿難以聯繫在一塊。麻竹寮目前屬於昇高村。過去先民來此開墾時，此地遍種麻竹，因而名之。現今仍有一些梯田，7、8月稻子成熟時，有時可以看到農民全家收割稻子的精彩畫面。除了梯田，那兒也種植一些茭白筍，山地上則有綠竹林和麻竹林。

過去，麻竹寮是筆架山攀登的路線。文山路二段25號旁邊的巷子，有一條山路，許多爬過筆架山的人都走過，而且被當地的土狗狂吠過。這條路即昔時通往向天湖聚落的古道。大學時代，攀爬筆架山時，曾經從這兒下來，路途遙遠，走到天黑，一路跌撞下山，一群女生哭啼於後，摸索到深坑。四年前，我也走過一小段，那時從竹芳橋的小徑進入，經過文山路二段61號（當時為麻竹寮6號）。

6號為一三合院紅磚厝屋，旁邊為菜畦。穿過隱密的綠竹林，以及潮濕野薑花林，再一小段路，隨即接上寬闊而林子茂密

向天湖古道入口的麻竹寮6號農宅。

的向天湖古道。

住在向天湖的高老先生。

　　向天湖，1904年《台灣堡圖》即已出現，當時地名為「向天坑」。在古道交接的野薑花林，遇見一位老先生在採野薑花。他正準備帶到老街販賣。附近的野菜後來我估計，可能是木柵地區種類最多樣的地點。諸如角菜、山芹菜和山茼蒿等這兒都有。我和他聊天，原來他姓高，老家就在向天湖。他的兒子是前台北市市議員高建智。高先生口述的向天湖和文獻上提到的差不多。此地在山頂有一塊平地，中有一塊下窪的坑，遠看似向天的湖泊。此地原是高姓家族的聚落，住有一、二百人，後來因交通不便，族人陸續離開祖居地，到台北地區發展，例假日才有人回來照顧田地。這種情形一如南邦寮，如今向天湖只剩下一些石厝房子。

　　沿著古道走了一小段，隨即抵達一間舊紅磚屋（向天湖2號），大門深鎖，門牌號碼已掉落，門口有一台廢棄的老式電視機。中午折回時，有一老阿媽在裡面工作，她說自己以前也住在向天湖，是高家的媳婦。紅磚屋前，下方田地有一岔路，但我們錯失了，只顧著前方一條山徑，由那兒沿小溪往上。結果，進入隱密

風景綺麗的向天湖聚落。

黃昏時的向天湖8號聚落。

的林子和竹林，摸索了一陣，抵達「深美—板橋#5電塔」。這時才發現，誤走到麻竹寮山的稜線上。左右各為一條寬敞的保線路。

不久，又來到一處岔路，左邊為「深美—板橋#4電塔」，一條寬敞的保線路。採右邊的稜線，續行。有登山繩可攀，沒多久抵達麻竹寮山。麻竹寮山頂（213M）殖產局有一圖根三角補點，又稱向天湖山。樹林間有些許展望。繼續往前，周遭都是芒箕，稜線山徑不清楚。有點懊惱選擇了此一雜亂之路，稜線中途更有隱密的桂竹林，依稀有布條指引，方能走得出去。

很快地走了一陣，抵達稜線岔路，右邊有一岔路，彷彿是廢棄的芭蕉林。循此下山，嘗試著接近向天湖聚落。但這山路久無人跡，小徑其實模糊了，猶若雨後之山溝，並無路跡。摸索了一陣，按幾處布條，勉強確認著前方的路線，這才確定。最後，走到一高崖處，下方一開闊的小山谷，彷彿種滿水稻的環境。猜想文獻上提到的向天湖，就是這個美麗的地方了。

於是，走Z字型，緩慢地下山。最後穿過茂密的草叢，跨過一小溪，抵達了稻田。那兒有不少的野生芭樂，也有廢棄的綠竹林和茶園。山谷南方缺口有一小徑，朝那兒探看，一

向天湖10號聚落。

泥鰍

　　泥鰍屬鯉形目，鰍科，泥鰍屬。一般屬於生長於淡水域的小型溫水性底層魚類。過去，台灣野生的泥鰍很多，價格低廉，除當作家禽飼料外，僅貧困人家偶而食用。近年來，農藥和工業廢水等污染泥鰍棲息場所，天然泥鰍的產量大為減少。如今，想要在稻田、溝渠捉泥鰍，已經不容易。但因日本市場需求量與日俱增，泥鰍價格上漲，泥鰍養殖因此應運而起。

向天湖的水田仍可找到田螺、泥鰍。

處更開闊的水稻台地呈現在前。

　　台地上座落著高氏家族的家園，幾間石厝老屋圍成一三合院，中間為祖厝，右邊護龍有二間石厝，左邊則有三間。石厝之基石和護牆都還在，唯大門有的已經換上鋼門，屋頂也鋪蓋了鐵皮。到處散落著石臼、石磨、石門、石槽和石板。此外，還有昔時器具。過去，爬山見過不少舊器物，但都無這回見到的多。

　　石厝裡剛好有人。有好幾位高家的人今天剛好回來，在田裡工作。有人在翻田，有人在除草。我看到客廳有仙草枯枝，好奇地請教。一位婦人隨即從田埂邊摘了仙草，讓我檢視。稻田裡，蓄滿池水，除了稻子，還長了許多田字草、山慈姑等野草。他們現在只種一期稻作。稻田裡雖有再生稻，但已經不照顧，任其自生自滅，成為明年的肥料。隨行的孩子遂下去踩田，順便捉泥鰍。石厝主人炒空心菜請我們吃。空心菜是現場摘

仙草

　　一年生草本，高一公尺以下到十來公分。莖上部直立，下部伏地，四稜形，被脫落的長柔毛或細剛毛。葉對生。葉片狹卵形或寬卵圓形，長二～五公分，寬〇‧八～二‧八公分，先端急尖或鈍，基部寬楔形或圓，邊緣具鋸齒，二面被細剛毛或柔毛。花冠白或淡紅，長約〇‧三公分。小堅果長圓形，黑色。花期7到10月。生於坡地、溝谷或田埂的小雜草叢中。台灣在中北部有大量栽培於果園的果樹下。喜歡陰涼潮濕稍冷的環境。夏季收割地上部份，曬乾。或曬至半乾，堆疊燜之，使發酵變黑，再曬乾。

台灣天仙果

　　灌木，為桑科植物天仙果。台灣野外最常見的野草，也是山友採集最多的藥草，亟待保護。別號很多，諸如牛乳埔、羊乳埔、羊奶頭、長葉牛奶樹、水牛奶、狗奶木等。生於低海拔至高海拔的山地疏林中或曠野、路旁、溪邊。紫端斑蝶食草。

台灣天仙果。

的，梗莖粗大，一般我們是不會食用的，但這一盤的梗莖卻非常好吃。

　　我們在石厝用完餐，才出發。稻田前方即向天湖古道。左邊繼續往山裡，右邊回到麻竹寮。左邊的山路，若再往前約十分鐘，即抵達向天湖10號和9號石厝。那兒繼續有山路往筆架山。另外，有一條柏油產業道路下到阿柔洋產業道路的修道院。

　　往右邊回去的山路，繼續走入森林，經過一處野薑花田和石橋。古道蜿蜒在陰森的林子裡，寬闊而平坦。旋即，再經過一水泥石橋，隨即回到舊紅磚石厝。繼續往前，又十來分鐘，返抵了麻竹寮。

　　回來的路上看到不少台灣天仙果，也驚喜地看到走馬胎。高家祖厝後的坑地裡則有些許大菁。此外，在下山中途一岔路的竹林旁，發現了一種石櫟，翻查相關樹木學圖誌對照，長相近似子彈石櫟，但此一種只分佈在中南部中海拔，我有些困惑。後來向一些學植物的朋友討教，他們告知深坑、新店附近的採集裡，確實也有子彈石櫟的記錄，超乎他們的預期。（2003.9.28 晴）

向天湖10號附近的苦茶樹林。

二、

依生態工法整治的阿柔坑溪。

另外一回，帶小兒子前往向天湖8號高氏公厝拜訪。從向天湖7號隱修院的方向上去。此路過了橋，不到百來公尺就無柏油了。此時，山徑分為二，左右皆能抵達。若從左邊，穿過潮濕而隱密的森林，一路陡坡，約莫片刻，抵達向天湖8號公厝的另一處曬穀場，旁邊有一廢棄的石厝。公厝裡有三個人在做事，但都不是上回遇見的幾個人，可見這塊祖產地已經複雜了。

由曬穀場往前左邊有一岔路上山，可前往筆架山。中間的大路平坦好走，通往向天湖10號石厝，那兒有一間三合院，以及幾間廢棄的石厝，小而美。旁邊的空地在曬油茶仔。前面的梯田已經荒廢，種了茭白筍和香蕉，但似乎也未好好照顧。這兒的主人也姓高，正在唱卡拉OK。他說眼前的梯田早被財團買走了。他回憶過去，向天湖聚落可能住了一百多人，但絕不可能到二百人。

屋前有一條山路下抵隱修院。由此走下，隨即遇見一處苦茶油林，約莫有三十多株，鏽紅的樹身在陽光照射下，別有一番綺麗風貌。山路急陡而下，座落半山腰的向天湖9號也是一間石厝，但旁邊有白色小木屋修建，相當精緻的一間房子。主人姓江，是位退休的教授，買了附近的大半土地。他在住屋闢了菜畦，也種了不少樹，主要為竹柏等台灣原生種植物。（2003.10.23）

筆架山

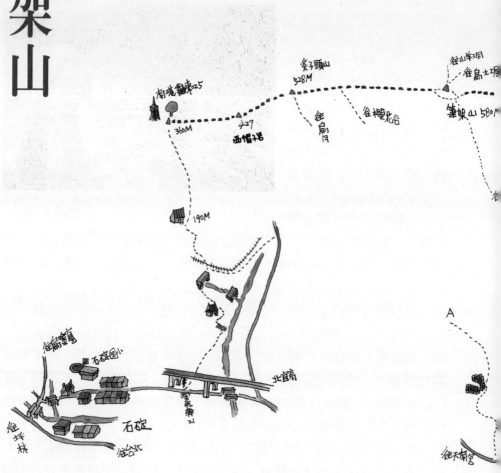

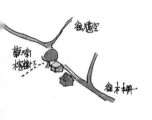

漫遊資訊

■行程

1. 在台北市漢口街或木柵搭欣欣客運北碇線或666公車在石碇下車。
2. 在台北襄陽路搭木柵線欣欣客運公車或指南客運530在木柵下車，換搭小型10號公車到貓空，由此反方向走。
3. 在台北公園公保大樓前搭新店客運坪林線班車在栳寮站下。

■步行時間

石碇國小 __8分__ 登山口 __25分__ 農家 __30分__ 稜線 __70分__

西帽子岩 __30分__ 炙子頭山 __30分__ 叉路 __30分__ 筆架山 __70分__

二格山鞍部 __30分__ 草湳榕樹下

■適宜對象

青年以上為宜，青少年必須有較好的登山經驗和體力。

■餐飲

在二格山和筆架山鞍部有餐飲，宜自備中餐。

　　沒想到石碇即將要有便利商店，看到街角的景觀，不免有些迷惘。從石碇老街緩慢地彎入萬壽橋，感覺自己和經常在此照會的老人，已經有了相似的背影。

　　經過早年茶葉集聚的集順廟廣場，沿著石屋所剩無幾的西街漫行，最後晃過了紅磚屋的宰豬間。大約

依傍著崩山溪的石碇老街。

石碇老街街景。

六、七分鐘,抵達了北二高大橋橋下的小橋。未過小橋之前,左邊有一登山小岔路,綁滿布條,此乃著名的筆架山入口。二十幾年前,學生時代就攀爬過,男男女女相互扶攜,從深坑下山,一大早爬到黃昏,漫長而崎嶇的山路。

　　入口旁邊小徑,有一條山溪注入石碇溪。小徑沿著溪邊前行,假如8、9月來,旁邊盛開著野薑花群,景致頗為優美。一路在林下逡行,約莫五分鐘抵達一小石橋。過了石橋,附近周遭有許多產業和駁坎遺跡。野薑花叢繼續出現。晃蕩些許,行抵一小土地公廟,附近有廢棄的隱密石橋跨越溪谷。另有一老石橋在下游不遠處,橫跨山谷,應為舊時

石碇舊厝，現已消失。

山路。

　　上了山谷對岸，有岔路。岔路右邊有一條廢棄的運煤鐵道，舊軌殘存，約二百多公尺長。小徑幽深而靜寂。若是不打算走筆架山，光是在此散步，銜接至寬闊的產業道路繼續往前，兩邊是隱密的山谷，在此賞鳥亦是一段很好的山林散步。

　　若一逕往前，經小石橋，可抵達一戶潔淨的農家院落。此地為筆架山必經之路。農家主人叫林慶忠，非常好客，經常請登山人在三合院喝茶。從父親時代算起，林家在此已經住了八十幾年。根據他的口述，這棟石厝是二十幾年前翻新的，以前是土角厝。

　　早年這兒有山路可翻山到深坑，現在被新的產業道路取代了。筆架山是老登山路線，以前常有山難，主要以迷路為多。他常去救人。目前，櫻花谷的路線已經消失，他建議不要通行。到深坑的路線比較難走，也不要隨便前往。最好是直接從二格山鞍部直抵榕樹下。

　　過了農家後，再沿潮濕的溪谷往上攀爬。周遭冒出許多大菁，接著是大片的冷菁草。大約走個半小時，隨即上抵高壓電

昔時殘留的運煤輕便道。

住在半山腰的唯一一戶農家，主人姓林。

塔的稜線頂，旁邊有一棵碩大的紅淡比佇立。抵達高壓電塔時，如果已體力不濟，最好就此打住，往回走。

此後，開始進入高低起伏的稜線，走路要特別小心了，因為開始北部三大岩場的攀爬之旅。這是岳界的說法，另二處為皇帝殿和五寮尖。但也有人認為筆架山岩場雖然雄壯，卻不夠陡峭，應該換為孝子山。

約一小時多的攀爬後，抵達岩石堆疊的西帽子岩。一路都在瘦稜和隱密的林中行走。西帽子岩約四百公尺高，是筆架山的精華。稜脊西側都是巨大的岩壁，氣勢磅礡，山形駭人。但是走在其上，只要小心並不危險。上了稜線，山林投不少。稜線上的植物主要以小葉赤楠、大明橘、青剛櫟等為多，一如附近其他山頂。松樹不多見，金毛杜鵑有一些。冬天時偶而會出現台灣根節蘭，也有豔紅鹿子百合的蹤影。

在稜線開闊處，回頭望著走過來的層層綠色山巒，或者往西邊鳥瞰，你將擁有超大視野的台北盆地。此外，不論向北、向東或向南，一層層的山巒，諸如烏月山、望高寮、四獸山、五指山、七星山、皇帝殿等，都相當清楚而漂亮。

繼續走約半小時，抵達炙子頭山，海拔約五百二十七公尺。有一座圖根點，頂上林木蔚然，而且有一個此行難得的寬闊腹地。它是這條稜線中大隊人馬最佳的休息地

筆架山山頂。

著名的鞍部麵店。

點,不妨在此用餐。再由炙子頭山沿稜線走半小時後,遇到一岔路口,右邊往櫻花谷出深坑。目前,登山人已經放棄走這條路。至於先前,炙子頭山的岔路,也難以發現。

循山稜線再往前,就是筆架山了。在此要繞岩壁,又要拉繩子走瘦稜,約半小時方能抵達。筆架山(580M)芒草和灌叢林立,視野不如先前山頭。

在此必須小心岔路。筆架山山頂有往烏塗窟的路線,之前也有往深坑的舊路,相當難行。最好由山頂攀繩索下行,繼續往前。約一小時,抵達筆架山和二格山之間的鞍部。例假日,這兒固定有一家飲食店,賣泡麵和炭燒綠豆湯等飲食。

從泡麵的地方往南,可以走到枋寮的北宜公路站,走產業道路約四十分鐘,亦可往北下抵草湳榕樹下的商店,約半小時可抵達,再走至貓空岔路。

鞍部的老闆娘建議,星期日時不妨趕搭貓空下來的小型公車。午後三點半,會有一班下山。(2000.9)

草湳榕樹下,是貓空、筆架山一帶的登山地標。

三峽大溪線

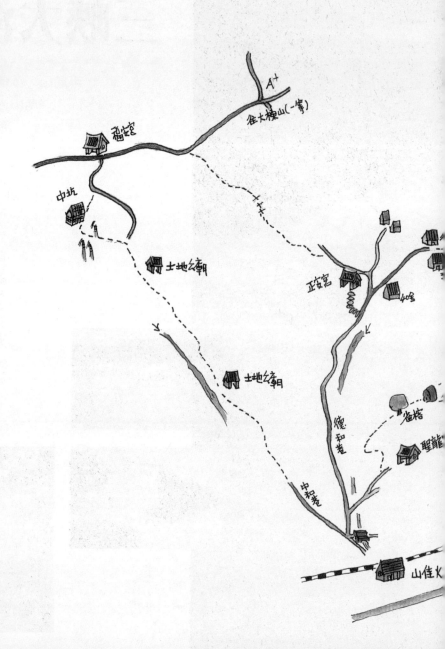

牛埔山、牛埔尾山縱走

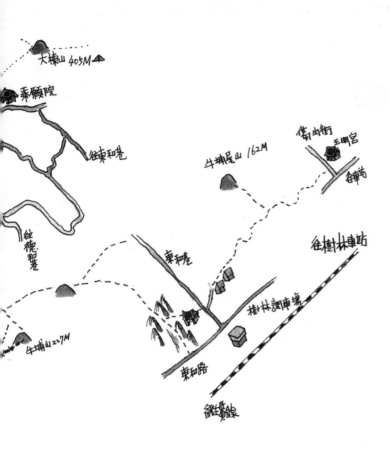

大棟山 405M 🔺

乘願院

往東和巷

往德和巷

牛埔尾山 162M

佳佃山街

玉田宮

往樹林車站

東和巷

樹林調車場

牛埔山 227M

東和路

縱貫鐵線

🔲 牛埔山．牛埔尾山．大棟山

■行程

最方便的抵達方式是搭乘火車，在山佳火車站下車。或由樹林車站反方向回去。

■步行時間

一、牛埔山

山佳車站 50分 福安宮 30分 正安宮 20分 牛埔山 30分 山佳車站

二、牛埔山、牛埔尾山縱走

山佳車站 5分 德和巷岔路 20分 千年龜 15分 牛埔山 45分 樹林調車場山腳

45分 牛埔尾山 10分 玉明宮 30分 樹林車站

■適宜對象

青少年以上為宜。

■餐飲

山佳火車站和樹林火車站有多家店面，最出名的當為博愛街口的「阿純麵店」，排骨酥湯和排骨酥麵是招牌。後站黑肉圓，以蒸式製作亦為地方特色。

一、山佳牛埔山

　　從台北火車站搭乘火車往南方旅行，牛埔山是最近的一座山頭，也最適合一個下午的曉班爬山。

　　當火車過了樹林站時，這座低海拔的相思林小山就慢慢地接近。首先，牛埔山的尾巴──牛埔尾山（162M）帶頭矗立在眼前。緊接著，因開墾過度而略微凸裸的背稜橫陳。之後，便是遠遠的仍有著蓊鬱林相

山佳車站

　　山佳站在1902年即設驛站，1920年（大正9年）改稱山仔腳驛。國民政府來台後，站名改稱山佳，車站站內軌道成～形，為其他車站所沒有。1902年10月7日，山佳站奠基開業，1928年站房改建，舊址約在現址北方五十公尺的山佳街37號前。目前現址的車站，建於1942年，是北部都會化水泥建築車站中，較具特色的車站，也是台北到新竹間碩果僅存的日式建築車站。它的售票口旁還有一幅空襲避難圖，無疑是早年留下的，正好畫出了山佳和牛埔山之間的關係。山佳車站不像其他車站那樣顯眼，它隱身於繁忙的中山路的小巷子間，周遭都是房子，若不是搭乘火車，並不易找到。

已有近百年歷史的山佳車站。

山佳車站收票口。

的牛頭。過了樹林調度站的機房後，火車停靠登山口的山佳車站。下了車，站在月台南端，朝北邊最高的山頭望去，牛埔山像牛角的山頭（227M）更加清楚了。

　　這是我初次旅行時對這座山的認識。之後再去時，多半就以這樣的接觸，慢慢地認識它。

　　建議你下了車後——通常是第二月台，不妨在山佳車站多逗留一會兒，欣賞這座日治時代維護迄今的古典小車站。有一回，我欲從鶯歌到那兒，買了車票，售票員給我的是鶯歌到樹林的，我說只到山佳，他說票價一樣，所以不賣鶯歌到山佳的車票，可見這是多麼不起眼的地點。

　　觀賞完車站，再跨過月台，前往中和巷。如果只是想小小漫遊，這兒有幾個倒8型的交叉路線，值得做為一般自然教學和親子健行的路徑。

山佳車站早年的空襲疏散圖，簡略地告知了附近山區的交通環境。

不論從中和巷、德和巷出發皆可。若是從聖龍宮的小徑前往，那兒也有二條岔路，能夠反方向走回，甚至走到樹林車站去。但若是要上大棟山，就得花上大半天的功夫來回了。

有一回，我選擇從最右邊的中和巷出發，準備繞最長的O型路段，從聖龍宮走回。沿著中和巷，前面有一段柏油路面，周遭都是鐵工廠。緊接著，狹小的水泥產業道路，僅適宜人行。從這裡起到第一座土地公廟，隨即進入相思樹的低海拔森林。過了第一座土地公廟後，產業道路消失，都是泥土路。

走在這條山谷的路線，乍時覺得像是走在六張犁福州山的山徑，林相近似。但是它的景觀更為複雜，因為旁邊有一條清澈的小溪，密覆在林子裡，隨時有小徑可下去戲水。水同木、稜果榕這類植物長得比較多。

有溪水、菜田，又有林子，這附近無疑是相當適合賞鳥的環境。過了第二座土地公廟後，前面出現開闊的開墾地，種植了許多油菜花。相信不久會成為菜畦，甚至梯田。附近也有不少廢棄的梯田，看來早年這兒曾徹底地開墾過。

產業道路繼續拓墾中。沿著山友的地圖插入左邊的小徑，經過隱密的竹林，抵

從山佳車站遠眺牛埔山，是典型的相思林小山。

達一處擁有廢棄石厝和石磨的農家，裡面住了一位傷殘的老人。再往前上抵稜線的福安宮。由公路往下眺望，清楚看到中和巷山谷的蓊鬱和青翠。大冠鷲和松雀鷹翱翔天空。沿著公路，往前六分鐘，抵達下德和巷的小徑。如果不下山，繼續往前可以走向大棟山（405M）。此山不高，山頂平緩，但放諸台北盆地西邊諸山，卻是唯一擁有一等三角點的山頭，展望亦不差。不過，東北邊的青龍嶺顯得更遼闊。

北台一等三角點山巒

　　台北盆地周遭的一等三角點大山並不多，登山人較為有興趣、方便抵達的應有如下重要的幾個：北有七星山、東為土庫岳(大坪山)、南為獅頭山，以及西邊的大棟山。此外，九份附近的燦光寮山也是著名的登山景點。大棟山是最矮而較不具知名度的一座，由山佳車站直接登頂，約一個半小時。

牛埔山山路上多土地公廟。

　　朝德和巷的山路下行，山林相更加隱密而蓊鬱，但無溪水相伴。這是我最愛走的一段林徑，只是稍為乾燥了。後半段都是走在相思樹的瘦稜上，有時還得藉助繩子輔助。大約二十來分，下抵正安宮。

　　正安宮座落於德和巷的山谷。巷子裡到處是廟寺，主要以土地公廟為主。一路至少遇見三座。附近有三合院和石厝屋傍山而立，可見附近開發甚早，相當仰賴牛埔山提供的自然資源。

　　要走上牛埔山，先要找到德和巷40號，接著沿左邊的巷子進去，由35、33號二處舊宅旁邊的小徑進入。附近產業道路錯綜複雜，必須小心辨認，沿著登山布條的指示，方能走上牛埔山。此後，走在西北支稜上，中途有岔路可前往牛埔尾山。

　　約二十分鐘後，上抵牛埔山山頂，這座小山（277M）上面有土地調查局圖根點。然後，繼續前行，過了陡峭的大石壁後，下抵聖龍宮登山口，回到山佳車站。（2001.2）

二、牛埔山、牛埔尾山縱走

再次搭乘電車從台北站往南出發，這回感受更強烈，彷彿一隻老鼠要離開長長的城市地洞，過了板橋，離開地下道時則像是走出洞穴，進入一個明亮的荒野世界。

吃完好吃的排骨酥後，仍按往常在山佳車站下車，沿德和巷進入。牛埔山在不遠的西北邊露出小小的一對犄角，果真像一隻牡牛。這回決定從聖龍宮登上牛埔山。上山的一小段似乎是未整修好的產業道路，寬闊得很。隨即進入竹林的隱密小徑，接著是陡峭的岩壁窄徑。

上回急著下山，並未記錄的事，這回清楚許多。第一處綁著許多登山布條的地方，一棵雀榕掛有書寫著「孔雀開屏」的牌子，樹形果真有那麼幾分神似。接著是千年龜，二顆巨岩緊密地結合。最後，抵達一線天。細觀此名來由，原來眼前有二條小徑。右邊瘦長的孤稜是主角，陡峭而險峻，攀爬較為痛快。上抵高處，下方鶯歌和三峽橫陳著一片美麗的大漢溪山水。

過了巨岩就是牛埔山頂（227M），上頭有圖根點。另外有一石碑，不知是否為墓碑，上面書寫著「玉鳳山玉西天……」，以下文字深埋土堆，不知為何，令人疑竇叢生。

繼續往前行，小徑寬敞，山頭乾燥，景觀如福州山之清爽。相思林為優勢植物，其他都是福州山亦能看見之尋常種類。五分鐘後，抵岔路，往右走稜線。蛛網密生小徑，走得很不舒服。山路顯然久無人跡。路況勉強清楚。稜線上芒草愈來愈密，老天！這樣的路，再好的心情都會走壞的！我有些後悔。好不容易抵達一處岩石高處，站在上頭視野遼闊，周遭風景盡攬懷中，稍解鑽動芒草叢之不悅。這時山區的酸藤和油桐花都盛開了，但是油桐花不多，主要是酸藤。

一路上也看到了茶葉之遺株，顯見過去這兒應該是茶園綿延起伏之地。山頂附近則有人栽種竹林，但顯然也荒廢許久。下了岩石眺望處，眼前有岔路，往左急下，可能通往山谷的產業道路。往右繼續在稜線上，但芒草叢生。

中途休息的小廟。

按手中的地圖指示，過去登山人都是走稜線，於是蕭規曹隨。結果不到五分鐘就懊惱不已，我陷入了高大的芒草叢裡，進退不得，幾乎難以找到小徑。只能依著殘破稀少的登山布條，辨識前方。

好不容易找到一處空地，赫然發現鳥網掛在空地上。一個獵人緊張地望著我。我向他探路。他狐疑地上下打量。結果，報了一條錯路。害我繼續回到芒草叢裡打轉，出了森林，繼續是在鳥網旁邊的空地出現。但我發現了鳥網盡頭旁邊有登山布條。很顯然，獵人不希望我看到這條路。順著這處稍微陰濕的小山谷，下抵菜畦和竹林地，聽到了些許的水聲。一路走了近二個小時，未曾聽到水的感覺，只是不停地流汗。聽著流水的聲音舒服許多。沿著不到半公尺寬的小溪溝，走出了林子，抵達樹林調車場。

接著，再轉入東和巷，準備上牛埔尾山（162M）。可憐，又是同樣的自然環境，勉強走到岔路，看見眼前稜線一堆芒草，雖知那不過是個小山，但日正當中，毫無登頂的意願，匆匆下抵備內街的玉明宮，輕快地走往有7-11的樹林車站。（2001.2.20）

鳶山光臘樹步道

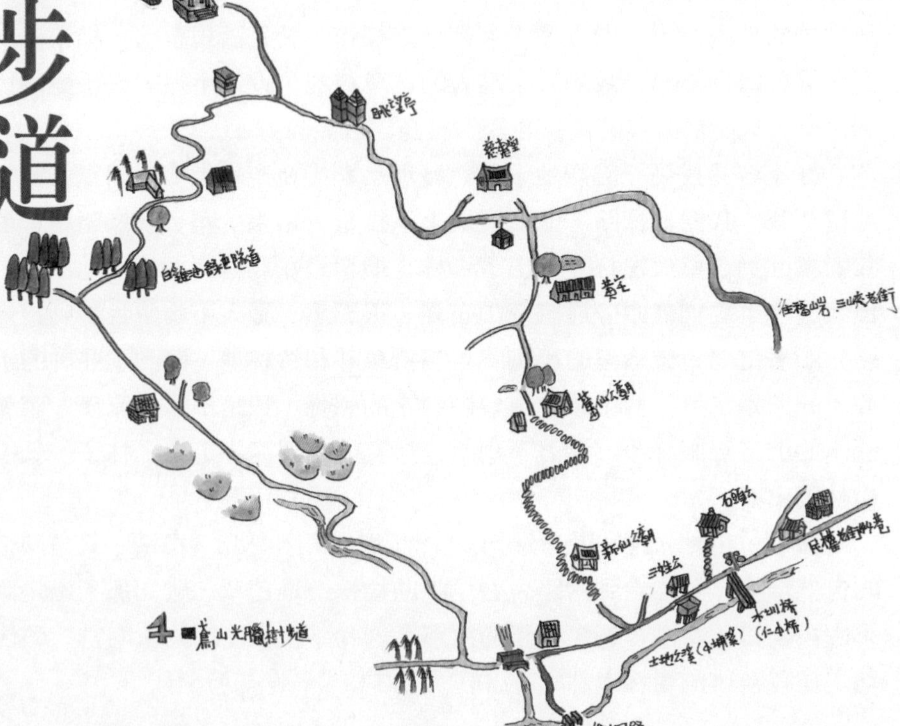

鳶山
鐘樓

晚逃之家

鐘聲塔

紫雲

白雞由綠更隧道

雙仙山廟

石頭城

民權街老街

土地公廟（中坪鄉）（仁和橋）

新仙女廟

三姑玄

往鶯歌・三峽老街

往焜同路

☐ 鳶山光臘樹道

漫遊資訊

■行程

北二高下三峽交流道，進入三峽市區，由民生街進入，穿過民權老街，建議在民權街144巷附近徒步進去。

■步行時間

民權街144巷入口 **5分** 新仙公廟 **30分** 鳶山鐘樓 **15分** 白雞油隧道 **25分** 三姓公 **5分** 144巷入口

■適宜對象

全家大小皆宜。

■餐飲

附近無餐飲，宜自備。

第一次探詢三峽到大溪百年前的陸路時，當地人就指著民權老街144巷的小徑，聲稱為當時前往大溪的古道。只是，這條古道前頭已經被現今的公路切割、掩蓋而多半消失。

一進入144巷，不遠處上坡，一間古意盎然的土角厝，緊臨著左邊的中埔溪。土角厝主要以稻穀和黃土揉合而成。

隨即來到岔路的土地公廟。廟前的小路僅容一車通過。從土地公廟起，沿著中埔溪的這條狹窄柏油路，被稱為「抗日古道」。如果你

岔路土地公廟，廟前即抗日古道。

對台灣史嫻熟，應該記得早年三角湧（三峽）和龍潭陂、大溪都是當時北部義勇軍的根據地。這條古道跟這些抗日歷史息息相關。古道二旁栽植著油桐，4、5月時經常落滿油桐花。

三峽民權老街一景。

過了土地公廟，座落在左邊，橫跨中埔溪的古老小水泥橋隱然現身。它叫仁中橋，T字型的獨特造型，顯見建築年代已經有一段時日。它不只是一條人行道，更重要的是引鳶山之水，灌溉對面菜圃和農田的「水圳橋」。

過了一處常有婦女浣洗衣物的小水澗。右邊山坡，沿石階上山，約五十公尺，有一石頭公座落。過去，一些營養不良或瘦弱的小孩，老人家常帶到石頭公這兒祈求，希冀長得像石頭一樣強壯。石頭公或大樹公是古老民間信仰的部份，多與養身成長有關。

再沿柏油路往前，一間大廟三姓公，左邊為較不顯眼的老伯公。這條路在早年開闢時，曾經發現三個無名的骨灰甕。開路工人擲筊請示，三位

古道旁邊的洗衣坑。

先人表示不願離開。只好就地建祠供奉，稱之為三姓公。後來，又有一座骨灰罈，稱之為老伯公。二座祠都為陰廟，后土（土地公）在左側。隔路的戲台子亦是還願信眾所建。

光臘樹。

再往前，過一農家小徑，眼前即光臘樹步道登山口。我想到了60年代三峽詩人黃景南的＜鳶山道中＞：

　　誰處風光媚，尋幽我獨行；
　　回頭三峽遠，濯足一潭清。
　　海上猶波浪，山中似太平；
　　鳶山靈氣在，時有彩雲生。

鳶山

車子若從台北方向走北二高，過了土城，遠遠地就看到左邊有一座單獨的大山矗立在地平線上，那是三峽的地標鳶山。如果小心地注意，山上有一座鮮明的黃色建築，即光復銅鐘的所在地。若從大溪北上，也會看到。

鳶山位於三峽的西南隅，因為形狀酷似一隻飛翔的鳶，故名鳶山。根據山頂的碑文記載，晴天時，只要登上鳶山，向東可眺望整個三峽老鎮，向西可以瞭望桃園，向南可以看到北插天山系，向北則環顧台北盆地，更可遠望及基隆。近處則可清楚地下瞰三鶯交流道，和提供自來水的板新給水廠。同時，可看到三條溪沖積而成的三角湧，橫陳於山腳。

此詩雖無法百分百寫實描述鳶山的自然景觀，但那情意還是很貼心的。上了坡，沒消幾分，逛抵古樸素淨的福山巖仙公廟。它和更山區的獅頭巖仙公廟，都供奉呂洞賓，一如木柵指南宮。後面的獅頭巖於1912年興建，因為日治時代戰火，被遺忘在荒煙蔓草間數十年。十幾年前，再重新建廟。福山巖則是晚近才興蓋。

沿福山巖左側步道上山，隨即進入以相思樹為主要樹種的森林，步道旁看得到山黃麻、江某、野桐、油桐和白匏子等常見樹種。林下的灌叢草本植物和蕨類多半也是常見的。走在林下陰涼而愉快，適合緩慢的自然觀察和散步。

舊的仙公廟有二棵大榕樹伴護著，旁邊還有小水澗供旅遊者洗濯。

通往鳶山的產業道路旁，當地小學生以坡壁作畫。

繼續往上，經過一些菜圃和柚子的果園，周遭蝶類不少，尤其是鳳蝶。一路走來，更是鳥聲不斷，幾乎低海拔山林和平野的鳥類都能記錄。昆蟲相也相當豐富，因為溪水和埤池不斷，蜻蜓種類不少。隨即來到大茄冬樹。茄冬樹旁為黃氏的紅磚古宅，年代並不久遠，多半成為豬圈。過了黃宅後，有一大水塘。

從舊仙公廟起，石階路消失，都是柏油路面。過了古宅後，柏油路面變寬了，偶有車輛出入，較不適合健行。抵達岔路後，轉左邊往慈惠堂行去，路面寬廣，山壁有三峽地區小朋友彩繪的有關三峽的建築和人文風物。這段路車輛較多，宜快速經過。

約莫十來分後，抵達稜線，那兒設有二樓高的觀景台，從這個方位，可以遠眺北二高和鶯歌地帶。再繼續往前遇有岔路。往右邊就是最高處的鳶山。山頂豎立一座「光復和平紀念」的銅鐘和勝蹟碑。勝蹟碑詳細地記載了鳶山的地形和特色。大銅鐘興建於1985年，紀念台灣光復四十週年。銅鐘重達六噸，據說是全台最大的一個。從銅鐘的稜線一直往前，崎嶇起伏，銜接鳶山堰步道。從北二高交流道往這兒看時，若看到一個小小的金黃建築佇立山頂，就是它了。

往左是另一條下山到光臘樹林的路線。從鳶山往下走，一路是窄小的柏油路陡坡，甚少車輛出現。附近偶而有農家和果園。最

常見的黃胸黑翅螢。

值得注意的是，一間無人的老房子，對面有一棵大蓮霧樹，夏天時經常結滿果實。獨角仙喜愛吸食光臘樹的汁液。從這裡到光臘樹林道，周遭的環境都是獨角仙出沒最為頻繁的範圍，其他甲蟲亦十分可觀。

光臘樹步道，附近多獨角仙棲息。

過了光臘樹林，路面變得較平緩，溪流淙淙，流過林相豐富的小山谷。野薑花林的濕地開始連綿出現。同時，有小塊梯田零散分佈。這兒還有不少沼澤的荒地，適合螢火蟲棲息。根據當地自然觀察者的經驗，夏日時，附近黃胸黑翅螢的活動非常密集，適合夜間觀察。

獨角仙

　　成蟲出現於5月至8月，生活在低中海拔山區。夜晚具趨光性。在北部山區、東北角福隆山區、石碇、坪林、烏來和三峽等地皆可發現。個人經驗裡，陽明山、五指山、南港山、觀音山等開墾較為密集或乾旱林區皆未有記錄。

出了產業道路，往左邊跨過浣洗衣物的小橋，隨即又接回抗日古道。如果往右邊繼續走，通往弘道里。北桃81（弘道路），一條沿土地公坑溪的山谷捷徑，那是通往大溪最短的舊路。（2000.8）

■**參考書籍**

　　林月娥等《來去三角湧》聯經 2000

　　三角湧文化協進會《鳶峰山下好家園》 2000

鳶山堰步道

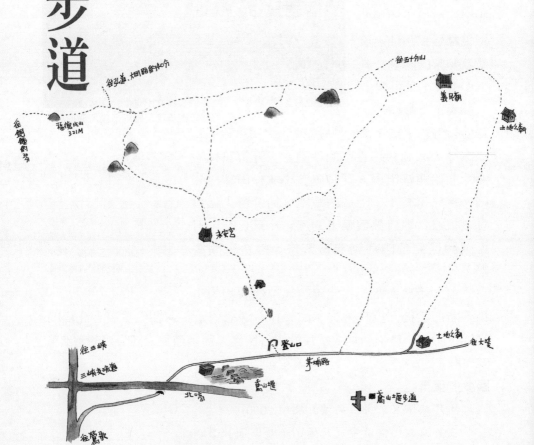

往弘道,大同路約40分

往五十分山

往銅鐘剳弙

福德坑山
321M

義順

土地公廟

水宮

往三峽

三峽及源道

登山口

土地公廟

往大埤

茅埔路

北二高

鳶山堰

鳶山堰步道

往鶯歌

■行程

開車自北二高下交流道，往鶯歌方向。下交流道至第一個紅綠燈回轉，走右邊雙向道柏油路，經板新給水廠，一直沿柏油路穿過北二高涵洞，約五分鐘後，過鳶山堰集水廠，隨即抵達永安宮登山口拱門。

■步行時間

永安宮登山口 **15分** 永安宮 **40分** 福德坑山 **50分** 義民廟 **30分** 山腳土地公廟

■適宜對象

少年以上皆宜。

■餐飲

登山口附近有麵攤、菜攤形成小市集，宜自備。

翠映吟眸酒一杯，醉看怪石欲飛來；

鳶形疑是神工鑄，醜態奇於鬼斧開。

左右山峰連作翼，陰晴雲氣噴成堆；

風光似此真佳絕，把筆題詩掃綠苔。

——林天送（台北三峽人，工詩。1950年代）〈鳶山〉

春　寒料峭的3月清晨，由北二高下抵三峽交流道。手上有一本《來去三角湧》的自然步道導覽，可惜地圖畫得不夠翔實，我開車摸索了一陣。還好公路只有一條，沿著山腳蜿蜒。過了北二高涵洞，再過二座廟後，抵達鳶山堰時，詢問當地路人，才確定抵達登山口的位置。

這兒離三峽鎮上仍有一段距離，來此爬山的人恐怕都得自行開車較為方便。登山口有三、四位攤販，販售著各種時令的蔬果和野菜。旁邊同時有一家流動麵攤，仔細看木櫃子裡的滷味，還頗新鮮。老闆似乎常在這兒做生意，顯見登山者不少。

鳶山堰步道，永安宮入口。

　　沿石階拾級而上，一路有登山人擦肩而過。石階旁有清澈的小水瀑，豐沛地流動著。上山遊客隨時可到一旁掬水洗手淨臉。周遭鳳仙花不少，其他多半是相思林下較潮濕的環境才看得到植物。這條步道位於鳶山西面，清晨時上山，直到早上十點，都不會被陽光曬到。鳥鳴上下傳來，都是常見的低海拔森林鳥類，稜線則有大冠鷲鳴叫。其實這很平常，在北部郊山，天氣晴朗時，任何一座小山都聽得到大冠鷲鳴叫。過了一間樸實無燕角的土地公小廟後，再半百公尺就是永安宮。

從鳶山下瞰鳶山堰和大漢溪平原。

　　二間廟寺都在登頂的路途，香火不絕。非例假日，初始看到登山者不少，還以為是輝煌的大廟。等到了終點，竟是和一般土地公廟一樣尋常，不甚起眼的小廟。過了廟後，山路就無石階。此時來到一處岔路，往左可以遠眺。我因而被吸引到這

個方向。登高望
遠，視野尚可。
鶯歌南方的城鎮
散落著，和一些
水田並排。這時
正在插秧期，水
田一塊塊暗灰著
冷光，和鳶山堰
的溪水相互輝映
著。

冬天剩下枯枝的油桐花林子。

　　繼續往前，
有攀繩可上石頭頂峰，或繞道而上。最後遇見岔
路，往右沿稜線緩步，過了福德坑山（321M），
有一處十公尺峭壁。陡下鞍部，即可邁步到大銅
鐘。那兒是鳶山展望最好的地點。

　　若往左，繼續沿砂岩稜線前進，路況尚可，
相當適合一般人。稜線有茶葉的殘株，可見早年
時這兒即有茶園存在。遇到一位路人，他覺得此
山風景近似石門山的小徑，但我覺得石門山之景
觀較為遼闊、粗獷，此間另有一番矜持和秀麗，

鳶山堰

　　過了板新給水廠約一·
五公里，就是橫跨大漢溪的
鳶山堰。那兒設有沖刷道三
門，溢流堰十八門。這水門
隨時控制，保持著一定的蓄
水量。但它不是用來做防洪
的運用，而是在不影響水庫
的用水下，有效地調配灌溉
用水源。同時，將石門水庫
下游未控制的流量水，配合
水庫洩洪。

難以比擬。鳶山堰在下，成為俯瞰時不可或缺的好景點。走在稜線時，
東邊盡是陰翳的相思樹林，右邊則有時會露出高點，適合小駐，眺望山
下鳶山堰的恢宏景觀。至少，有二處的視野值得逗留。二處都在稜線往
五十分山半途，一處是天然岩塊，一處設有人工椅子。從這二點下瞰，
鳶山堰猶如長江三峽大河之壯闊。心曠神怡之地，當此為最。

到了五十分山岔路口，往左繼續走到義民廟，陽光明亮。過了義民廟都是產業道路，旁有農舍和一些菜畦。續逢二座土地公廟後，輕鬆抵達山腳。往右穿過油桐樹。冬天時，油桐樹身只剩下枝椏高聳入天，頗有一番不同於「五月雪」花期的瑰麗。

這是一條陽春型的小徑，偶而無處可去時，花一個早上走走，或許能夠提神，鬆弛神經；若是消磨一整天的時光，倒是太浪費了。回程時不免開車繼續走偏僻的山路，繞個七、八公里的山路，往大溪方向走去。

從鳶山堰起，這一帶如今已經是水田和菜畦的環境為多，偶而有零星農舍和工廠。過去這兒叫茅埔，原為一大片茅草叢生的荒地。由於遠離鎮上，發展較晚，依舊保有淳樸的農村景觀。在接近台3線公路口，有一處傳統燒木炭的相思寮，不妨參觀一下，懷想相思樹林和人類之間的關係。（2001.3.12）

油桐

油桐是早年的經濟作物，主要做為油料樹種。但台灣並不生產油桐樹，原產於中國大陸。1910年代初引進，多分佈於人為開墾的造林處。其中以桃竹苗台地為主，土城、平溪和東海岸等地也種植不少。

油桐主要採其種子榨油。桐油為良好的乾性油，多用於塗料和油漆工業。油料也用於紙傘防水、擦亮銅器。由於材質輕軟，刨削加工容易，而且生長快速，也常供製作家具、箱板、木屐、火柴桿等材料。

往昔，每當油桐樹籽成熟落地時，很多小朋友就會手提竹籃或塑膠桶，穿梭於油桐樹下撿拾樹籽，然後再賣給收購的盤商以貼補家用。在桃竹苗地區，當時一斤可以賣五角。三、四十年前，過年壓歲錢也不過就是這個數字。

1977年，政府實施山地保留地，加速造林政策，油桐樹也是鼓勵造林的樹種之一。但由於現今石化工業發達，許多生活器具、包裝運送的箱板填補物和油料，多半由石化製品取代。加上工資昂貴，採收入不敷出，油桐籽和油桐材遂乏人問津，廢棄於山林。如今觀光旅遊興盛，「五月雪」之名應運而生。油桐森林會成為旅遊的自然景觀，或許是當年栽植者難以想像的情景。

鳶山腳下的著名炭窯，位於娘子坑農路和台3線交會口。

白雞山

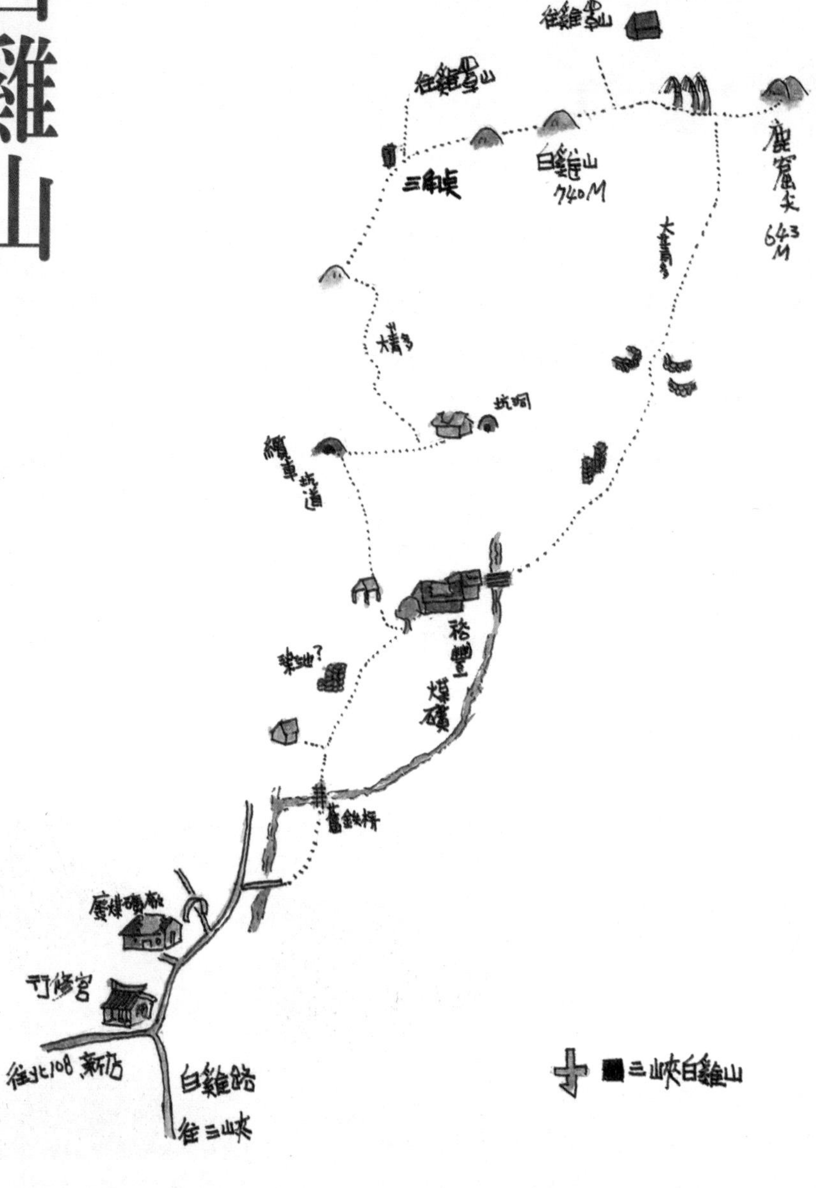
往雞罩山
往雞罩山
三角點
白雞山
740M
鹿窟尖
643M
大菁
大菁
坑洞
纜車坑道
裕豐煤礦
染池?
舊鐵橋
廢煤礦廠
行修宮
往北108 新店
白雞路
往三峽
三峽白雞山

漫遊資訊

■行程

從台北貴陽街、中華路搭往三峽的台汽客運或台北客運班車,在三峽站下車。或從新店搭往三峽的台北客運,至三峽下車即可。再轉客運於行修宮下車。自行開車,可由北二高下三峽,走台3線至大同橋前走左邊岔路往新店,直到行修宮。由最後民宅白雞山181號,往前至溪邊舊鐵橋邊到對面登山口。

■步行時間

行修宮 **5分** 舊鐵橋 **25分** 裕豐煤礦 **50分** 三角點 **25分** 白雞山 **25分** 鞍部

50分 裕豐煤礦

■適宜對象

青少年以上為宜。

■餐飲

附近無餐飲,宜自備。

受到小說家陳雨航70年代一篇小說＜去彼白雞之日＞的影響,對白雞山一直充滿好奇。這篇小說的內容其實和白雞山毫無關連,主要是敘述一位年輕老師到白雞國小教書的故事,但我總是想起白雞山。後來,在網路

白雞山登山口,座落著著名的行修宮。

上看到白雞山的介紹，簡短一句
「高度雖不高，卻有中級山的氣
勢」，更是嚮往之。

　　登山口在著名的行修宮右邊的
小徑。廟寺後是廢棄的洗煤場舊
址，以及一些煤廠舊辦公室小屋。
周遭也仍有住家，停了不少車輛。
走個五、六分鐘，抵達溪邊的登山
口鐵橋。在登山口，遇見一位居住
在此的年輕人，正要走此路到煤礦
區。經由他的介紹才知道，這是條
「古道」，以前運煤的小鐵道。

通往裕豐煤礦的廢棄台車道（流籠）。

　　跨過簡易的鐵橋，隨即進入隱
密的森林。一條潮濕而陰暗的小
徑，兩旁林木密生，在天空交會，
形成隧道般的景觀。猜想是早年運

裕豐煤礦舊宅。

煤時台車軌道鋪設所形成的。我的二個孩子走在前，那畫面竟像是攝影
家亞當‧史密斯的經典照片「兩小無猜」的景象。

　　一路上都看得到廢棄的鐵道和轉輪、油桶等物品。小徑旁還有廢棄
的廁所和石厝房子好幾間。蔓草萋萋，荒蕪如歷史古跡。過了寬闊的運
煤簡便鐵道橋，有一岔路往左，抵達一戶人家。繼續往前，景觀如前。
大菁甚多。約莫二十分鐘後，抵達廢棄的裕豐煤礦宿舍和辦公室區。素
樸的木屋因年久失修，加上已經廢棄，顯得髒亂。房子裡仍殘留許多早
年破舊的物品，諸如運煤車、記事本、頭罩等，甚至是工廠維修的零
件，到處散落。我還看到，一張員工的保險記錄單。記錄了工作員工的

三峽行修宮和裕豐煤礦

　　白雞行修宮位於三峽白雞山腰，是行天宮的分宮，廟貌樸實卻氣勢恢宏。廟內主要供奉關聖帝君，殿宇高大，廊柱渾圓。在門廳之後有廣大的拜亭。平時香火鼎盛。行修宮地理環境優雅，林木蓊鬱。春天時滿山遍開杜鵑花。冬日則是梅花盛開。山頂處又有蓊鬱的松林及相思林，因而被列為三峽五景。

　　行修宮的創辦者是樹林人黃欉，道號玄空，信徒尊稱為玄空師父。1941年時經營海山二坑煤礦，礦業界聲譽卓著。在偶然機緣下，他從其兄長黃火新手中，拜讀到《關聖帝君應驗桃園明聖經》，深受感動。於是將位於三峽白雞的辦公室，挪出部份空間，奉祀關聖帝君，設立「行修堂」，開放讓員工燒香、朝拜。1945年當地流行性感冒肆虐，不少人甚至喪生。巧合的是，自從供奉關聖帝君之後，疫情減緩，靈驗之說，逐漸傳揚。

　　四年後，他更捐出辦公室旁的一塊空地，獨自斥資興建「關帝廟行修宮」。從此板橋、三峽、鶯歌、桃園等地信眾，紛紛湧進白雞行修宮。日後，黃欉放下正值巔峰的事業，把資金、心血全部投入蓋廟，成立三峽行修宮外，並蓋了北投行天宮、台北行天宮。三峽恩主公醫院則為其哲嗣所創辦。

煤礦辦公室內的荒廢情形。

近況。上面記錄的員工多半是民國25、26年生的人。最後一位到此報到者在1992年。那意味著，這兒最多不過廢棄十年。

　　我們在那兒待了一陣子，尋找各種有趣的煤礦工使用的物品。就不知這處煤礦和行修宮的關係如何？從地圖研判，應該就是海山二坑忠義煤礦。根據新聞報導，2000年時，尚有數十位員工，它和隔壁插角的利豐煤礦才要關閉。

　　半甲子前（1973年），謝永河在《野外》雜誌寫過一文〈白雞山上的岩壁〉，開頭則是如此描述，足以呼應我的見聞：

　　從白雞行修宮暨白雞山莊大飯店旁邊，順著流廊軌道上去，經一、二及三段而抵海山煤礦（現在改名為忠義煤礦？）辦事處和員工福利社，再上一段就達流廊終點，也就是煤礦坑口。

　　謝先生所描述的「大飯店」，早已因礦廠關閉而歇業，至於「流廊」，就是運煤的輕便車道。

　　廢棄的廠址是白雞山一個O型步道的起點。沿著左邊運煤的小徑繼續上行。不久，看到了一個轉動纜繩的機器擺置在礦坑凹洞裡，用來拉動台車上山。台車鐵道在此轉彎結束。附近又有幾家廢棄的住屋和大坑洞，正是謝先生描述的「流廊終點」。

　　旁邊有一天然石階小徑，往上陡升。一路蹬蹬，附近仍有許多大菁。上了陡坡，附近林相潮濕。由於附近水勢不小，大菁到處繁衍。我大膽研判，早年這兒想必也是大菁的採收地，恐怕也有染料池。從陡坡登山口上山，過了溪澗，再上抵稜線，花了約半個小時。

　　再走個片刻，遇見一三角點石柱，有岔路往雞罩山。左邊的路途較遠，而且未綁布條，決定順著右邊的山徑前行。稜線上一路都是密生的

三峽藍染最近成為熱門的旅行活動。

白雞山野牛基石。

芒草，鑽出後赫然發現，竟有不肖獵人偷偷地懸掛巨大的鳥網。所幸已經被拆除。通常，佈置鳥網的地點多半是稜線的鞍部。

最後，來到一處巍峨的巨岩下方，這裡大概就是「雞胸」了。辛苦地垂直攀岩，方才爬上了兇險的白雞山頂峰（740M）。頂峰有顆野牛基石。頂峰展望開闊，南邊有雞罩山矗立。它和白雞山、鹿窟尖是這兒著名的三山，認識三峽山區的主要山頭，也是熊空山、達觀山的前哨。

頂峰太熱了，在頂峰西邊的小樹林空地休息用餐。餐畢，往鹿窟尖下行，約二分鐘後，遇到一處三叉路。左邊往雞罩山，右邊往鹿窟尖。採右邊的稜線繼續往下走。十來分後，看到南邊的山坡栽種了不少竹林產業，不遠處有農家的鐵皮屋。

繼續在稜線旅行，約莫一刻，抵達稜線岔路。在那兒遇到一隊台電員工的登山隊，他們從鹿窟尖過來。左邊往鹿窟尖，山頂同樣有大岩，約要二個小時來回路程。右邊急陡下山，回到裕豐煤礦廠。

下山的路愈加陡峭。在前引導，竟不意摔了二次。硬是把背包內的萊卡相機都震壞了。這兒也是大菁蓊鬱生長的地方，到處都有駁坎的遺跡，以及住家的殘留牆壁。還有一些類似炭窯和染料池的土壁形容。四十分鐘左右，跨過一座小橋，回到裕豐煤礦。（2001.6）

五寮尖

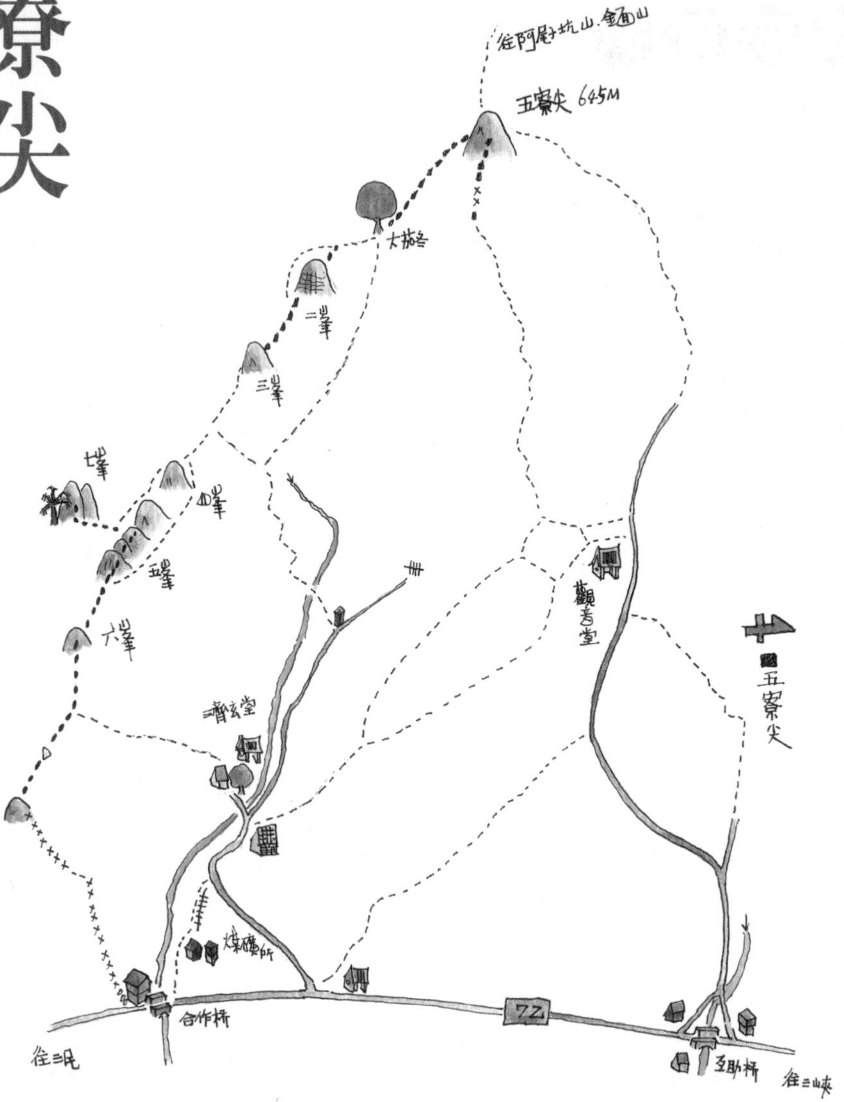

往阿屘坑山.金面山
五寮尖 645M
大茄苳
二峯
三峯
七峯
四峯
五峯
六峯
觀音堂
五寮尖
濟玄堂
煤礦所
合作橋
72
往三民
互助橋
往三峽

■行程

從北二高下三峽鶯歌交流道，往三峽，循滿月圓招牌，接台3公路往大溪方向，車行不久到大埔，左轉7乙公路，約三公里處，可以看到濟玄堂招牌，右轉抵寺廟前，即為登山口。或搭台汽大溪－台北班車在大埔站下車，轉往滿月圓的台北客運，在合作橋下車。或直接開車前往合作橋。

■步行時間

若從合作橋爬所有峰，下互助橋約三個半小時。若從濟玄堂攀爬，左轉回到濟玄堂約二個半小時。

■適宜對象

在五寮尖攀岩十分驚險、刺激，儘管目前的稜線都有繩索和鐵架，過去這兒還是發生過數次意外。若是帶孩子來此爬山，最好要謹慎。青少年以上為宜。少年朋友不宜走裸岩之稜線。宜備麻布手套。

■餐飲

只有合作橋和互助橋才有飲食店。

北台灣大眾攀爬的郊山路線裡，最險峻的岩場莫過於五寮尖了。當我站在三峰的斜峭壁頂、二峰的蜘蛛壁崖，或主峰的山頂巨石，回首鳥瞰四峰、五峰、六峰等山頭時，那兒都展現各個角度的崢嶸，不只擁有黃山的奇險，更有台灣高山的峻峭。

　　縱使在平地，也一樣非凡。我們從三峽到五寮的公路上，往右邊仰頭抬望，首先看到的一座山峰，形狀像奇特的鳳髻，那就是五寮尖了。

　　它的走勢向西綿延。這一系列鋸齒狀尖的山群叫五寮尖連峰，共有七座。分為主峰、二峰、三峰、四峰、五峰、六峰和七峰。現在最高的

從五寮遠眺五寮尖，山勢嶒峻、巍峨。

主峰山頭叫龍鳳山（645M），以前也有人依地形之樣態，稱為鳳髻山，更有叫九龍山、湊合山者。山名之多，北台罕見。五寮尖繼續向西，最後孤高獨立的是鳥嘴尖，又名金面山。但一般人登山少有如此縱走者。

五寮尖因位於五寮村北邊而得名，五寮村則有五寮河經過。以前這一帶曾經為煤礦區，如今已經廢棄。根據80年代初的謝永河《北部郊山踏查行》一書的記載，可能日治時代的五寮就這樣了：

五寮村道路未拓寬以前，路上有條軌道縱行，用人力推車，運搬插天山中的木材、大豹的紅茶、金敏子的煤炭，和沿路的山產水果外，還兼載客人。……距今有三、四十年了。

北地山區原住著大豹社、詩朗社、哈盆社……等山胞，後來三井農林社為了開發山區種茶，從大溪、桃園、中壢、鶯歌等地僱用平地人來屯墾。

五寮尖的主要登山口有互助橋、濟玄堂和合作橋三處。合作橋為主要登山口，橋兩頭皆有登山口。一般的識途老馬都會選擇

廢棄的三峽煤礦台車道。

三峽煤礦的舊廠房。

三峽煤礦更早時叫林皆勤煤礦。

合作橋雜貨店旁的石階上山。這入口看似狹窄、陡峭，無啥看頭，但一上了石階，就是一番險峻天地漸次展開。最符合攀岩的暖身。然後，漸次上爬。

　　如果從合作橋另一端上去，一路則可看到一些煤礦的遺跡。約一百公尺可看到林皆勤煤礦所在地，後來此礦改為三峽煤礦。目前，尚留存著一些煤礦機器、典雅的舊屋和石柱。通往濟玄堂的路上仍有輕便鐵道和鐵纜殘存。

　　有人將這裡和皇帝殿並稱北部二大岩場，是山友學習爬岩的好地方。謝永河曾描述龍鳳山岩壁有四季蘭，夏季開花。但我去了三回，都未在稜線注意到，猜想可能已經被採光了！另外，他提到，其中一段種茶，茶樹荒廢。我自己攀爬到

從六峰起山勢變得險峭。

六峰稜線的空地時，果真看到殘餘
的少數茶樹。

一、從濟玄堂上山

五峰是一條孤寂而嶢屼的山徑。

　　如果時間有限，可以選擇濟玄
堂登山口，做為O型的登山路線。

　　有一次，從濟玄堂右側上山，
走出旁邊的小雜貨店，過金圳橋，
沿產業道路上行，右邊有一石屋。中途左側又有一木橋，書有「古道」
二字，亦有通路上行。

　　未幾，抵達彎路，右邊有一石柱，從那兒下溪谷，沿溪上溯攀爬，
一路不時有卵石石階；周遭可看到廢棄的石厝、大菁和桂竹林，顯見這
兒早年就有住家在此活動。約四十分後，遇見一岔路。若往上，可抵達
三峰和四峰交會的鞍部。繼續往前抵達二峰和主峰之間的鞍部。除了主
峰外，其餘諸峰都有刺激的攀岩行程。

　　最為險峻的一座是五峰。從四峰攀岩上去後，五峰為一近乎
垂直的大石壁，必須攀繩而上。若無勇氣者不妨走右邊山壁
的安全步道，可安然避開稜線的縱走。

　　上抵崚嶒瘦長的稜線後，稜線有輔助繩幫忙
山友走過。這兒視野遼闊，清楚看見周遭山巒。
然而，此一峭壁亦相當嚇人，猶若站在大船頭，
下方即為萬丈深淵。若無這一排稜線的長繩，相
信敢於冒險者幾稀。過了此一險絕瘦稜，之後又
有連續的稜線攀爬，但情勢較為緩和許多。從五

煮桂竹的筍爐。

峰也有長繩下至山腰，再爬到嶙峋的七峰。膽量大者不妨冒險。從七峰眺望整個稜線，五寮尖其他山峰，崢嶸一列，山勢磅礴。

經過六峰後，山徑開始下行，抵達竹林時有一明顯的岔路。往右回到濟玄堂，約莫二十分鐘。若往左陡下，可抵合作橋。（2000.5）

五峰現在築有欄杆保護，卻壞了自然的山景。

二、從合作橋上山

多數山友喜歡從合作橋上爬，約三小時可下至互助橋。一般咸信這條不斷往上的路線是五寮尖縱走裡最為刺激的方式，因為有著不斷越峰的樂趣。至於，從互助橋上，就跟一般郊山相似，下山時才遇到岩場，攀岩的樂趣較少。

從合作橋上山，一開始就是陡峭的攀岩，不時緩坡後，出現一段手腳並用的攀岩。有時旁邊還有繩索輔助，但也可捉住樹根而上。每上抵一段岩壁，就有一處良好的展望點，可以下眺三峽附近的平原山谷，視野一直保持良好的狀態。

儘管上抵稜線，那兒仍舊有許多桂竹林，以及茶樹殘株。下龍鳳山時還可看到柑橘林，顯見這兒甚早就開墾了。有一回，冬天去時，稜線都是山紅柿和青剛櫟的果實，同時有許多烏心石的花瓣。

抵達六峰之前，山路和濟玄堂的岔路交會；然後才抵達六峰。從六

四峰一景最為高聳。

峰起，幾乎每一處高聳的岩塊旁邊都有安全步道，登山者可考量安全，
選擇適合的路線。尤其是在四峰、五峰和七峰之處。五峰嶕嶢，是條孤
寂的背脊稜。四峰則嶮巇，猶若鐵達尼號之船首。唯七峰有明顯的黑
松、杜鵑為伴，最為孤立而雄奇，亦不容易攀爬而上。這些路線都必須
使用繩索上下。從七峰望過來，六峰和四峰一線，連綿成北台郊山最瑰

從七峰遠眺四峰。

麗的岩場。人在其上，猶若蟻過門楣。

　　從四峰有幾條粗大的輔助繩，讓登山客可以爬下近七十度的陡峭岩壁，相當刺激。爬上五峰的岩壁亦是一個有趣而危險的挑戰。過了三峰和四峰的交會點（一塊可以紮營的空地）後，又是另一段險峰的開始，這兒有三峰瑰麗的斜坡峭壁，以及不遜於五峰的二峰蜘蛛壁。蜘蛛壁顧名思義，懸垂了如蜘蛛網般的登山繩──似乎沒有必要如此誇張──好讓登山者同時攀附而上。旁邊也有小道供不適合者輕鬆而行。

　　過了大茄冬樹後，就是攀爬主峰的陡峭岩壁。主峰視野最為開闊，天氣好時，不妨稍事久留，一覽周遭景觀。那兒有一顆日治時代總督府三等三角點。

　　從主峰下山，還有好幾條路，可以回到原先的岔路點，亦可走新路下抵互助橋。下行的山路並無較特殊之處，但岔路不少，最好看著登山布條走。不時有產業出現，中途可在觀音堂休息、吃泡麵，喝川七茶。再順著產業道路旁的小山路下山，抵達互助橋。從主峰算起，約一個半小時。（2001.2）

五寮尖主峰有一總督府三等三角點。

金敏子山

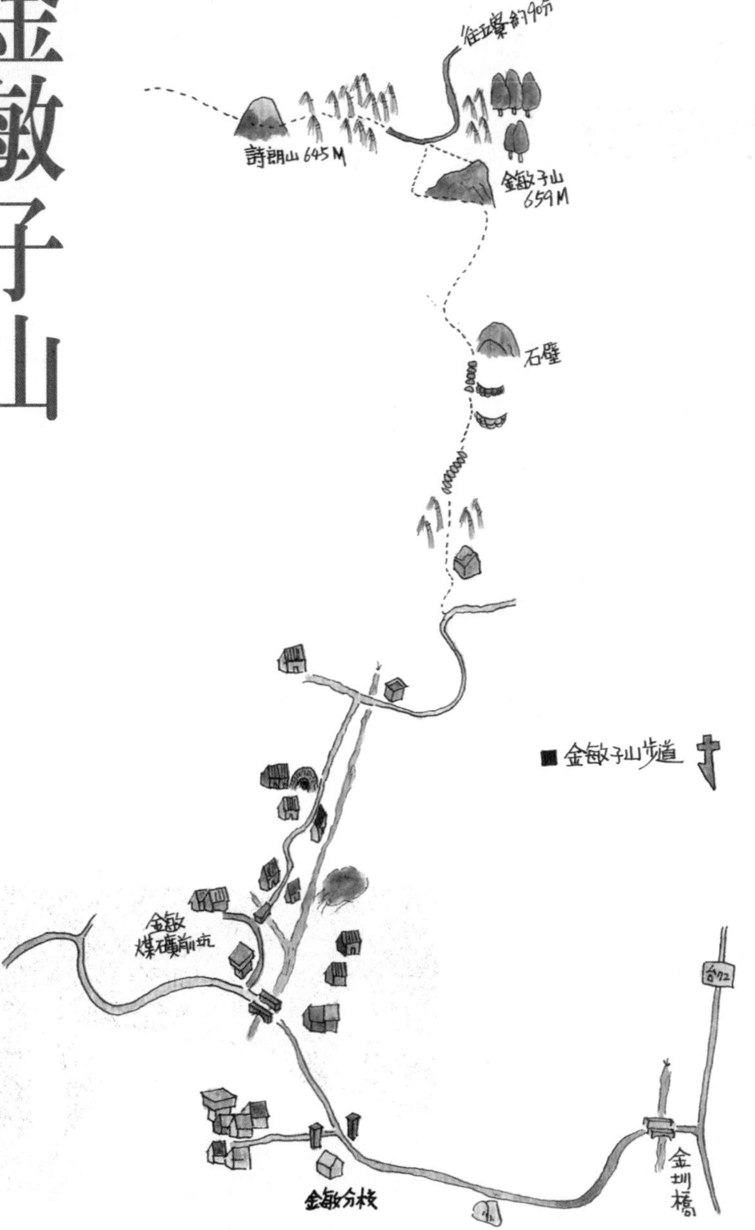

詩朗山 645M

住五寮 約90分

金敏子山 659M

石壁

金敏子山步道

金敏煤礦崩坑

金敏分枝

金圳橋

台72

漫遊資訊

■行程

開車沿台7乙線,到金敏煤礦前坑。或在三峽搭乘海山客運往三民線班車,在金圳橋金敏站下車。

■步行時間

金圳橋站 __10分__ 金敏分校 __10分__ 金敏煤礦前坑 __50分__ 石壁 __20分__ 岔路 __8分__

金敏子山 __10分__ 詩朗山 __50分__ 塞口山

■適宜對象

青少年以上為宜。

■餐飲

附近無餐飲,無雜貨舖,宜自備。

有回和山友黃福森聊天,他曾告訴我,內詩朗山風景不佳,不若金敏子山的氣勢。初始,抱持著猶豫。秋末時,有一回剛好沿此路線旅行,在選擇山頭攀爬時,還是先挑上了內詩朗山。原來,被五寮這個小鎮先吸引了。再者,外詩朗這個平埔族的地名,也讓我充滿奇特的想像。

只是過了五寮橋後,竟是尋不著正確的路線,一如上回探尋金平山,沿著外詩朗產業道路,一路白白摸索了好一陣,最後回到金圳橋,無奈地,選擇了單攻

進入金敏煤礦前有二支廢棄的水泥柱。

金敏子山下的煤礦工住家，以砂岩和紅磚屋修築而成。

金敏子山。

　　過了金圳橋，一條平緩的產業道路沿著山邊蜿蜒而入。無疑地，這是一條運煤的輕便鐵道。須臾，抵達金敏分校，一間暗灰的水泥房，三、四間校舍，小小的操場不及一個籃球場。不久，過了一對廢棄的水泥門柱。據說這兒就是早年金敏煤礦社區的大門，旁邊的房屋就是福利社。金敏原名叫金敏仔，早年為泰雅族人居住的地方。

　　金敏煤礦於1968年開工，吸引了近二千位挖煤礦的人來此定居，包括原先定居於此的泰雅族人。此後，金敏成為三峽重要的煤礦代表。煤礦、柑橘和桂竹等也是台7乙線上重要的物產代表。70年代後，煤礦開採沒落，這兒又成為一個人口嚴重外移，凋零且荒涼的小村落。

　　從水泥門柱左邊岔路下行，抵達過去礦工居住的社區。現在仍保持過去的紅磚厝和砂岩石厝房舍，僅存十來戶人家在此生活。

　　右邊上行，往礦坑。過了一座橋後，在金敏煤礦前坑處的大樹下停車。

從登山口遠眺金敏子山。

金敏子山稜線的桂竹林，頗有一般中高海拔竹林之幽祕情境。

往右邊的山巒望去，赫然看見金敏子山以危岩高聳之姿，醒目地鶴立於群山之間。當地人又稱為白石鵠山。三峽三金之一。其他二山為金平山、金面山。金敏子山因無煤礦礦源，是社區內少數未曾開挖的山，也是金敏的精神指標。相傳當時金敏大豹社的泰雅族人多生壯丁，是拜此山之靈氣所賜。此山也是金敏社區水源地。這時，我猶如大夢初醒，驚見一山頭的非凡。登山老手的話果然不假，我慶幸自己選擇了這條登山路線。

村子最近因納莉颱風，溪邊發生土石流，又毀掉好幾戶人家，整個環境滿目瘡痍。不過，礦坑依舊完好，只是塵封了。另外，煤礦小屋依舊掛著當時的開礦工守則木牌。一時間彷彿仍嗅聞得著昔時的礦村之味。過了村子的小橋，循產業道路往前，未幾，左邊有一條竹林小徑，綁滿登山布條。由此小徑一路孤上，直抵山頂。

這兒的竹林大抵是桂竹。據說麻竹也不少，但我始終未發現。竹林後有一間廢棄的屋宅，周遭仍有許多開墾的菜田和農

民國57年金敏煤礦股份有限公司坑內規章的告示木牌。

作。但繼續往上走，都是原始的林子。這兒緊連著外詩朗，幾乎多數山頭都是竹子，能夠看到原始的森林並不容易。不過，走在小徑上，不少段落都有石塊駁坎。很明顯地，這兒早年也是產業之地，石塊是當年農耕者所堆砌。不久，我亦發現了一階階的駁坎，沿著石階並

途中遇見冬天時盛開的穗花蛇弧。

排而上，直到大石壁。大石壁是中途的一處開闊休息地。

　　過了大石壁後，產業遺跡就少了。山勢依舊陡峭。山奈雄蕊開花長了不少，小徑上到處可見。外來的西瓜草也不少。原本以為會有一場刺激的攀岩，事實不然。等抵達另一處大山壁後，開始東走，奇怪地腰繞石壁而行，出口竟是一條登山稜線。稜線上緊貼著一條載竹筍的產業道路，下接原先我們欲上來的外詩朗。知道此一微妙，想爬內詩朗山的樂趣自此消減不少。

　　要登上金敏子山，還須走上另一條小徑，大約六、七分鐘就可抵達。這兒種植了不少竹林和杉樹，景觀截然有別於先前。半途有一處小懸崖，生了一棵高大的松樹。那是俯瞰金敏山谷最漂亮的地方，只可惜濃霧迷離，四顧茫茫。山霧瀰漫間，山頂無甚可觀（659M），連個圖根點都沒有。

　　回到稜線鞍部，在那兒用餐，接著再前往外詩朗山。此段行程也是七、八分鐘的路線，山頂有個圖根點（645M），展望不佳。一路穿過霧氣濕重的桂竹林（或是孟宗竹）。竹林的高大和整齊，不禁讓人想起溪頭孟宗竹的雅致景觀。當然，它也和溪頭的孟宗竹林一樣，充滿肅殺而死寂的氛圍，幾無鳥蹤。（2001.11.14）

內詩朗金平山

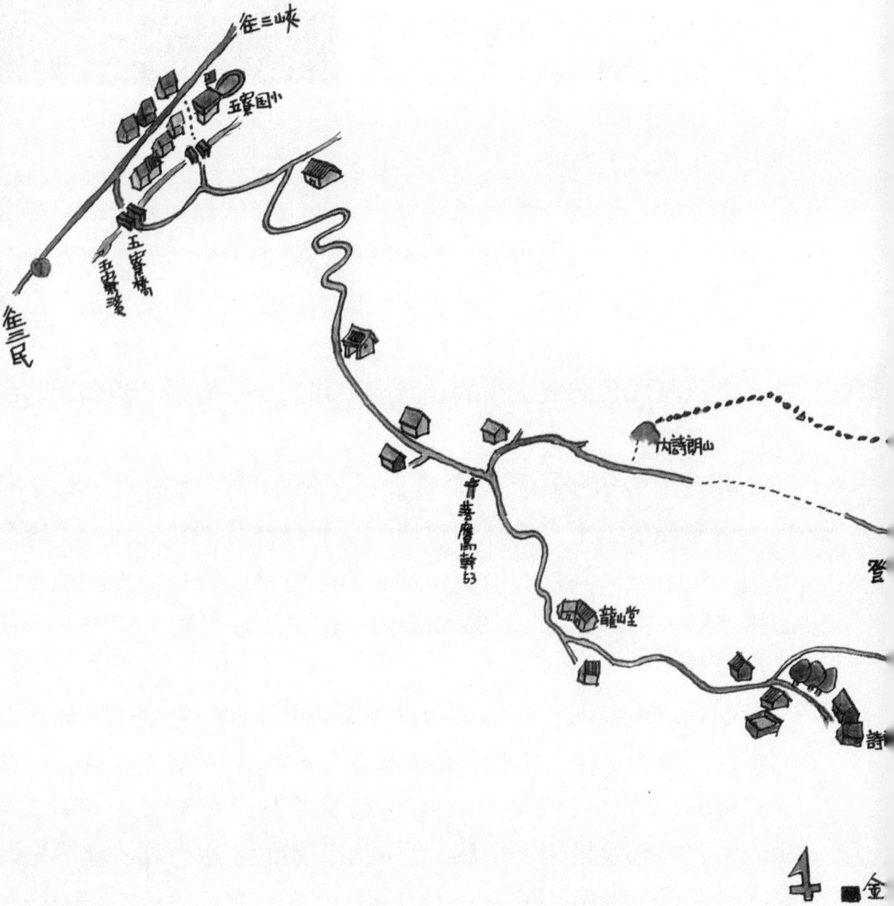

往三峽

玉寶國小

玉寶橋

往三民

內詩朗山

龍山堂

詩

登

4 金

漫遊資訊

■行程

搭乘三峽海山客運在五寮站下車,過狹橋,或開車走台7乙線到五寮,由五寮活動中心,過五寮橋,約二、三百公尺後,遇岔路,走右邊產業道路,至落鷹桿53農宅下車。

■步行時間

一、

五寮站 **20分** 落鷹幹53 **30分** 內詩朗山岔路 **60分** 登山口 **90分** 金平山

二、

登山口 **20分** 詩朗56號農家 **20分** 落鷹幹53

■適宜對象

青少年以上皆宜。

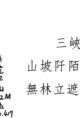

■餐飲

五寮附近有一家餐飲店,宜自備。

　　三峽三大名山之一,昔日屬於困難途徑,現車通大豹,山坡阡陌,墾植柑園,闢有明徑迂迴通頂,攀登不難。山頂無林立遮障,視界遼闊,展望之佳,氣勢之雄,堪稱翹楚。

　　　　　　——林蔡娩編《登山手冊》台北市登山會(1970)

從台7乙線三民下行時,看到金平山巍峨而黑暗的大山之形容,總會怦然心動,冀望著有朝一日能夠親臨

山胡椒

　　山胡椒，樟科。落葉性灌木或小喬木。泰雅族人稱為馬告，台灣山麓丘陵地至中海拔山地闊葉林或矮生林內自生常見植物，尤以伐木後墾地多見。山胡椒嫩葉被絹毛，成葉後光滑，互生。葉片披針形或長橢圓披針形。上面暗綠色，下面粉綠色或灰白色。花先葉或同時開，雌雄異株，果實為顆粒狀。

　　平地漢人沒有使用山胡椒的報導，原因可能是平地沒有這種植物。在山地，只有泰雅族、賽夏族、鄒族使用，因為他們的分佈區域有大量的植群。但目前年輕的一輩，只有少數會享受這種美味。山胡椒主要的用途是做調味品。通常，有三、四種食用法，一般人或可參考。

　　第一，烤肉時，將果實夾在肉片一起烤，或者，將新鮮山胡椒顆粒打成醬，塗抹在烤熟的肉片吃，或者把山胡椒曬乾，直接加在烤好的肉片上。第二，將果實曬乾打碎，塞到魚肚，然後用油炸過。第三，把新鮮果實浸鹽水，或佐以醬油，配稀飯。亦可拌入地瓜稀飯。第四，將嫩箭竹筍用滾開水川燙過，直接沾山胡椒汁。此外，它的花期長達三週。掉下來的花蕊，還可以拿來泡茶，氣味芬芳。

春初時花朵盛開的山胡椒（馬告）。

山胡椒。

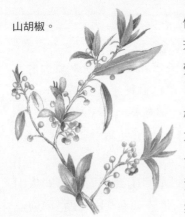

　　山腹，探看這個傳奇的山頭。但第一次去時走錯了路，轉而去拜訪金敏子山和金敏煤礦。第二回才摸清了路況。

　　抵達五寮後，再次經過五寮橋。繼續往前。未幾，遇岔路，就得右轉了。若繼續走，就像上一回，駛到外詩朗去了。以前的登山人若沒有自用車，比較辛苦，可得從五寮國小旁的小徑走過小橋到對岸。

　　五寮溪上的五寮橋，是一座鋼筋混凝土橋，興建於民國61年2月。五寮溪以產黑石、梨皮石和木石著名。尤其是五寮黑石，色澤渾厚，更以質地堅硬而馳名，媲美瑞芳黃蠟石和花蓮大理石。但我來了幾回，始終無機緣停留，下去撿石。

　　往右邊到內詩朗的產業道路十分陡峭，並不好駕駛。但卻迎向另一個意想不到的美麗自然世界。過了土地公廟後，沿「落鷹幹」電線桿到50號左右，附近有幾戶農家。我們在那兒停車，開始下來進行O型路線的健行。

　　不過，天氣昏暗，附近山頭一片烏雲靉靆，即將落雨，我們沒有把握是否上得了金平山。

　　由落鷹幹53左邊小徑上山。沿產業道路前進，旁邊多半是廢棄的產業，種植的檳榔樹葉泛黃而荒涼地林立著，看來水土不服的樣子。近年來，五寮山區以桂竹筍著名，這兒的桂竹面積果然遼闊，但有些地方似

被雲霧遮掩的金平山，從台7乙公路上遠眺時，有著巍峨雄峙的山勢。

乎亦無人管理。

沿路不時出現滿樹開著淡黃色花朵的山胡椒。以前未特別留意這種植物，這回大概是走在開墾的產業道路旁，一叢叢淡黃的花，流露了它的蹤影。這種中型低矮的喬木特別多，無疑是這條山路的優勢族群。我還發現了金棗、王瓜這些較特殊的植物。

山胡椒，在泰雅族人生活的食用物種裡，往往意味著充滿生機的意義，足以帶動周遭環境的生氣盎然。記得植物學者陳玉峰曾撰文研判，或許是它的調味功能，可以感染、連結其他食物吧，因而衍生出生命之間相互啟發的作用。老一輩泰雅族人遇見山胡椒時，往往也格外高興，總不忘採擷備份，帶回部落和族人分享。最近在尖石鄉訪問，還看到山胡椒咖啡的出現，顯見這種民俗植物也已邁入現代化了。

再往前，產業道路都荒廢了，芒草叢生。路不易辨認，我們錯過了內詩朗山。好不容易穿過一處芒草林的小徑，抵達開闊地，金平山迷人的三角狀赫然出現於路途中。往右俯瞰，五寮往三民的7乙公路，桂竹林遍佈起伏的山谷，淡淡的灰綠之色，自有一股漂亮的荒涼之美。

隨即遇到一輛小發財車，裡面有二個採竹筍的婦人在睡覺。約莫四十分鐘左右抵達水塔和水泥橋登山口。

油茶樹

油茶樹俗稱苦茶。它是台灣主要本土食用油料樹種，過去常有人種植。其樹終年常青，茶油色清味香，是理想植物食用油，亦是素食調理聖品。現今都是利用種子榨油食用。我們泛稱為「苦茶油」。名字裡雖有苦字，其實茶油味香醇，是一種高級的植物油。許多地方小鎮皆以此為主要物產。

除了做為食用油，也有做為人造奶油、凡士林、潤髮乳、肥皂、蠟燭、燃油等工業和醫藥的用途。

油茶仔壓榨後的油茶粕，更是古老的消毒劑及清潔劑，如戰後初期的肥皂，就是利用它來洗滌衣服等。它含有的茶鹼素，也是最佳的滅螺劑，業者將油茶粕研磨製成顆粒後，對付農田的福壽螺及消滅害蟲，效果亦佳。

各類竹筍的盛產季節

每年3至5月是桂竹筍的盛產期。在台7乙線上往來，常可看到農家的路邊攤在販賣。

麻竹筍則盛產於7至9月，外表黑而多絨毛，是所有竹筍家族中最壯碩者。其生長速度更快，「一天能長丈尺」。綠竹筍和麻竹筍先後於6、7及9月上市。農曆10月以後是孟宗筍的盛產期，是筍類中經濟價格最高者。屬寒帶性植物，分為冬筍和春筍二種。

此地農夫使用的柴刀較短。

左邊有陡峭山徑上山，其中一個牌子註明，大約行走九十分鐘可上抵金平山（992M）。

　　一上山隨即進入陰暗的柳杉林。一個不同於先前的隱密林子。過一小溪，再過一些菜畦園地。約一小時後，眼看山頂接近了，但是雨絲綿綿，路徑變得濕滑。顧慮危險性高，遂放棄攻頂，沿原路走回產業道路，享用午餐。

　　攻頂不成，餐後，乃以漫遊之心境，繼續下行。抵達詩朗56號農宅，有人正在砍柴，遂好奇地去拜訪。這兒僅有二戶農家，互為親戚。農宅旁邊有一株近五十歲的桂花，以及六、七株同樣歲數的油茶樹。油茶樹身高大得教人吃驚。再仔細環顧四周，菜畦、魚池，樣樣俱備，展示了一個自給自足的小世界。

　　農家主人還展示他的農具，諸如柴刀、鋸刀和斧頭。我對柴刀最感興趣。它的長度比北海岸的明顯短小了許多。原來，這兒的柴刀主要是

五寮筍

　　竹筍交易，在五寮里是一大盛事，每年從5月中旬一直要忙到8月份。午後，家家戶戶都忙碌地將手邊大桶大桶的竹筍處理乾淨，希望能賣出好價錢。

　　下午時，居民就把早上收成的竹筍陸陸續續搬往大街上聚集，來自各地的筍販也風聞而至。這條被稱為竹筍街的小山路，經常被買賣雙方擠得水洩不通。有些筍販甚至遠從基隆、桃園或新竹來。五寮筍也被稱為梨仔筍，因為咬起來就像梨子一樣，清脆爽口。

浸洗桂竹筍的池子。

煮竹筍用的桂竹爐。

用來砍桂竹。北海岸的卻是用來劈柴、砍藩籬用的。

屋旁為何堆積了許多木柴？原來，這兒的木柴並不是為了平常煮食用的，主要是為了砍下來備用。在桂竹季時，放入燒筍爐燜煮的。為了竹筍，他們還在自家前院蓋了一個大水泥池浸竹。這兒附近的農家門前都有一個水泥池。後來，在一戶農家，我們也看到了銀白色有煙囪的鋁製大爐子。此爐用來煮桂竹，我在阿里山山區常見。未料到，也是這兒必備的農家用具。五寮以桂竹聞名，自此亦可見。

當我們離開這戶農家，回頭遠眺。這時金平山半遮於烏雲中，山腳下則是茶油樹和櫻花盛開的農家，共構出一幅漂亮的世外桃源之景觀。這一幕更讓我有著不虛此行的快樂，腦海中殘存的一絲金平山未攀登成功的遺憾，竟也逐漸消淡。

這一趟繞行，若不估算攀爬金平山的路線，是一條約需二個小時，輕鬆而愉快的O型路線。其實，中途還有許多小徑，值得再深入。內詩朗山到金平山的稜線，我也尚未去探查，值得再訪呢！（2002.2.24 陰雨）

枕頭山

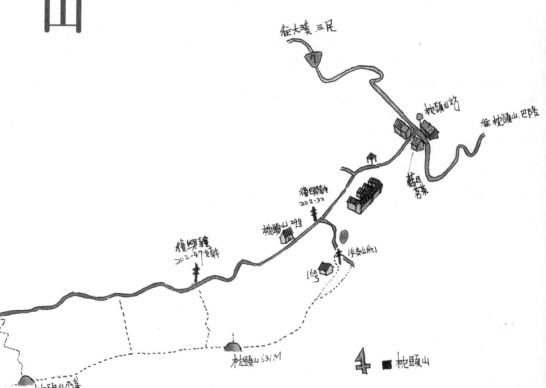

往大溪、三民

枕頭山7

往枕頭山、巴陵

枕頭山民若茶

復興幹
202-32

枕頭山299

復興線
202-47支幹

枕頭山
165

14支4K1

枕頭山631M

枕頭山西峰
563

枕頭山

■行程

循台7乙省道至三民後左轉走台7號省道，或直接由大溪前往。至14.5K處右側有一小柏油路，路口有「藍廷茗茶」商店。取右行，過孟妹亭。約1.1K時，左側竹林間有一水泥路往上。旁邊電線桿為復興幹202支32，此為登山口。

■步行時間

復興幹202支32 **5分** 枕頭山16號 **30分** 枕頭山山頂 **40分** 復興幹202支47

■適宜對象

少年以上為宜。

■餐飲

台7線上有各種餐飲。

石門水庫以大壩為中心，周遭有三大山頭。從東邊算起有枕頭山（631M），西南為石門山（551M），北邊則橫陳著溪州山（578M）。唯遊客愛攀爬的多半是後二座山多樣的登山步道，較少注意到枕頭山的存在。但若論地理位置之險要，歷史人文之豐富，枕頭山就明顯地突立出來。

以前，在三民東興宮遠眺時，只見這座大山矗立在前，把角板山公園和三民（水流東）隔開，形成天然的重要屏障。站在這座1957年的大廟前，也才會回想到這座山和劉銘傳的關係。想像著當時清兵如何在枕頭山作戰。還有日本人如何侵入泰雅族人的家園，繼續在枕頭山興建碉堡，砲轟山地部落。而日後，三井株式會社又如何以財團的力量，在此大量植茶、拓墾。

往枕頭山的竹林小徑，以及放置竹筍的竹林架子。

　　枕頭山以山形像枕頭而如此稱呼，但有時也被叫做角板山，這個名字和角板山公園旁邊的小鎮同名，因而常易生混淆。最近一名泰雅族田野工作者在調查時提到，角板山泰雅語稱Pyasan，根據部落長者口述，Pyasan之名是為了紀念清朝時帶領族人抵抗清兵侵略，不幸陣亡的英勇頭目 Payas（巴耶思）而來的。此外，早年居住在此的泰雅族人，把這座山稱為kijai，意為榕樹繁茂之區，但也有稱為貧瘠之地。從植茶的環境研判，我比較傾向於貧瘠之說。我在此攀爬時，亦未見到任何榕樹。

　　沿著產業道路，經過二間典雅連襟的紅磚三合院後，未幾，把車停在枕頭山29號前的空地，往回走到復興幹202支32左邊的岔路。

　　小徑往上再遇岔路，左邊下到一處寬大的水池。由此水池研判，此山區非常缺乏水源，更無溪澗環境。往上不久又遇岔路，右邊為枕頭山16號紅磚民宅，旁邊有小徑上山。登山口有木頭電線桿「14支4低1桿」，旁邊有一棵柿子樹。另外，

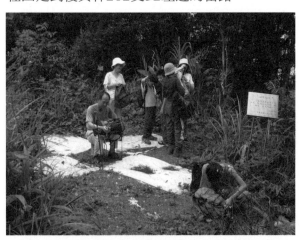

枕頭山山頂，傳說還殘留有當年的軍用廢棄物。

白頷樹蛙

白頷樹蛙為中小型蛙類，體長可達七公分。最大特徵在鼠蹊部及後肢股部，具有非常明顯的黑白相間的網狀花紋。一般背部為黃褐色或淡褐色。

台灣分佈在三百公尺以下的地區。北部數量較多。棲息地以森林底層靠溪邊、樹叢近水池處為主。繁殖期間雄蛙在水池畔，高聲鳴叫，叫聲此起彼落，聲如裂竹。聲音低沉響亮，白天有時也可聽見。低海拔數量較多。晚上是活動時間。求偶鳴叫位置，一般以離地二公尺以下的植物上為主。

繁殖期主要在3月至8月。繁殖水域為靜水池的淺水域。卵產在植物上，雌蛙及雄蛙一起用後肢踢出的白色泡沫卵塊。一星期後，卵塊內的卵粒會孵化出小蝌蚪，順雨水到水池。小蝌蚪黑褐色，尾鰭高而薄，吻端背面有一顆明顯的白色斑點，此為辨認牠的主要特徵。

通常，要發現白頷樹蛙並不難，只要看到氣泡巢，就可以在巢周圍的樹上或草叢中看到牠。

每年春天時為採摘桂竹筍的旺季。

若不走上農舍，取左續行二分鐘會見到右方小溪溝有一條明顯山徑，開始時沒什麼路標，不久右上稜線，也會接上農舍後的路徑。接上的岔路口有許多路標。

小徑上，一路是隱密的桂竹，腳邊常有剛長出的桂竹幼苗。隨腳一踩，順勢即摘下一棵幼筍。中途左右各有岔路，並遇到採筍婦人。約半小時皆走在竹林裡，桂竹林原本就多蚊。這兒黑白相間的斑蚊更是密集。許久未在山林遇到如此沉悶的天氣，整座山又缺少水源，散發著一股濃郁的竹氣，走得相當煩躁。

接近稜線時，出現孟宗竹產業。此外，小徑上殘留著相思樹和香楠的大樹，近似低

桂竹。

從三民東興宮遠眺枕頭山，視野最佳。

海拔森林的林相，也有茶株遺跡。出了桂竹林，鳥聲些許傳來，都是尋常鳥種，但也聽到烏鴉的鳴叫。

平坦開闊的頂點，栽植有杉林和肖楠。走至西邊的頂峰，那兒有一座二等三角點，以及衛星測量一等三角點。只有此邊有視野，可以遠眺五寮尖方向的山巒。根據文獻的記載，原本以為山頂總該有一些戰場的遺跡，卻未發現任何可能的東西，有些失望。但這麼平坦，確實適合軍隊之駐紮。

山頂有二條下山路。一條直接由北邊下去，似乎很陡峭。休息一陣，繼續往前，隨即又有另外一條岔路。左邊往枕頭山西峰，約六十分鐘。我看天氣悶熱，大夥兒興致不高，遂往另一條下山。一路都是陡峭的斜坡，必須緊捉著繩索。走了近半小時，方能走到一處茶園。

茶園到處有農藥用的大水桶，成為貯水槽。不少水桶裡都有白頷樹蛙的卵泡，水面亦漂游著白頷樹蛙的蝌蚪。它們的頭額上方前端，都有一個鮮明的小白點。

站在茶園，油桐花開下，遠眺五寮尖、金平山和白石山等系列山巒和溪州山，三民街道亦清楚地座落在山腰處的台地上。如此一點開闊，勉堪告慰此行的鬱卒。（2003.5.6 陰晴，SRAS蔓延時）

打鐵寮古道

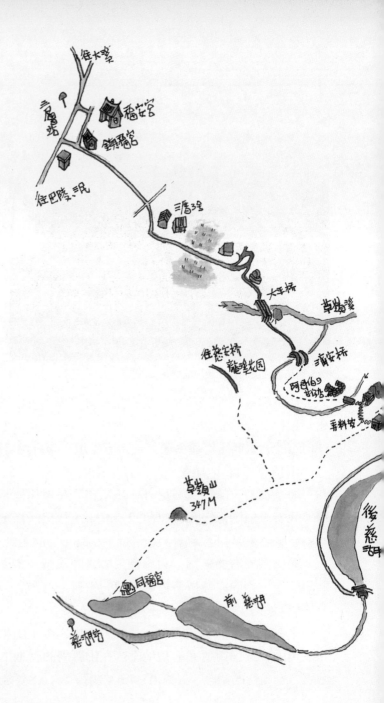

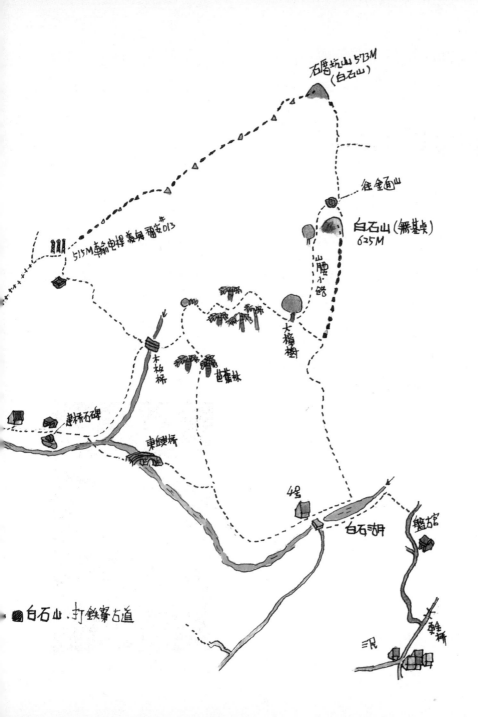

石厝坑山 573M
(白石山)

往金面山

白石山(無基点)
625M

山腰小路

515M輸电得義風福荃013

大樟樹

木板橋

芭蕉林

建桥石碑

東螺橋

4号

白石湖

鑑站

三叉

雞椅

🪨白石山・打鐵寮古道

 漫遊資訊

■行程

由大溪過武嶺橋，前往慈湖。經過三層時，看到三層派出所前面的巷子有往打鐵寮古道指示牌，循牌子進入，即可抵達登山口農家。

■步行時間

三層3號 __5分__ 大平橋 __25分__ 柑仔店 __5分__ 崗哨 __8分__ 360M __40分__ 東興橋 __60分__ 白石山 __30分__ 木板橋 __30分__ 三座高壓電塔 __25分__ 崗哨 __20分__ 農家

■適宜對象

青少年以上皆宜。

■餐飲

附近無餐飲，宜自備。

打鐵寮古道，早年三民、巴陵和復興等山地住民和大溪交通往來的重要山路。反之，也是大溪三層地區住民在白石山山區從事農林工作的必經之道。至於，為何稱為「打鐵寮」，根據當地口述採訪資料，這條古道原名「更興古道」。「打鐵寮」，據說是由大溪鎮鎮長所命名，緣於早年這條古道入口附近，曾設有一打鐵舖，供給入山開採樟腦的腦丁和農耕所需要的鐵器。

打從70年代迄今，蔣介石陵寢奉厝於慈湖（牛角湳陂、埤尾），附近山區大面積

大平橋旁石碑，敘述了建橋的經過和緣由。

橫跨草嶺溪的大平橋。

福安宮

　　打鐵寮古道入口的福安宮在三層的開發歷史上頗有來頭，值得走訪。此一廟寺，俗稱三層廟，位於大漢溪東岸的三層台地上。此地為往昔海山堡的三層庄，現今大溪鎮福安里。三層的開發在乾隆末年，但漢人常和附近泰雅族衝突，加以水利灌溉設施不完備，造成拓墾的田地都是靠天吃飯的旱田。在這種天然條件差的情況下，只能種植地瓜和茶。

　　1811年（嘉慶16年）漳州人盧氏昆仲自湄洲媽祖廟刈香分靈，攜同媽祖娘娘金身來台後，最初定居於大溪三層庄的刺仔寮，唯僅供奉金身於自宅。1828年，墾民有鑑於常受泰雅族的侵擾，傷亡慘重，冀求合境平安，便將所祀之媽祖娘娘，奉迎至今日福安宮現址。墾民紛紛聚居在公館的周圍，墾務也逐漸順暢，福安宮的香火乃隨之興盛。1915年，海山堡三層庄的保正林六德，首倡勸募集資，將公館改為寺廟。1927年再將舊址（公館）改建，取名為福安宮。

地實施嚴格的封山管制後，打鐵寮古道一如附近的一些舊路和山徑，沿途石階、古橋和小廟祠等都意外地保存完整，山上林木亦保有相當的原始林相。

　　去年秋天時，我和文史工作者陳健一曾經來走訪過前段，因為對路途不熟悉，上了崗哨的位置就折返。後來，又單獨到白石湖走訪。可惜，都未完整地走訪整條路線。這回前來，心裡早有走完全程的準備。

　　從三層福安宮開車進入。進去的巷道依舊有清楚的指示牌。經過土地公廟，沿著標示牌，長驅而入，抵達三層3號，幾間房子並排處。住家的婦人仍在這兒賣麻竹和地瓜，並且利用空地當收費停車場。那兒有二座古井。老一輩人對打鐵寮古道的歷史都頗為熟悉。

　　古道從此地進入產業道路的水泥小路，旁邊有水圳。這時正好水稻青綠，景觀明媚。往下行，不過半百公尺，左邊林子裡有一建橋石碑矗立，周遭環境整理得相當乾淨，更前是大平橋。石碑記錄著前面的大平

橋和周遭產業的歷史。大平
橋是當地人士捐資興建的，
建於1923年（大正12年），
是現今打鐵寮古道上三座尚
留存的古橋之一。

古道上第二座橋為小型拱橋，叫濟安橋。

　　大平橋橫跨的溪流是草
嶺溪，發源自附近的草嶺
山，經常有人在此釣魚。站
在大平橋往四周眺望，山谷
風景翠綠，一片寬闊而翠綠的草地橫陳，卻不見任何住家。石碑敘述著
此地原本有許多水稻田。往周遭看去，這些平坦的草地，一塊連著一
塊，無疑就是了。只是看來水田已經廢耕多時。再下橋至草嶺溪旁觀
察，原本三拱的橋墩，僅存一拱，其餘改建為水泥橋墩；應該是被洪水
沖毀過，再重新補砌，新舊合體而成。

　　不遠處，又有一小拱橋，叫濟安橋。橫跨過一小溪流。這樣的精緻
小橋出現在古道上，不難判斷此一動線絕非隨便的普通耕作小徑。

　　沿著小溪前行，隨即抵達進入森林的鵝卵石階梯。此後，都是泥土
小徑，偶有木條護土，或以枝條，或以鐵條固定。

　　當然，有時又有石子鋪設的階梯一小段。類
似近鄰的大艽宮古道。

　　林相主要以相思樹為主；一般自然
殘留林的景象，但較為成熟。油桐並不
少。整個山區早在三、四十年前即開墾。小徑旁竹
林很多，芭蕉林也常成帶狀，顯然是過去這兒的重
要產業。森林小徑沿著溪邊平緩地並進。小溪呈黃褐

油桐。

色澤，蜿蜒於山林，流
量不大。森林略帶乾爽
之氣，並非蓊鬱、潮濕
如坪林、烏來等地的環
境。

慈湖溪和草嶺山。

　　有趣的是，如此乾
爽之地，竟然發現螞
蝗。上回和陳健一抵達
阿母伯的柑仔店時，曾
經被一隻螞蝗咬到腳
踝。這回在此重新檢查，發現另外一個山友的褲管上也有一隻。顯見螞
蝗數量雖不多，卻是這兒常見的動物。

　　阿母伯的柑仔店是一間廢棄的石屋，猶留存著當時的殘垣斷壁。後
來，遇見一位當地年輕人。他根據自己父親的回憶，當時是有一對老夫
婦在此擺設一些點心，諸如粿糕等，供給山區和旅人點心。過了柑仔店
的小溪，開始有完整的
鵝卵石陡坡，兩旁則是
竹林。卵石坡中間大，
兩邊小，明顯的是早年
古道的堆砌法。此地曾
有人在竹林掛著「弄料
坡」的牌子，不知為
何？猜想是堆放木柴或
物產的地點吧。

通往慈湖的慈湖步道。

　　這回在轉彎處的岩

打鐵寮古道主要以鵝卵石鋪砌而成。

石，看到了岩石下有一間小石廟，研判是石頭公或有應公之類的小祠。年輕人則告訴我們，附近有煤礦坑，當地人以前常帶著竹籠到此挖煤。在古道旁，我們也看到不少煤渣之殘跡。

上了弄料坡，抵達鞍部。這裡是一個十字路口，旁邊有廢棄的憲兵崗哨房子。鐵絲網成排，架在稜線上。早期是為了蔣介石陵寢而設立保護崗哨，附帶地保護了附近的山水。如今已經局部開放，鐵絲網轉而成為見證。

鞍部上設有一木牌，指示著左右方向的去處和時間。後來，一路走到白石山都會看到相似的路牌。在此路況清楚，布條顯得多餘。由鞍部往右，沿山稜起落，抵達草嶺山和慈湖停車場，大約半小時。往左到白石山則需要一個半小時。

以前，登山者可以往前越過鐵絲網，直下後慈湖，約五分鐘經過一廢棄的兵舍可抵達。現在鐵絲網重新架設，難以穿越。1921年《台灣地形圖》裡繪出的打鐵寮古道，這條路線便存在，直下後慈湖（當地人稱龍過脈埤），逕自通到洞口、百吉林蔭步道。現今我們走的打鐵寮古道路線，當時也有畫出，銜接東興橋，直通到水流東（三民）。崗哨鞍部這兒，無疑是打鐵寮古道的一個重要岔路點。

我們往白石山前去，這是目前一般的大眾路線，沿途會重疊一部份打鐵寮古道的路段。走在稜線上，多半是相思樹和竹林，也有些松樹。

根據文獻，清朝末年，這兒的漢人墾民就有
計劃地在栽植松樹了。隱約可見後慈湖
和沿湖小徑，在右下方的山谷。約莫七
分鐘後，抵達岔路。

古道上的小板車。

　　續走打鐵寮古道，往右邊下山至溪邊。溪
邊往右為軍事管制地。古道繼續沿溪行。台灣
的森林裡，大溪旁邊就有寬闊的小徑，這樣的
風貌並不多見。這裡居然看得到，不免驚訝。隨即看到左邊有一間民
宅，宅前竹林下有一部二輪小板車，看來是運載貨物的。它的出現意味
著這條古道早年是可以通行小車的，難怪如此平坦而開闊。

　　不過，納莉颱風顯然對此一溪流環境帶來嚴重影響。到處是枯木和
落石，甚至有土石流。河床景觀零亂異常。過不久，路上出現了東興橋
的建橋紀念石碑，以及旁邊的土地公小
祠。石碑的記述內容已經模糊，但大致
和大平橋的相似，都是記錄早年此地捐
錢者的姓名，以及建橋之因由。

東興橋紀念石碑。

　　有些路段已經消失，必須繞道而
行。片刻，又走在原先的古道上，景觀
不再是乾旱、荒蕪的情景，開始流露森
林的蓊鬱之相、蔚然之氣。東興橋附近
是最秀麗的地段。典雅的古橋、蔥蘢的
森林和蜿蜒、豐沛的溪流，構成一幅罕
見的婉約畫面。東興橋是典型的糯米
橋，二個拱門橫跨小溪。橋身不過四公
尺長，寬可供小輪車經過。更教人驚喜

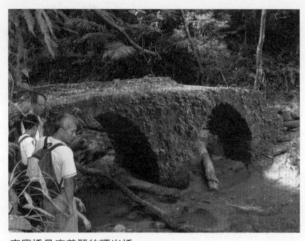

東興橋是座美麗的糯米橋。

的是溪床，各種小小的壺穴錯落不一，和小瀑形成絕妙的地理奇景。

離開東興橋，再往前，緩上一小坡後，遇見岔路。往左穿過竹林抵達洞口4號宅農家。前方即為經常乾涸的白石湖。由此亦可沿古道繼續走，通到石壁腳或三民。但我臨時起意，決定彎上白石山。於是往左，沿泥土的產業道路前進。周遭都是芭蕉林。一直到一處空地，往上爬坡了，周遭依舊是芭蕉林，偶而有高大的樟樹矗立著。

這段辛苦的爬坡，大約半小時。然後，在上主峰的岔路，遇見此間最大的一棵樟樹。它的腰身可媲美芝山岩圖書館的那一棵。猜想應該也有三百年的相似年紀吧！上主峰的山路有二條。往左，沿白石的大岩壁，可一睹大石壁的壯觀、奇聳，進而了解白石之名的由來。往右，爬上稜線，大溪附近台地的美景歷歷在目。

最後的爬山路線，當然是由稜線上，從岩壁下回來，如此二種景觀都不會漏失，也比較有著更上層樓的悅目享受。

白石山上並無任何基點（625M），只有一顆白石，書寫著「白石山」三個大字。下山時，改走另一條遠離溪邊路線回家，後來走上石厝坑山的稜線，一路並無任何建物和古蹟，只有高壓電塔。從稜線往下，回到崗哨的路十分陡峭，一路攀繩而下，有些辛苦。（2001.10.8）

百吉林蔭步道

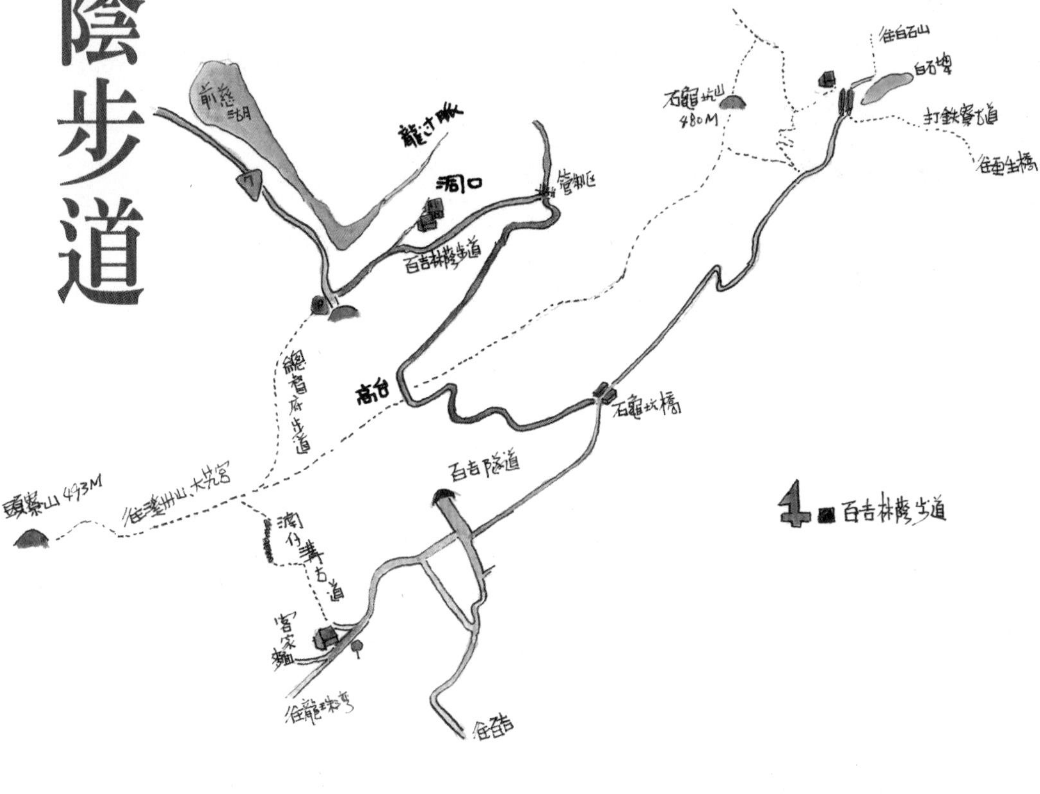

前慈湖

龍古眠

洞口

管制區

百吉林蔭步道

總督府步道

高台

石龜坑山 480M

住白石山

白石埤

打鐵寮古道

住連生橋

石龜坑橋

頭寮山 473M

住湳仔山, 大艽宮

百吉隧道

湳仔溝古道

客家麵

住龍珠灣

住大溪

↑ ■ 百吉林蔭步道

漫遊資訊

■行程

車子抵達慈湖後，繼續沿著台7線往百吉走，大約四、五分鐘後，抵達百吉隧道前，即可看到步道入口。

■步行時間

前慈湖入口 **30分** 管制區 **50分** 石龜坑橋 **20分** 滴仔溝客家麵 **40分** 溪州山稜線 **20分** 前慈湖入口

■適宜對象

全家大小皆宜，若登滴仔溝古道，少年為宜。

■餐飲

附近有一家滴仔溝客家麵，風評不差。

這是一條位於北宜公路慈湖附近的產業道路，也是百吉（八結）隧道重新貫通（1968年）以前，大溪通往角板山的舊路。昔時過了溪州山脈後，地名為石龜坑，因而也有稱為石龜坑古道，更有稱為「硼孔岐」古道，因為過去曾經是運煤炭的車道。

最早時在明治43年（1910年），這條像N型的山路便出現了。由於是輕便道，以人力推送，行程方便，速度加快許多，逐漸地取代了早年的滴仔溝古道。

古道下方的百吉隧道則於昭和19年（1944年）太平洋戰爭末年打通。它的出現，讓百吉通往三層、大溪的路程大大縮短。百吉林蔭步道遂較乏人使用了。但百吉隧道初通時，物質缺乏，因陋就簡，在沒有拱

石下，經常坍方。有些八結人為了抄這條近路，還是摸黑走隧道，以手舉竹片做成、點火的「榛仔火」照路，前往大溪。

晚近古道旅遊變得熱門，大溪地方人士便重新規劃這條路線，做為大眾健行路線。原來，這條古道在蔣介石

百吉林蔭步道昔時為運煤兼人力輕便車道，左為往洞口山路。

逝世安葬慈湖時，一度封閉了。如今再開放已經有二、三十年之隔，附近的林相因為尚未被拓墾，時間久了，蓊鬱成森林。過去的輕便路也成為美麗的自然步道。

二個入口在百吉隧道的出口兩側。兩邊都有指示牌可以進入。主要都是林蔭的柏油產業道路，迂迴的公路非常狹窄而幽靜，很適合騎單車和散步。但我覺得最適合賞鳥和孩童的自然觀察。整條路線長約四公里，輕輕鬆鬆都在林子下，一個半小時可走完。由於路程不長，如果體力足夠，且時間允許，何妨把隧道另一邊的總督府步道一併考量，以O型路線在此健行。

所謂的總督府步道，如果有一個泛稱，大抵是由好幾條步道與古道連成。除了百吉林蔭步道，還包括了大艽宮古道和湳仔溝古道。（詳見「大艽宮古道」和「湳仔溝古道」）

主線登山口在百吉隧道上方的溪州山山脈，我個人揣想，百年前歷史學者伊能嘉矩和小說家鍾肇政年少時翻越的，便是此條山道。溪州山

百吉林蔭步道入口。

山脈大致成南北走向，最高點是總督府三角點的小平台，頭寮山是也，又稱為湳仔溝山。上面有一個註明總督府的圖根補點。

關於總督府步道的名字起源，相傳源自日治初期枕頭山戰役。那時日軍和角板山的泰雅族經過激烈的戰鬥後，一名抗日領導者在湳仔溝山麓被俘，日軍隨即以無線電請示總督府如何處置，結果是就地正法。日軍便將該頭目帶至山頂廣場斬首示眾。總督府的名字因而流傳至今。

百吉林蔭步道於總督府步道登山口對面。從前慈湖方向進入，隨即進入樟樹為主的森林。這裡因是管制區，不得隨意開採，意外地保留了蓊鬱的林相。夏日走在此散步亦不覺得炎熱。公路旁偶有相思樹、山黃麻和白匏子等樹種。一進入不久，便抵達一處岔路。岔路往下，抵達叫洞口的狹窄山谷。昔時閩南話稱為「百一分」。那兒有好幾戶農家，和一間地母娘娘廟。住戶多半姓李，五十多年前來自三層地區。過去常翻越龍過脈埤旁邊山路，順著打鐵寮古道，回到三層。百年前這兒就有人定居，但後來都搬去蘆洲，換成他們長期逗留了。

筆筒樹。

　　約莫半小時後至軍事用地，繼續往左走，汽機車不能進入，只允准行人和單車通行。這兒原本是板橋林家的土地，戰後初年被老蔣看上，遂被其強制為其行館之一，等老蔣病逝，這兒繼續成為其陵寢暫厝之地，不知何時才會歸還，但日後是歸還林家呢，還是另有其人？就不得而知。

　　緊接著是二公尺半的柏油路面，路途平坦輕緩。途中有許多別緻的石椅，亦有人工之小園藝苗圃。中途有一處崩塌地，此為唯一裸露之高點，可鳥瞰前慈湖山谷和溪州山巒。此一高點叫崙頂，昔時則稱為「高台」，那是輕便車行走的休息站。在日治時代叫「宮之台」，是為了紀念當時的日本親王秩父宮殿下而命名的。（詳見後「角板山溪口台地」1930年代簡圖）

　　高點旁林子岔路即為總督府登山步道主線，可通往大艽宮古道和溪州山。有一回夏日，在此賞鳥，記錄了青背山雀、小啄木、綠啄花、烏鴉和白耳畫眉等中海拔的鳥類。至於，平地低海拔鳥類，自不待言。在大溪鎮周遭林子裡，這裡無疑是森林最茂密的一塊，也最適合一般缺乏登山經驗的遊客到來。

　　另一端出口為石龜坑橋，興建於1976年。常有攤販在此販賣果物。如果往右邊，可走到北宜公路的湳仔溝。何妨過馬路，沿公路走個半公里，到「客家麵」午餐，再由麵攤後的湳仔溝古道繞回總督府步道隧道口的停車場。

石龜坑橋入口。

　　若繼續往左邊的柏油產業

頭寮山頂有一總督府圖根點。

道路前進，那是前往白石山的主要登山口。（請參考「打鐵寮古道」）這條路已經開墾，林相更加複雜。初時遇到慈湖體驗營，緊接著進入雜草和森林叢生的山谷。多半是桂竹的產業和林子。大約行進到半途時，有一條岔路往松林栽植區，那也是非常舒適的散步地點。繼續往前抵達乾碑仔，又叫白石湖，湖邊依傍著二、三戶人家。白石湖是前後二座慈湖的上游。這幾戶人家旁邊的小路即著名的打鐵寮古道。

1975年時，《野外》雜誌，山友繁華的文章〈白石山〉如此描繪這條路：

　　車經百吉隧道，一隧道口便是湳溝站。在此站下車，看時間是四十分正。站左邊有一條四公尺寬的柏油路面，從此路挺進，十分鐘遇一水泥橋，名石龜坑橋。不過橋，直進走石頭路面礦道，一路上坡，十時廿分穿小山稜線，從此均下坡路，三十五分抵一小水庫，擇右沿水庫旁的泥道東北行，五十分至德隆煤礦，由煤礦二旁屋宇中北望，可窺見白石山鐵灰的岩壁。

　　半甲子前這位作者提到的「小水庫」即白石湖（白石埤），至於「德隆煤礦」，現在的地圖都不曾提及，我甚感好奇。他的生動敘述，讓我更了然此條和石龜坑古道相連山路的內涵。（2000.5）

角板山溪口台地

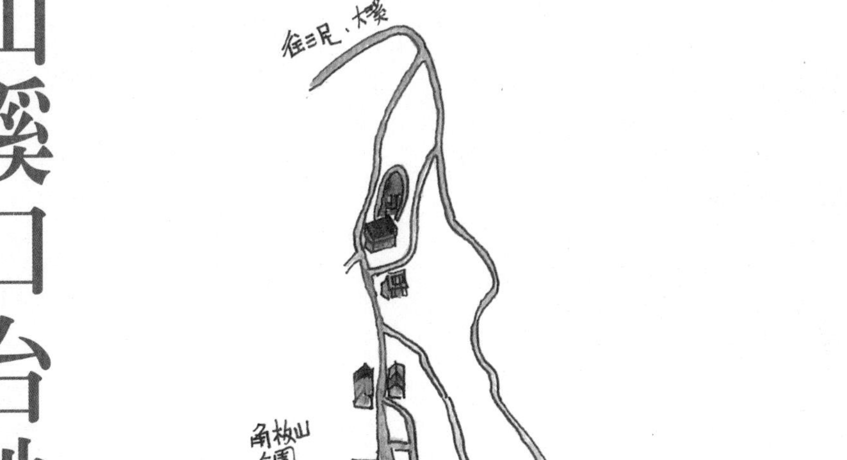

往三民、大溪

角板山公園

大曲漢

碼頭

銅像

活動中心

下溪口

往巴陵

7

角板山

漫遊資訊

■**行程**

由大溪或三峽沿北橫台7線至復興，再左轉到角板山公園。

■**步行時間**

角板山公園 ──下25分(上45分)── 溪口吊橋 ──15分── 上溪口台地

■**特殊行程**

可搭乘航運至阿姆坪、石門水庫。票價前站全票200、半票100；後站全票300、半票150。團體可議價，詳情可詢問附近的雜貨店，電話：(03) 388-8307。

■**適宜對象**

全家大小皆宜。

■**餐飲**

公園和吊橋附近都有餐飲，何妨在老街嚐嚐當地的香菇三吃。

從百年前迄今，角板山最有名的風景點，怎麼推算，都屬角板山公園了。這處早年泰雅族加九岸周遭部落的重要山頭，不僅風光明媚，也是19世紀末葉起，對抗清兵和日本軍隊的重要聖戰地點。

香菇

香菇是烹調時的貴重佐料，煮湯伴菜兩相宜，此間販賣以曬乾的香菇為多。由於氣候雨水得宜，角板山的香菇特別香嫩。冬菇的蕈傘肉厚，蕈腳短，販賣的價錢較好。凍過霜的生鮮香菇，最受歡迎。

20世紀初，被日軍徹底佔領後，大量日人和漢人開始移民進來，大肆開墾，植茶、煉樟、伐木和採煤。1910年代時，大溪通往角板山的輕便道出現，這兒更成為北台灣重要的觀光景點。日本人安排西方記者來台灣訪問時，北部

山區重要的樣板殖民地點也是這裡。

　　此時的角板山，還設有日本皇太子明仁的別墅，只是他不曾抵達。戰後，蔣介石也看上這裡，圈選為台灣二十七個行館之一。其實，大部份行館，蔣介石都不曾抵達，或者是臨幸一回。這裡卻是他少數居住時間較久的地點。但老蔣沿此地的森

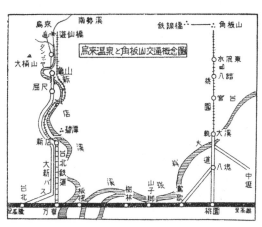

1930年代烏來和角板山公路簡圖。

林步道走往溪口台地時，就不知是否清楚，早在1930年，一個他很討厭的美國人已早他一步，來過這裡了。他就是撰寫過《紅星照耀中國》的埃德加‧史諾（Edgar Snow）。

遠眺角板山山城。

　　史諾走訪這裡時，對原住民抱持相當同情的態度，不客氣地批評了日本政府，間接地也否定了早年清朝在此的理番政策：

　　關於這些原始民族，過去的記載很少，日本對他們也沒有認真地研究。只是

忙著把他們趕入更深更高的原始森林中，以取得價值豐富的樟腦樹、煤礦和其他的自然資源。

除了不斷把原住民趕上最高山脈的向風坡之外，更簡單的方法，就是提供他們大量類似甲醇的東西，如此這些未開化的民族就只好步向慢性自殺的未來。

——＜福爾摩沙獨佔的島嶼＞，摘自1930年11月8日《紐約星期評論》

現在我們去角板山旅行，看到山地政策的保護，以及泰雅族人的生活型態，其實並不比史諾時代看到的情況有多少改善。從水流東（三民）起，我們看到的泰雅族人，不論是天真無邪或憂鬱悲苦的眼神裡，總隱

從角板山公園下瞰大漢溪上游溪口台地風景。

隱感覺還存藏著百年前其祖先的無奈和感傷。

一般遊客由台7線接近角板山時，角板山形象商圈的牌子和泰雅族的布紋與圖騰符號就不斷地出現於公路兩旁。進入角板街道時，更為突顯。街道尾即是著名的角板山公園。它位於大漢溪上游，周遭群峰羅列，氣候溫和，因為老蔣的喜愛，過去遂博得「台灣廬山」的美稱。至於大溪鎮的老公園，還有宜蘭棲蘭山莊的遠眺風景，則是如奉化溪口的山景。

從日治時代中期成為觀光景點後，角板山做為一個旅遊勝地的遊客人氣指數就不曾墜落。戰後初期以來，台北人幾乎都知道這裡有一座角板山公園，能夠到此旅遊是相當興奮的大事。只是公園旁邊的蔣介石行館，以往門禁森嚴，遊客不得其門而入，只能在角板山公園旅遊，勉強看著青年活動中心前的一對情人樹，胡亂想像老蔣栽植的心境。

如今行館已經開放和公園一起接受遊客觀光。一般旅遊來此，多半選擇冬春季，欣賞梅林的梅花和櫻花，還有森林裡的老樹。90年代時，一本過去風行的賞鳥指南也提到，角板山的冬季是一個適合賞鳥的季節。溪邊的鳥、高山的鳥和低海拔森林都集中在這個陡峭的森林間。當你沿著前往溪口台地的步道健行時，可以記錄相當多豐富的鳥種。

按此鳥書的記載，每次來，我都會沿左邊的石階步道走到溪口台地，雖然上來時相當吃力，但唯此一小徑能觀賞各種層次的景色。唯現今國內賞鳥風氣

角板山簡介

現在的角板山已經利用原有的景觀，配合泰雅族的人文特色和香菇等農業特產，統一規劃成「角板山形象商圈」。從北橫彎進社區，一路行來都是泰雅圖騰，商店招牌整齊劃一，主要道路的盡頭就是角板山公園。公園左前方是救國團活動中心，活動中心的右側即蔣公行館（多年前遭火噬，形成廢墟幾年後，現在已經改建）。道路右側則是特色商店及停車場。

溪口社

這裡位於溪口吊橋對岸，大漢溪南岸的河階上。海拔自三百到三百八十公尺間。溪口分下溪口和上溪口。前者在北，後者在南。溪口之地名可能因對岸有詩朗溪注入大漢溪之故。境內多水田，山坡以杉林、桂竹和柑桔為主，香菇為副業。

式微，會來此賞鳥的人恐怕已經不多，但它仍不失為一條精彩的自然小徑。

角板山目前以販售香菇特產著名。

　　步道入口即有一棵一百五十年的老樟樹，意味著早年這兒的森林相當蓊鬱。中途，一顆砂岩剝落如洋蔥的大石。步道中途，還有二座磨石子的椅子，供人休憩，顯示很早以前這兒即為一條觀光步道。步道尾有一座萬生義士碑，可能是紀念一位在此修築吊橋等工程不幸罹難的人。緊接著，抵達溪口吊橋口。這座綿長的大吊橋每次只容十五人經過。

溪口台地上大吊橋旁邊唯一的雜貨店。

　　在吊橋中央，觀賞壯觀的大漢溪水位與水庫豐沛的蓄水景觀，最是驚心。過了吊橋，有一間雜貨店。雜貨店旁邊有下坡道，通往大料崁溪碼頭。滿水期，搭乘遊艇的遊客可在此等候，搭往阿姆坪和石門水庫。

　　雜貨店老闆在此已經住了四、五十年。根據老先生的記憶，這條步道自他小時即已存在。吊橋則有四十多年歷史。溪口台地有四層台階地形，由角板山公園遠眺景觀最為綺麗。以前的溪口台地有許多老房子，現在多已拆除，改成新房子。台地上栽植各種農產。適合冬日健行、觀察旱地的冬候鳥。

　　溪口台地上方是奎輝村，奎輝的泰雅語是「牛角」的意思。主因奎輝地區有二座山頭，遠望似牛角，因而取名為奎輝。由於溪口吊橋位於角板山台地與溪口台地之間，是穿梭二地的唯一捷徑便道，昔日方便奎輝村民直接到角板山，或從角板山穿越溪口吊橋，前往關西等地。喜愛健行、探討自然風物的人，何妨在此田野遊蕩一番，挖掘有趣的蔬果事物。

　　我個人則對另一段歷史公案深感興趣。1886年時，有一位重要的漢文學者，曾經抵達角板山溪口台地附近的山區。他是英國駐淡水領事吉里斯（Herbert Allen Giles，1845～1935），任職期間約在1885年至1887年。他曾偕同妻子，二度深入角板山附近的山區走訪。

　　當時劉銘傳正帶領一萬多名士兵，暫時鎮壓住附近泰雅族的軍事抗爭，保護了漢人進入泰雅族以前生活的阿姆坪等地，開闢水田、種植茶葉和煉製樟腦等物產。清軍試圖阻止吉里斯進入泰雅族的疆界，想派兵護送他回去。但他和妻子偷偷潛入山區與泰雅族接觸。吉里斯自稱有一次愉快的旅行，只可惜時間不夠，被迫帶著善意折返。吉里斯對泰雅族的印象良好，但擔憂他們的未來。反之，對漢人在此的拓墾則深不以為然，但他

著名的漢文研究學者吉里斯，圖中躺在椅子上者。

知道這兒的開發已經是世界體系開發的一環，不可避免了。

角板山日治時代遺留的林務局宿舍。

若對照同一年，1886年9月時清末文學大家、詩人陳衍經過大苑宮古道或湳仔溝古道的旅行，以及1897年日本歷史學者伊能嘉矩的跋涉，吉里斯夫婦無疑是先翻越溪州山山脈，渡過大漢溪上游，先抵達了竹頭角（長興）。然後，再試圖走到角板山溪口台地，或是奎輝社附近的部落。當我徘徊在角板山時，我記得的是與八路軍重逢於中國黃土高原的史諾。但當我漫遊在溪口台地時，我懷想的，則是這位被台灣史疏漏的漢文學者。

回程時，走上小徑後，我試著沿岔路走往青年活動中心的雲霞特訓中心營地，以前年輕人常在這裡烤肉、遊戲，或者接受一些簡單的山訓。這是無患子很多的林子。那兒有另外一條穿過林子的步道，拾級而上，輕快繞回公園。一間林務局的日式老房子暗灰地座落在那兒，突然間，我想起了三十年前的伐林採煤，以及漢人百年前在這兒的植林計劃。史諾、老蔣、吉里斯、陳衍，以及很多歷史的錯綜和弔詭，一時間都再浮現腦海，填塞住眼前角板山空曠的美景。（2000.8）

金面山

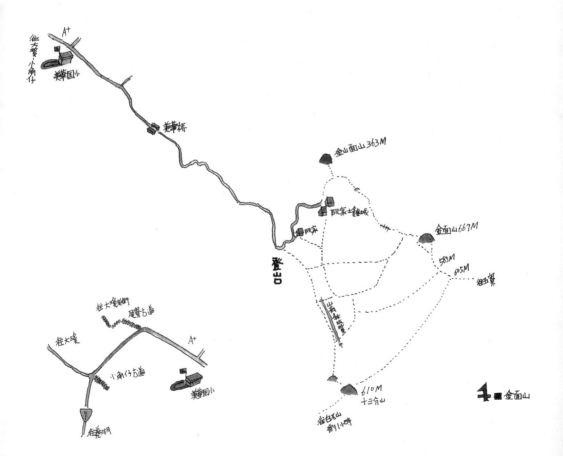

■行程
由大溪鎮上三層台地前岔路，右往慈湖，前為小角崎古道。往左邊則前往美華，經美華國小，直走，遇岔路向右，遇垃圾場向左邊，直抵金面山登山口。再往前約十五分，為阮家莊土雞城。從台北出發到此約需一個小時。

■步行時間

登山口 __80分__ 十三分山 __85分__ 五寮山岔路 __5分__ 金面山鞍部 __15分__ 金面山 __70分__ 登山口

■適宜對象
青少年以上為宜。

■餐飲
附近有阮家莊土雞城和果園，主要餐飲是以土雞製作的各種料理。

從大溪的二層河階台地，往北方山巒眺望，美華里山丘地區，矗立著一座極像鳥嘴的山巒，那是大溪最有名的大山，俗稱鳥嘴尖，又名金面山。晨曦時分，山尖頂峰附近，總有一抹白雲飄浮著，大溪人稱為「鳥嘴含煙」。這一詩意景觀係日治時代大溪地區文人雅士欣賞、歌頌的觀光景點，昔日為大溪八景之一。

留住閒身未出山，
鳴聲從不和關關，
慢嗤飲酌渾無力，
霖雨權操口吻間。

1930年代前後，葉文樞在大溪老街月眉通道，崁津吟社集聚的大會上，便如此吟誦金面山，就不知這位當時躲避大陸戰亂，寄居於大溪老街的「華僑詩人」，是否去攀爬過金面山了。

從登山口處，就是自然殘留林的蓊鬱景觀。除了招牌的解說，旁邊還有一處引山泉的飲水設施外，並無任何人工物品之鋪陳和建設。

一路上都是大菁，顯見這座山谷山腳的潮濕。山路崎嶇不平，不時有溝渠的裂隙，看得出下雨時會是臨時的小山溝。山路沿著溪邊慢慢爬升。中途有三處明顯的岔路，往左邊走去。第一條通往阮家莊；第二條和第三條都通往金面山。中途也有幾處水澗。

如果要往十三分山，必須選擇右邊的路直上。有時路途較陡，旁有繩子輔助。約莫四十多分後，可上抵山勢峻嶒的稜線。透過稜線林際的空檔，鴻禧山莊和大溪之風

金面山

　　又名鳥嘴山，由五寮尖向南延伸到溪州山間，是群山的最高峰。地理位置位於主稜上分出的主要支稜，顯得特別突兀。居高臨下的獨立山勢，更使其成為唯一的二等三角點。它原本是一條傳統登山小徑，70年代多由五寮方向上山，大溪下行。如今大溪方面也有開闊的O型步道，交通亦方便許多。

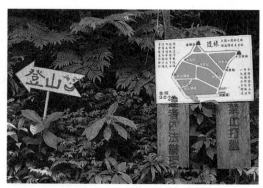

金面山登山口簡單示意圖。

崁津吟社

日治時代，日本人為了推行日語教育，逐步取消漢文教學。但大溪文人為了私下鼓勵漢學，呂傳琪等人便在1922年設立「崁津吟社」。詩社的位置在現今大溪和平路老街和月眉古道交叉路口處，整個詩社全盛時期有四十多人。

崁津吟社的社員，深知祖先來自大陸，姓氏為民族血統之象徵，漢家姓氏各有所本，因此，社員們都不改姓。他們更於1928年5月11日晚上開設「青年夜學會」，由呂傳琪先生任會長，勤習作詩。

日本人嚴禁私藏漢書典籍，社員惟有寄情於天籟，以為情感與思想之宣洩，成員們創作詩詞，託之吟哦，為傳承漢族文化而努力。於是每逢重大節慶，就會弘揚大溪八景，吟詩詠唱，成為大溪文風的鼎盛期。

可惜的是，最近幾年來，習詩的人已愈來愈少，崁津吟社就在後繼無人的現實環境下沒落了，成為大溪鎮地方志和大溪藝文人士的過往回憶。

貌隱然在望。山稜線上，山風徐徐、涼爽宜人。再往前行，一段崎嶇路後，約半小時可抵達十三分山。

關於十三分山（610M），根據山友黃福森的描述，「山名十三分為製造樟腦的腦灶計數單位。每十灶算一分，所以往日此地應有許多提煉樟腦的工寮」。但是站在山頂回顧先前的來路，並未看到任何腦寮之遺跡。上了山頂，才看到山的另一邊都是桂竹林。右邊有一條林道，穿過桂竹林前往打鐵寮古道和白石山，約一個小時路程。另外，沿稜線可通往金面山。

沿稜線繼續走，穿過桂竹林以及鞍部，再沿著岩石裸露的稜線繼續往前，這段山路貌似二格山的稜線，起伏不定。一個小時初頭，抵達岔路口，可以走下五寮或縱走阿匹坑山。我猜想，1921年《台灣地形圖》裡，那條通往五寮的山路，大概就是這條「金面山古道」了。再往前，隨即來到五百八十五公尺的岔路口。往左蹣跚下行，繼續是當年的

五寮過去亦是金面山重要登山口之一。

五寮地區的老人，過去常翻山到大溪買賣。

十三分山山頂也掛滿各地登山隊的
布條和指示牌。

「金面山古道」，可走回先前上登山口的路線，大約一小時。若有體力者，不妨繼續迎前，再遇岔路，花約半小時可上抵金面山（667M）。山頂視野良好，基點旁的山頭，展望比基點峰更佳。

　　從山頂再繼續西行，沿稜而降，左邊有一些岔路。過一休息站，再走約二十分鐘，會遇見一處較險峻的峭壁。由此攀降比較刺激。此段O型山路較驚險處，莫此為甚。繼續沿稜線下降，經過鐵塔左轉，遇到岔路，標示左下往土雞城，直行往金和堂。前行約五分鐘，路左邊的草叢中有一金山面山（363M）三等基點。

　　原路折回到岔路，往「阮家莊土雞城」方向下山。經過竹林，再穿越養雞園，抵達阮家莊金山面1號的宅院，不妨在此用餐。由此再往前沿柏油路，約半小時，可抵達另一登山口。阮氏家族是最早進入此山區拓墾的漢人族群，如今家族堂兄弟分散山麓各角，分別開設了好幾家風味獨特的土雞城。很多人開車，所圖也不過是美味的土雞，而非山莊的山路健行。（2000.10）

大芁宮古道

往大溪　往三層

加油站
福興宮
大道藝術館
13巷
慈眼塔
慈雲分駐所
往白石腳登山步道

頭寮城
梅鶴山莊
佳光邨
往白石山
新福嶺111
（頭寮大坡）
水車土地公
豆騰68
往石門水庫
竹篙厝
新福山443
桕公華石道
頭公華石道
往百吉
崗哨
屏障
承恩路
大溪宮古道
老石亭
大溪宮
47彎道
往石門水庫
白雞德塔
崙坪里
溪州山576
廟18巷
廟76巷
往阿姆坪
🧭 大芁宮・溪州山

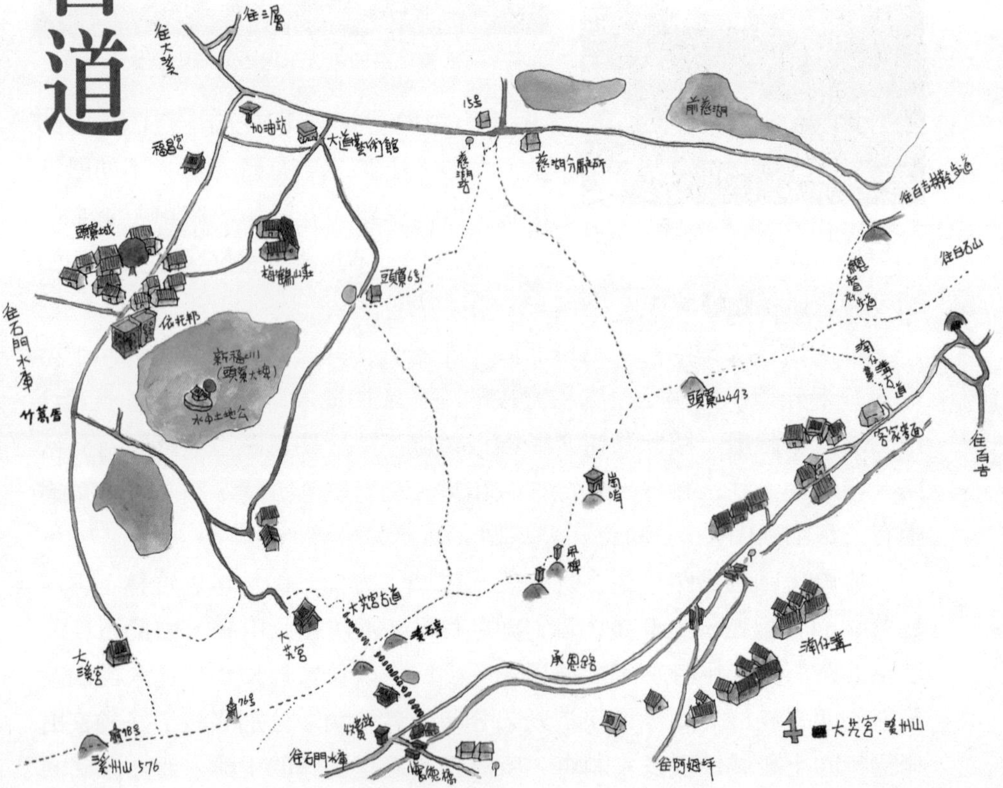

行程

由台7線過三層，遇慈湖加油站，轉入頭寮，經過大道藝術館，抵竹篙厝，有岔路至頭寮大池。池間有一條產業道路，穿過隱密的森林，抵達大艽宮。古道即在旁。

步行時間

一、

竹篙厝22號　**25分**　大艽宮　**15分**　稜線溪石亭　**25分**　懷德橋

二、

稜線溪石亭　**50分**　溪州山　**35分**　大溪宮

適宜對象

青少年以上為宜。

餐飲

清末詩人陳衍晚年像。

附近無餐飲，宜自備。

　　林公為備肩輿，輿夫六人更番舁；派巡防兵二十人荷鎗衛送，林幕客郭君賓實偕行。數里入山路，即嶄嵲；輿夫已喘息雨汗。漸進，山迎面，輿植立，必不可坐；土民言：「劉巡撫至此，亦下輿行。」遂相率短衣徒步。自是至加九岸凡六十里，連峰仰刺，升向天、降入地；其層級皆泥塗濡滑，開路軍士以刀剚成者。……

這是清末文學大家、詩人陳衍在望族林時甫的打點下，由大溪

陳衍

　　陳衍（1856～1937），字叔伊，號石遺老人，福建侯官人。光緒年間舉人，任學部主事。曾為張之洞幕客，辛亥革命後所作《石遺室詩話》，是「同光體」詩派的重要評論著作。著有《石遺室詩集》、《文集》，並輯有《近代詩鈔》、《遼詩紀事》、《金詩紀事》、《元詩紀事》等。1886年曾來台一年餘，擔任劉銘傳之幕僚。日後曾纂修《台灣通紀》。

老街翻越溪州山山脈，前往竹頭角向劉銘傳報到過程的一段描述，此文摘錄自＜行抵台北內山加九岸記＞（1886年9月）。我和大溪當地文史工作者討論，一般咸信，陳衍當時走的應該就是大艽宮古道，要不就是總督府步道了。

溪州山山脈

溪州山山脈蘊藏豐富煤礦，終戰前後是大溪煤礦的黃金時代。早期的礦主考量交通運輸方便及礦工人力來源，礦區大都集中在三層地區，著名的礦場有福安、謙記、三美等。礦主設有長條形的宿舍，藉以就近照顧工人的生活起居。簡單的工寮像是一支竹篙，橫躺在地上，四處林立，這種竹篙形的建築，俗稱「竹篙寮」或「竹篙厝」。我們若沿溪州山攀爬，不妨走逛鄉間，半路上除了看到紅磚厝外，也有機會遇見這種造型的老房子。尤其是下大溪宮之後，到頭寮大埤一段。

福昌宮

福昌宮位於大溪鎮福安里竹篙厝產業道路旁，主祀福德正神，原為頭寮大埤土地公。早年，新福圳擴建水池時，才移到現在的位置。

頭寮大埤土地公，原位於頭寮埤岸旁，旁邊有古道通往湳仔溝、溪州、內柵、三層。此一水源土地公，兼具守護路人的功能，香火比裡面的大艽宮更為興旺。此地早年屬於漢人和泰雅族人交接的山區聚落，常有二族間的衝突和戰鬥。村落的發展因此受到很大的阻礙，村廟不易出現。所幸，此一土地公得到新福圳興築的便利，地主獻地，信徒、水利會襄贊，才能移祀竹篙厝產業道路旁，取名福昌。

往昔，此一土地公，在池塘擴建成新福圳的水池時，因為廟址為敬神的聖地，信徒不敢輕易拆除，只把土地公移祀福昌宮，獨留空祠於池中，造成罕見的水中福德祠奇觀，變成附近白鷺鷥、烏秋和烏鴉等鳥類駐足休憩的天堂。

這座聞名全台且又獨一無二的水中土地公，由於神蹟顯赫，再者老式的祠宇建築仍孤立於近約十九公頃大的池塘中間，俗稱「埤仔土地公」，因而聲名遠播。埤仔土地公原為頭寮地區的開庄土地公，其祭祠區域涵蓋自慈湖加油站至頂寮道路以東、溪州山山脈以西的整個山谷地區。

大艽宮古道是目前溪州山山脈最熱門的健行山徑。大家喜歡走訪的不只是古道本身，還包括了周遭的湳仔溝古道、溪州山步道等路線。大艽宮是這些步道的重要交會點，上下翻稜經過的景觀也最為錯綜複雜。

車子經台7線，遇慈湖加

移到頭寮城前的福昌宮。

灌溉用的頭寮大池，中間小島有一全台著名的島中土地公廟。

從大艽宮古道往下鳥瞰，油桐樹葉變成金黃的美景。

油站前巷子進入，經過福昌宮。繼續直行，穿過頭寮城。未幾，抵達竹篙厝。由此停車開始步行，就是很棒的連續O型健行路線。若從左邊進去，先經過頭寮大池，觀賞池中的土地公舊祠後，隨即進入隱密而翁鬱的森林。

烏鴉。

　　頭寮大池是北台灣最容易觀察到烏鴉的低地。不論何時到來，都能看到烏鴉來去湖畔的蹤影，或者聽到牠們的叫聲。冬天時，集聚的數量更多。其他鷺科鳥種諸如小白鷺、夜鷺和蒼鷺等也相當豐富。

　　從頭寮大池通往大艽宮的狹窄柏油產業道路，過往應該也是大艽宮古道的一部份。夏秋二季，這段約半小時的路程，我都記錄了不少鳥類。途中岔路，通

大艽宮古道，舊路和新路並列。

往一處隱密的紅磚舊厝聚落，也是風貌精彩的山徑。

抵達大艽宮後，原先有前後二廟。但後來再去時，前廟已經關閉。附近路邊可以停車。後廟有石碑解說牌敘述大艽宮的歷史。前廟旁即為古道登山口，初始的小徑並無石階，多為泥土路。只有一些木板和鐵條的工程，偶而出現路徑上，護住山路。約三、四分鐘後，隨即有濕滑的石階出現。這些石階中間鋪有大卵石，旁邊則是小卵石，顯見是古道的遺跡。今之木板路和古道並行，形成有趣的強烈對比。

大艽宮

大艽宮位於福安里頭寮大池（新福圳）旁，由池中間的產業道路駛入，直抵山路盡頭。廟旁即大艽宮古道。

此一小廟由二座簡陋的鐵架鋪浪瓦建構而成。分上下二殿，上大艽宮又名慈湖大艽宮，主祀福德正神，據傳建於清光緒年間。宮前常年有山泉汩汩流出。由此研判，此一土地公應屬於水頭土地公。據悉為移民在拓墾時，祈求水源不斷而設立的神明。下大艽宮，主祀媽祖（三媽），神案前的神桌上奉祀有外人寄祀的關聖帝君、觀世音菩薩、彌勒佛陀、土地公。屬於全村共同信奉的神明則為媽祖，但路途偏遠，香火並不興盛。

大道藝術館

大道藝術館鄰近大溪慈湖，進入大艽宮時，往往會經過。它是由一群藝術工作者所營造的實驗空間，白色的建築座落在青山綠野中，庭院內散置著名家的創作。內部則設有開放式的展示空間、咖啡館、露天休閒雅座等，並提供單車，讓遊客徜徉於附近的鄉間小路。

歷史近八十多年的大溪宮，過去主要為煤礦工在祭拜。

這段持續了約二百多公尺的石階路，大抵是目前大艽宮保持最完整的古道遺址。檢視周遭環境，這些卵石都不是當地山區的石頭，而是從山下扛上來鋪設的，顯見這兒是當地人相當倚重的一條路線。過去，主要是龍珠灣附近住民通往三層、大溪

的重要路線。一如打鐵寮古道是三民地區通往三層的主要幹道般，它們都是大溪周遭重要的生活孔道。19世紀末葉，清軍和墾民是否也依靠這條山路通往阿姆坪等地，頗值得玩味。

　　從大艽宮古道登山口，大約走了一刻鐘，隨即可上抵稜線。旁邊有民眾自搭的休息涼亭。稜線上四通八達，左邊有二條山路，沿著稜線分別通往慈湖、頭寮山和白石山。最左的一條，屬於保線路。隨即往下，走約四十分鐘下抵慈湖。往白石山的山路，會先通過頭寮山，那兒有一座總督府圖根補點。再抵達老蔣和宋美齡喜愛散步的百吉林蔭大道。由此，可再前往白石山登山口，和打鐵寮古道交會，行程約三個小時。如果，你若真好健行，又有一番體力，還可繼續走到五寮尖去。

　　南邊有一條狹窄的卵石小徑，走下稜線，可抵達懷德橋前往龍珠灣，快步而行，經過一小祠，約二十來分鐘可抵達，此路即一般認為的古道路線。由大艽宮上抵稜線，再到橋邊，整段大艽宮步道，來回步行約一公里多，約需五十分鐘左右，沿途皆在密林中，偶而有駁坎產業。

三層和頭寮

　　佇立於粟仔園，眺望對岸的大溪，其地形成三個明顯的階面，低處河床是月眉。溪州地區，中間是大溪市區。內柵，上層就是台地，由低往上數是第三層，故取名「三層」。

　　清朝時，三層庄涵蓋草嶺溪南側，溪州山脈以東的整個台地，屬於海山堡。日治時代，以西的缺仔，還有滴仔溝、舊柑坪等地亦包括在三層區裡，區域非常遼闊。戰後，三層則專指三層台地而言，涵蓋今日的福安、美華、新峰三里，即打鐵寮古道入口的地方，範圍縮小了不少。

　　頭寮則為現今三層南邊山谷的入口處。頭寮地名的來源有隘寮與腦寮二種說法，均被採用。前者說法係乾隆末年，漢人移墾的步伐踏進三層地區，首先在溪州山脈靠大漢溪的出口處，設置溪州隘護墾，防止鄰近的泰雅族人侵擾。由於隘寮至墾地有一段很長的路，因此在途中設立了幾個接收警訊的瞭望站，以期能迅速地集結與抵抗，最接近隘寮的望高寮取名「頭寮」，或「頂寮」，依序出現了二寮、三寮、五寮……尾寮等地名。但無四寮，因四寮俗認是不吉利之名，一般都不採用。

　　後者說法係早期三層地區水源不足，靠天吃飯，除栽種雜糧、茶樹外，亦兼製造樟腦、靛青（染料），這些原物料的產地又緊鄰泰雅族的山區，業主們必須兼顧腦寮和望高寮，遂有因腦寮而取名之說法。

戰後，這條山道也是當地挑夫擔茶和竹筍到大溪販賣的路線。

　　往右平坦的山路旁隨即出現一個涼亭。當地人稱為芄芎嶺，上有一涼亭叫「溪石亭」。從這兒可以眺望頭寮大池和三層、大溪台地。過了涼亭，遇一岔路。往左可前往龍珠灣。往右上坡，沿著稜線，山路開闊，應為保線路。儘管視野不佳，但時而可見石門水庫。過了高壓電塔，中途又有一觀景亭，下瞰頭寮視野清澈。從溪石亭走至溪州山主峰約需半個小時，若到石門苗圃約需一個小時，到溪州公園約二個小時。稜線略為禿裸，樹林荒疏。酷熱時走在其間，相當不舒服。二次抵達此地，皆未走至溪州山山頂（576M，山頂有一三角點），就折返了。第三回選擇年初冬深之日，山路即清爽宜人。尤其是從登山口古道至半山腰時，遠眺油桐落葉，一片橙黃，綺麗如北國風景，突地讓我想起金黃時的銀杏林。唯油桐較暗黃，夾雜在其他雜木林裡，諸如山胡椒、三刈葉

現今被水庫淹沒的阿姆坪。

大溪宮老廟旁邊的黑松。

從油桐樹林往天空仰望時的瑰麗景觀。

和野桐等，形成某種層次的蕭瑟之感。

　　最近山友在此亦開闢了許多條山路，值得採O型路線來回。從溪州山折回時，選擇一條陡峭的捷徑，走下大溪宮。中途到處可見黃藤。由於山路陡峭，不時有繩索護坡，同時有簡陋的木梯幫助山友上下。下抵大溪宮前，我看到一處疑似炭窯的土溝凹地，但大了許多，而且中間有紅磚。後來，向大溪宮的婦人探問，

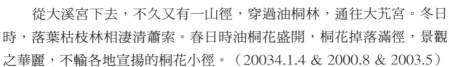
炸藥庫。

經其告知，原來此為當年存放火藥的地方。火藥為炸煤炭坑而準備的。大溪宮附近就有一處煤礦坑。此宮已經有八十三年歷史，左右各有一老松樹矗立，當年為採煤人心靈寄託之所在。

　　從大溪宮下去，不久又有一山徑，穿過油桐林，通往大艽宮。冬日時，落葉枯枝林相淒清蕭索。春日時油桐花盛開，桐花掉落滿徑，景觀之華麗，不輸各地宣揚的桐花小徑。（20034.1.4 & 2000.8 & 2003.5）

湳仔溝古道

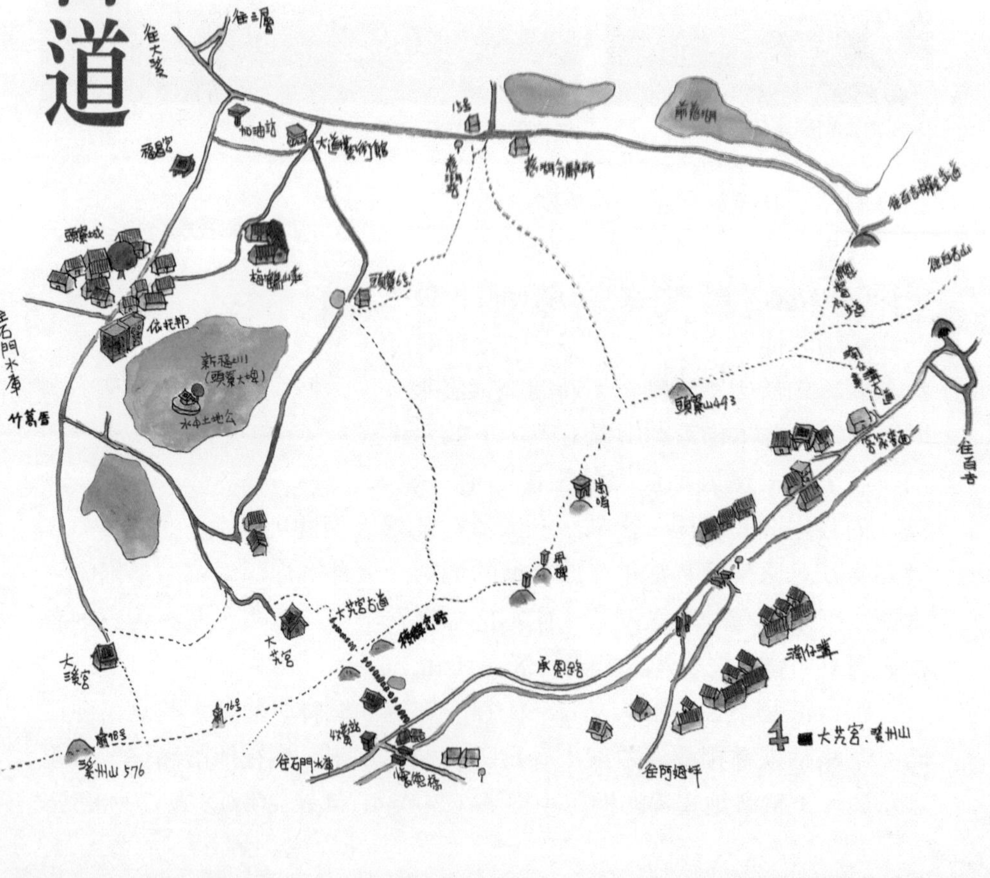

往五層
往大溪
加油站
福廣宮
大道藝術館
13号
斷層湖
頭寮城
玉蟾蜍仙庵
槍柏邨
往石門水庫
新福圳
(頭寮大埤)
竹篙厝
水中土地公
往石門水庫
63号
頭寮山443
往石碇嶺嘉喜岳
往石門水道
往名山
崙頂
大溪宮
大溪石道
平頂
大先宮
柵嶺古道
承恩路
湳仔寮
新旭号
往百吉
蒙州山576
4号
往石門水庫
楹德坊
往阿姆坪
大先宮·蒙州山

■行程

　同「大艽宮古道」。

■步行時間

　大艽宮古道登山口 ＿15分＿ 稜線岔路 ＿10分＿ #75高壓電塔 ＿40分＿ 崗哨 ＿20分＿ 頭寮

　山 ＿25分＿ 380M岔路 ＿20分＿ 客家麵 ＿10分＿ 湳仔溝 ＿15分＿ 大艽宮古道懷德橋登山

　口 ＿20分＿ 稜線岔路 ＿10分＿ 大艽宮

■適宜對象

　少年以上為宜。

■餐飲

　湳仔溝1號，客家麵，便宜好吃，遠近馳名。

陰暗的冬日，東北角多雨，不適合健行。開車南行，這回想拜訪的路線是溪州山山脈旁邊的頭寮山和湳仔溝古道。

　　我的登山路線繼續以大艽宮做為出發點，穿過頭寮大池和蓊鬱森林的感覺，讓人充滿進入某一早年鄉村的時光。

　　二個星期後再來，枯黃的油桐葉子幾乎落光，樹林呈現枯枝林立的景觀，展現一種少數山友登高望遠才能領略的冬日美感。踩在發出唏嗦聲的落葉上，冬日之蕭瑟也顯得

稜線上，三井和林嵩山圖根分界點。

滴仔溝小志

清同治4年（1865年），士林潘永清集資募丁，分十大股開墾滴仔溝一帶，闢地到枕頭山下的滴仔溝及阿姆坪一帶。

同治6年（1867年），潘永清招募屯勇墾民一批進入大溪山岳一帶大事屯墾，製樟腦售國外。

光緒4年（1878年），三層田心庄李永源承辦滴仔溝墾務。

光緒5年（1879年）3月，林本源將三層庄草嶺山場租與林大瑞，栽種茶樹。3月，林本源將三層庄草嶺山場租與林德吉，栽種相思樹、松柏樹。

光緒6年（1880年），在內山的泰雅族人出來四處出草，墾民一時四散，放棄墾業。

光緒7年（1881年），泰雅族人屢出滴仔溝出草，對抗漢人的入侵，各佃人盡為退出。水流東（三民）支持不住，各佃人亦盡退出。

光緒12年（1886年），林、李、江三姓人士開闢阿姆坪地區，黃姓開闢水流東地區，闢地已達四十餘甲。

光緒16年（1990年），阿姆坪興蓋南雅宮。

光緒17年（1991年），泰雅族人再度抵抗，焚燒阿姆坪南雅宮，當地墾民退出阿姆坪。

特別具體。

上抵古道的稜線後，決定繞行左邊，先往頭寮山巡視，右下滴仔溝古道，繞至懷德橋的登山口，再攀爬回來。

往頭寮山的山徑一如往溪州山，大抵是保線路的路基，寬敞而舒適。冬天時步行，簡直是豪華的享受。再者一有開闊之位置，或往左遠眺頭寮大溪，或鳥瞰右邊的石門水庫，都是恢宏綺麗的視野。中途有二處岔路，分別通往慈湖方向，落葉不少，看來也十分好走，再想及早年此地墾民在山

腳的居住，那些意想不到的隱身於林間的農舍田園。我暗自忖度，自己在此的健行恐怕還要三、四回才能盡興吧。

稜線上到處是茶樹遺株，中途看見石門水庫的河床，因缺雨近乎乾枯。我還聽見，白耳畫眉的「得得得」叫聲。這是在北台灣的山區，除了烏來外，難得聽見的特有山鳥之叫聲。但這兒更接近平地，猜想它們和烏鴉一樣，都是雪山山脈飛降下來渡冬的吧。烏鴉的「啊」聲則是一路尾隨著。

一路上遇見二個界柱，面北的都寫著

白耳畫眉。

頭寮山（涌仔溝山）山腳下的三合院一景。

「林萬壽」，面南的為「三井」。此為日治時代界碑，意為此一稜線北邊為林萬壽之產業，南邊為三井株式會社的拓墾地。林萬壽即過去的林本源家族，早自1860年代，此一家族就在三層地方拓墾。

　　過此界碑不遠，抵達陸軍營房和崗哨處。此為二十幾年前慈湖變成二蔣奉厝地後的守衛。如今人去室空，成為另一個歷史遺跡。總之，這個山頭從上上個世紀中葉迄今，始終充滿了早年政經歷史的況味。

　　此一線最高點為頭寮山（493M），頂峰有一總督府圖根補點，又名涌仔溝山，座標山頭不大，但展望還不錯。至少，三層和頭寮方向的景觀都相當清楚。由此下行，較為陡峭，扶繩而下，再一陣開闊路之健行後，抵達涌仔溝岔路。順涌仔溝古道而下，穿越桂竹林和綠竹林產業後，下抵涌仔溝客家麵。此一麵店因年關近了，早就歇息打烊。

　　店主家由旁邊小路進去，乃二、三戶人家的小村。住戶旁邊

整治中的涌仔溝溪，依生態工法在規劃。

滀仔溝1號，「客家麵」菜色。

還有土地公廟。麵店老闆住家為滀仔溝1號。老闆姓劉，看似七十多旬年紀，煮麵的大廚是他的老婆。但假日忙碌時，都是全家總動員。他們從百吉搬到此，已經住了上百年。沿馬路再進去，整個滀仔溝約有六、七十戶。這是一個尚未開發的山谷。但為何未開發，可能與這裡是石門水庫上游水源區有關。按地形觀察，遇暴雨時，旁邊看似狹小的滀仔溝溪，隨時會暴漲，形成洪流。這也是為何一路上，百年以上紅磚住家，都是靠著山腳台地形成三合院或一條龍，幾無靠著路邊的房子，只有中途幾間現代公寓勉強蓋起的原因。

在麵店享用自己帶來的午餐時，至少有十來部休旅車或轎車到來，看見麵攤歇業，隨即掉頭離去。我們很好奇地探詢來訪者。結果發現，他們都是特地來這兒吃麵的老顧客。看來這處位於偏遠小鄉下的麵店應該有一定口碑，旅客才會不遠千里到來。

未幾，劉先生出來聊天。他自我介紹是永和南勢角地區的人，後來搬到百吉居住。麵攤對面還有一條八結古道通往百吉。八結即百吉古地名。談及早年的交通，隧道未通前，不少百吉和滀仔溝的人會利用滀仔溝古道，登上頭寮山稜線，翻到慈湖去。懷德橋那兒的人則利用大艽宮古道翻到頭寮，前往大溪。

後來，我翻查1904年的《台灣堡圖》，大艽宮古道和北邊的台7線（當時為小路）都已經存在。到了1921年《台灣地形圖》時，除了上述二條外，打鐵寮古道和往大溪宮的山徑也出現了。

　　再翻讀，伊能嘉矩的《台灣踏查日記（上）》曾提到以下一段敘述，讓我確定了1897年6月時，他可能曾循台7線的小路，經由滴仔溝古道，翻越滴仔溝附近，再走到阿姆坪。然後，又一路沿溪上溯到角板山。

　　那段敘述如下：

　　一行人在頭寮休息片刻後，越過九芎山，山不高，從山頂眺望，大嵙崁方面似乎在指顧之間；往山區的方面是森林蒼鬱的蕃地，像一道天然屏障。山頂立著一個木造牌示，上面寫著：「嚴禁無許可者入生蕃地」。

　　原來九芎山就是現在的蕃界，土話叫「龍過脈」。

　　我們往谷地下降，四周被山丘所圍繞的谷地，現在是一片茫茫無際的草原，仔細一看才知道是已遭廢棄的水田。原來在最初的年代，清國政府實施撫墾制度的結果，獎勵二千多名台灣土人移墾於九芎山這裡，給他們建造二十二間房屋，也給予鋤、鍬等農具，讓他們大事開墾，同時也勸誘生蕃到這裡混居。獎勵開墾的同時，也設立隘寮，派隘丁駐寮防守其他蕃人的侵入。但是，由於主權更替，隘丁和墾地的土人都棄地出走，別地方的蕃人乘隙焚燒房屋，再度出沒於其地，造成今天所看到的荒涼景象。

　　不久，我們涉渡大嵙崁河上游到對岸並吃午飯。

　　從以上敘述約略可研判，伊能可能在今頭寮附近休息，此後由台7線沿百吉方向前進，文中提及的「龍過脈」即今注入前慈湖，蜿蜒小溪之谷地環境。九芎山當可確定係溪州山山脈支脈。山頂稜線之木造牌示現今已經消失。但溪州山山脈稜線仍有好幾處界碑。

　　不過，百吉國小老師廖明進、朱信雄二人的調查認為，當年伊能有可能走的是大艽宮古道，再下到滴仔溝尾的懷德橋。他們更進而指出，光緒17年，阿姆坪南雅宮被泰雅族焚毀的事變中，墾民撤退的路線就是

大料崁之役

　　19世紀末葉，台灣巡撫劉銘傳曾在大溪（大料崁）設「全台撫墾總局」和「礦腦總局」，試圖開展拓墾及製腦事業。但世居此地的泰雅族一直無法忍受漢人向內山進行掠奪性的經濟侵略，因而漢人的武力進剿與泰雅的報復性出草事件便經常發生。光緒12年（1886年）起，劉銘傳派兵二十三營，一萬一千五百人掃蕩大豹、復興、竹頭角（長興）、馬武督、上坪、五峰一帶的泰雅族。泰雅族人由角板山社總頭目Taimo Missel指揮與清軍正面交戰。雙方死傷慘重，加上瘧疾橫行，清軍折損一半兵力，連設於枕頭山的砲台都被奪去。光緒13年始不得已撤兵，講和。

由大艽宮、竹篙厝到內柵。

　　至於，伊能提及下山後的山谷，「一片茫茫無際的草原」可能是湳仔溝谷地，但更有可能就是阿姆坪。1886年時，漢人在阿姆坪已經墾地四十餘甲，劉銘傳亦派軍隊到此駐守，攻打泰雅族，只是後來又因軍力衰退而撤出。清朝詩人陳衍亦曾搭轎，在士兵護送下，從大溪街鎮出發，翻越溪州山山脈前往竹頭角，探視軍情。從旅記＜行抵台北內山加九岸記＞研判，雖然難以確定何條山道，但路線走訪地點和伊能嘉矩前往的路線相似，不免讓人直指大艽宮古道。（參見「大艽宮古道」）

　　用完餐後，決定走八結古道，繞到懷德橋去。旁邊有一處工地正在規劃湳仔溝的親水設施。由此過一石橋，沿湳仔溝前進。這是一條有點污濁，但尚稱美麗的平緩小溪，有些小魚棲息於裡面。連續再過了二座石橋後，左轉離開小溪，轉而沿著舊時的卵石水圳步行。一路都是綠竹林，接著是美麗而蓊鬱的隱密山林。在抵達台地的菜畦前，看到右邊有一獨木橋的岔路，山坡綁有「古道

大艽宮古道南面登山口。

翁」的布條，另有一指示牌書寫著：「往大溪坪山80分」。

詢問菜畦的農夫，「再往前可以抵達懷德橋嗎？」他答得很含糊，只告知可以到百吉。我以此模糊的回答做判斷，放棄繼續朝百吉前進。轉

湳仔溝小村的美麗田園景觀。

而按古道翁登山隊的指引，進入桂竹林。結果，此後一路在狹窄而隱密的桂竹林裡鑽探。鑽了近四十分鐘，走到一處岔路，才脫離桂竹林的干擾。左邊小路仍可通往百吉，但繼續往百吉的方向，或者找路都已經失去樂趣。

順著指標下山，快速地降抵「溪坪分線23」電線桿出口，旁邊不遠處即承恩橋。若是由麵店沿公路走到此，不需十分鐘。可憐，我們竟在桂竹林的山頭如此迷途，浪費一大段時間。（請參考「八結古道」地圖）

但接下來，幸好也有此一塞翁失馬之迷路，才能看到山谷兩邊的綺麗風貌。尤其是承恩橋旁邊，湳仔溝左岸的世界。過了橋，進入村子的小路，一個樸實的鄉村就精緻地開展。那裡是一個看似寧靜而優雅的田園，遠遠地，一排座落在山腳台地上的三合院紅磚厝，流露著百年寧靜和淳樸之美的風貌。因了這一綺麗的鄉村景觀，我們興奮地約定，下回

因防洪而整治中的湳仔溝溪，嚴重地破壞了當地的自然環境和田園景觀。

要以百吉為出發地，再來走訪一回。

《台灣舊地名之沿革》則如此描述湳仔溝，「湳仔溝亦在水庫北方山中一小型盆地內，海拔一百八十至二百公尺間。湳，閩南語讀dam，意軟地，溝即指發源於東北方山區，經此流注於水庫之小溪。」湳字帶水，我猜亦有潮濕之意吧。

從湳仔溝再前行，沿著公路，在溪尾的一塊田邊，看到二塊廢棄的石輪，石輪過去是用來壓甘蔗的，可見過去這兒也有蔗糖的產業。

由此再往前，抵達湳仔溝尾的懷德橋，大艽宮古道登山口，對面路邊山坡有一排美麗的苦茶樹。往上走，古道兩邊有駁坎產業，主要是柑橘。中途有一石頭小廟，並無土地公在裡面，或為一有應公小祠。廟前有一小池塘，栽植著茭白筍。上抵稜線後，銜接了先前的舊路線。（2004.1.18 陰）

湳仔溝的田地中有遺棄的石輪，證明附近早年即有甘蔗產業。

■參考書籍

伊能嘉矩著 楊南郡譯《台灣踏查日記（上）》遠流 1996

八結古道

■行程

由台7線過三層，經過慈湖，穿過百吉隧道，抵百吉街上，可看到百吉國小招牌，右轉即抵達，登山口位於校門左邊小徑。

另一路線，由台7線過三層，遇慈湖加油站，轉入頭寮，抵竹篙厝，有岔路至頭寮大池。池間有產業道路，穿過隱密的森林，抵達大艽宮，古道即在旁。

■步行時間

百吉國小 __50分__ 竹林岔路 __10分__ 覓龍亭岔路 __20分__ 二層坪產業道岔路 __30分__

龍珠山登山口 __30分__ 湳仔溝10號 __10分__ 客家麵 __50分__ 竹林岔路 __30分__ 百吉國小

■適宜對象

少年以上皆宜。

■餐飲

湳仔溝1號，客家麵，便宜好吃。

外婆橋「懷古客家美食」，美食有客家湯圓、麻油手工麵線，以及蕃薯湯。天御觀光花園正後方三合院古厝。

進入大溪前，從武嶺橋遠眺，對岸呈現清楚的三層地形景觀。第一層月眉，第二層大溪，第三層為美華和頭寮等地。三層後則是高聳的一排大山，包括了溪州山和金面山等。

這回去的地點是翻過溪州山後的百吉。晚近剛好又讀到小說家鍾肇政的一篇回憶訪問稿，他提到就讀中學時，正好太平洋戰爭爆發，日本人教員大批調到南洋打仗，學校缺乏教員，父親被拉去教書，地點在大溪山裡面的八結（即現在的百吉）。他們家也搬到那兒住了一陣。

鍾肇政中學時代照，取材自《鍾肇政的台灣塑像》一書。

百吉地名考

　　日治時代，百吉舊地名叫八結。但清朝時，最早的名字卻是「湳仔」，此一地名從清朝嘉慶年間就出現了。「湳仔」即閩南話，指的是河水停滯，爛泥充斥的地方。只是，到了光緒年間，又改稱文言一點的「南雅」。直到日治時代才被「八結」之名所取代。當時八結堡的範圍很大，包括了現在的阿姆坪、大溪坪、水井、大灣、湳仔溝等地。1945年太平洋戰爭結束，因為八結有大廟復興宮，改稱復興里；50年代更因北橫公路八結隧道的重修，當時的省府主席黃杰先生提為「百吉」隧道，百吉之名因而留用到今。

　　假期結束要回桃園的學校時，都得從百吉走路下山。當時百吉隧道還沒有打通。他都得從八結先走二個鐘頭，翻過一座山到大溪。下抵慈湖後，再走至頭寮，從大溪搭鄉下的巴士到鶯歌才坐火車。從這個敘述，我研判，這座大山應該就是溪州山山脈。鍾肇政所翻的山頭應該有一段湳仔溝古道，以及現今的總督府登山步道吧。至於八結古道，有無走過，就難以研判了。有回，我曾經向其請教，可惜鍾老年事已高，身體欠安，已經無法前往當地重新敘述，這段古道到底有無走過，恐怕會是一段公案。

　　但我唯一可確定的是，百吉國小校門前的台灣肖楠老樹，還有樹邊的水井，鍾老應該還十分熟稔吧。我在那兒停放車輛，開始今天大溪坪和八結古道的O型路線之旅。創校近八十年的百吉國小，對面是復興里衛生室，外表是那種典型常見的，三、四十年前的紅磚外牆小平房。

百吉國小前的肖楠老樹。

百吉國小的古井。

登山口在小學校門口左邊，從那兒往上登頂，先遠眺百吉復興宮。此宮是八結人信奉開漳聖王的信仰中心。它最早源自光緒16年蓋在阿姆坪的「南雅宮」。此宮不僅早年的歷史大有來頭，後來石門水庫興建，此宮沒入水底時，就連復興鄉三民的東興宮、角板山的福興宮，還有觀音鄉樹林村的復興宮，都是從南雅宮分出的。

沿著一段陡峭的山路上山後，隨即慢慢進入桂竹林的稜線環境。約莫百來十公尺，稜線上就有二座石碑並立，一座刻有「石堡界」，另一座則刻有「特區」。石堡界涵蓋範圍應該是湳仔溝和百吉的農耕和山林環境。「特區」建於民國47年，應當是石門水庫的涵養區。

一路在稜線上，水庫乾旱的特殊景觀屢屢在望。抵達一處炭窯，從炭窯可更清楚地眺望竹角頭山、外鳥嘴山

百吉老街上充滿歷史意義的廟寺，復興宮。

百吉古道兩邊初始為桂竹林。

和長興村（竹頭角）的風景。

崙頂的覓龍亭是眺望視野最好的一個頂點。由此東望水庫石秀灣、新柑坪，再注意遠處山脈形態，猶如一條活龍，蟠蜿翻騰，首尾忽現。難怪大溪鎮鎮長命名為覓龍亭。

這條稜線少說有三條岔路，可以通到阿姆坪。另外右邊也有二條路線，分別通往百吉派出所和湳仔溝1號。稜線本身的山路平坦好走。中途遇見獵狗和獵人，但不知在此有何動物可捕捉？山豬的可能性極低，又無野兔生長的環境。

抵達二層坪柏油路時，路分左右。當地人區分為大溪坪古道和二層坪古道。適才走過的稜線也有稱之為大溪坪古道。而第一個竹林大岔路處，係八結古道和大溪坪古道之分叉點。百吉地區古道之繁複，莫此為甚。此外，旁邊有一下竹林的小岔路，我懷疑可以通往湳仔溝，可惜並未嘗試，亦無路牌。後來在湳仔溝探詢，果真通往湳仔溝村落。

繼續往前，沿產業道路朝龍珠灣前進，經過茶園和炭窯。

二個界標並立，一為石堡界，一為特區，分屬不同年代。

緊鄰大漢溪,石門水庫的大溪坪農舍。　　　　大溪坪農產道路的林務局宿舍。

一路看到的二個炭窯,上面皆無黃土覆頂,形成類似機槍陣地的坑洞。終點為龍珠山登山口,以及懷德橋。橋邊有一間古厝土雞城。古厝後則有一排美麗的苦茶林。

　　沿承恩路往回走。在溝尾,我注意到,湳仔溝溪堤壩旁邊有水閘門引水成水圳,水圳穿過溪州山,流向頭寮。我猜想,這就是頭寮大埤水池引進的水圳。後來探詢當地人,果然是新福圳。由此引水,通過大芎宮古道山腳下的隧道,導入頭寮大埤。

　　進入湳仔溝的村子。湳仔溝10號

久旱不雨,近乎乾涸的石門水庫,昔時山路亦再現。

之1的主人，指著對面紅磚一條龍的宅院，他說自己的祖父九十八歲，小時就在這裡出生。祖先在此已經一百多年。接著，遇見一位年輕人李金春，他夢想著在此經營民宿，建立生態村，但礙於水庫

二層坪農路龍珠灣入口。

特區許多法律無法突破。湳仔溝村子的人多半姓李、倪和游。

　　約莫十分鐘後，走到客家麵店。那兒擠滿了來自各地的客人。我和家人各點了豬油粕煮的油麵、乾麵和陽春麵。還點了蔥花蛋、鹹豬肉和滷桂竹。以鄉下地區麵攤的風味評比，它的風味算是相當出色的。話說這豬油粕，年輕一輩大概都不知道是什麼。記得以前阿嬤都會從肉攤買回一大塊肥豬肉，切成小塊放入鍋中炸出油來，剩下的就是酥香的豬油粕仔。小時候肚子餓了，還會拿一、二個豬油粕仔，蘸鹽解饞。

　　吃完後，再走八結古道，順著水圳路，過了幾座小橋，經過薑母坪，再辛苦地走上八結山和大溪坪的稜線。此路可通往隧道口、總督府登山步道口。最後，經過一處巨大勾藤的森林，回到大溪坪古道的稜線。此後，再沿另一條森林的山徑，順溪溝旁小徑下山，最後沿大溪坪農產道路，走回百吉國小。這條八結古道走起來比想像中辛苦，應該不是過去主要往來頻繁的步道吧。（2004.2.1）

溪州山

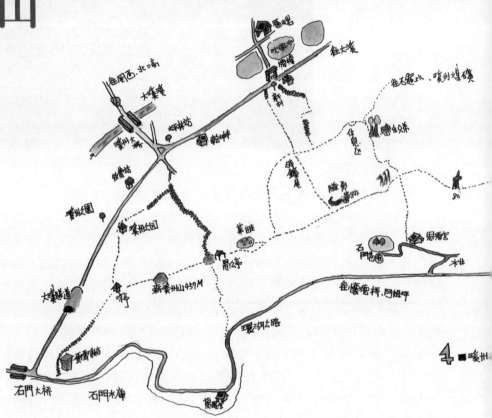

漫遊資訊

■行程

北二高龍潭交流道下，往石門水庫，過大橋後，左轉康莊路，在福山岩牌樓下車，此為最重要的登山口，另溪州公園和慈湖也有。或由大溪交流道下，往石門水庫，在福山岩牌樓停車，對面即登山口。

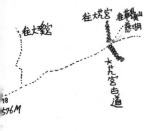

■步行時間

福山岩 **30分** 時鐘尾 **30分** 孿生兄弟 **20分** 十字岔路 **50分** 愚公亭 **10分** 新溪州山 **30分** 溪州公園

■適宜對象

少年以上皆宜。

石門水庫完工約在60年代中旬，那時起，溪州山就成為桃園地區一條重要的登山步道。山友來此不僅可以爬山，還能避開通行大馬路的門票費，站到高處觀賞亞洲第一大壩，以及壩岸兩邊山水明媚的風光。

此時的石門水庫，除了灌溉、發電、防洪外，也多了觀光遊樂的功能。君不見，旁邊還有什麼華麗的雲霄飯店、雲霄飛車的亞洲樂園等，提供了住宿、遊樂的內容，分明就是要遊客來此二天一日遊。早年如我之四、五年級一輩的畢業旅行，往往就安排了這個重要的必經景點。高中時，還來這兒搭船溯河，進而攀山涉險。

又過十年，山友選擇這條山路縱走時，還會健行到

從新溪洲福山巖遠眺溪州山。

慈湖去瞻仰老蔣陵寢奉厝的慈湖山水。當時，不論從溪州公園出發，或雲霄飯店，都得經過新溪州山、溪州山連接的稜線，再沿保線路下抵慈湖。這山路的熱門於此時達到了最高點。

　　那時有如此諸多大景觀元素，說實在的，就沒多少人在乎隘勇遺跡、煤礦坑或者古道的存在。但時隔事移，儘管大壩的視野依舊壯闊，慈湖也依舊秀麗，現今山友已沒人是專門為了這些大埤小塘的山水而來此了。過去那種水庫到慈湖縱走的某種意義，也大大降低。反之，健行者圖的是養身。更有心者，對此山殘留的古蹟舊事物也漸起了歡心。

　　我或許就是這樣的山友，雖然警覺到石門水庫、慈湖和縱走等等的歷史意涵，但登山時還是挑了福山岩的步道入口。福山岩對面的溪州蓄洪池區，過去是我在桃園尋找水鳥的重要濕地。石門山則是尋找八色鳥的重要步道。但在東邊俯瞰著福山岩的溪州山，像一道長城般高大地隔絕著，從不曾吸引我的注意。

從溪州山下望溪州。

日本台灣史學者伊能嘉矩。

這回突地拜訪，主要是和前些時日拜讀山友黃福森對此山的介紹有關。黃兄提及伊能嘉矩前往角板山時，曾經由九芎山（即溪州山）某一條步道翻過蕃界進入當時泰雅族的領域。此外，他也提到溪州山做為一個地理分界點的意義。儘管我研判伊能走的是湳仔溝、八結附近古道的可能性最高，但這個提示還是讓我不得不抽空，順便來走訪，以免掛一漏萬了。

　　從福山岩上山的登山口，其實是一段頗為陡峭的山坡路，儘管步道上鋪有枕木步道，而且一路在隱密的相思樹林下，然由於一路筆直而上，天氣熱時，往往揮汗如雨，相當辛苦。一路上的相思樹相當粗大，顯見未開闢已有一段時候，上了稜線後，到處是茶樹遺跡，更證明當時這兒已經有茶葉栽植，而且不少竹林相伴，可見開墾有一定程度的規模。我研判，這些都是從頭寮上來的人拓墾的。這兒連接頭寮、二寮等小村，山勢較緩，耕作面積較大。此外，這兒的稜線會殘留有隘勇遺跡，想必與此地理形勢也有關係吧。至於溪州山西北面，則因山勢較陡，人為耕作的地方少了許多。若不是石門水庫，以及康莊路的開闢（昔時靠大溪附近的煤礦便道），恐怕少有人會從福山岩攀爬溪州山吧。

溪州的洩洪池，固定成為冬候鳥的棲息地。

過山貓

　　台灣叫過山貓的蕨類，常見的有烏毛蕨和過溝菜蕨。但另一種也常被採食的是廣葉鋸齒雙蓋蕨，學名：*Diplazium dilatatum Blume*。跟過溝菜蕨一樣屬於蹄蓋蕨科，雙蓋蕨屬。二回羽狀複葉至三回羽狀分裂，羽片具短柄。羽軸有溝，與葉軸上的溝相通。側脈羽狀分叉，孢子囊群長在脈的二側，幾乎由小羽片中脈至葉緣，孢膜線形。

　　根據新聞，日本過貓（碗蕨科，*Pteridium aquilinum*）又稱火蕨菜。含致癌物，對人類存在著潛在的致癌毒性，不少日文保健書籍都曾提及。台灣過貓，即過溝菜蕨（*Diplazium esculenta*），又稱龍鬚菜，品種和日本過貓不同，但含不含致癌物，沒人研究，無文獻可考。

　　雖然有人說從戰後到現在都一直吃過貓，台灣原住民也吃過貓，都未發現有問題，但還是尚未得到西醫研究後證明，台灣過貓不含致癌物。

廣葉鋸齒雙蓋蕨。

　　從上坡的山路，我注意到，路邊山徑的蕨類都有被摘採、折斷的情形。還有一些深入林間的小徑，短淺不一，分明也是為採食蕨類而出現。一路上，不少山友也帶著塑膠袋摘採。

　　仔細探詢，他們採食的是過山貓的嫩芽，長相近似過貓，但它和過貓明顯不一樣。過貓即過溝菜蕨，多半產於濕地環境，山上較不容易看到。但過山貓是另一種蕨，叫廣葉鋸齒雙蓋蕨，普遍生長於郊山至中海拔，陰性環境的山區。密林下的山腰和稜線，最容易發現。溪州山大抵沿著大漢

從蓬萊仙島遠眺溪州山，圖中三角形之山為最高點。

從蓬萊仙島下瞰石門水庫和溪州公園。

溪呈由東北至西南列向，陰濕的西面山坡正好提供過山貓生長的極佳環境。比較有趣的是，此山是我見過採食過山貓最密集的環境。民間植物學者江德賢曾經研判，廣葉鋸齒雙蓋蕨的採集，這經驗可能來自原住民。看到此山的採集情形，以及早年的歷史，這段話頗值得推敲。

　　上了稜線後，山路變得好走，左邊前為溪州山（577M）、大芎宮，右邊通往新溪州山（475M）和溪州公園。另外，一條下山路，通往環河公路的水井。那兒有一座石門花圃。數年前，屢次到那兒尋找八色鳥，可惜只聞其聲，不見其鳥。我的神祕之鳥！這回依舊聆聽不著，過去之失落感，再度襲上心頭。

　　由稜線再往溪州公園前進。遇一岔路，先拜訪附近的隘勇遺跡。由此遺跡，我不免忖度，一百多年前頭寮地區墾民設寮的第一個前哨站，或許就是在這兒吧。

　　除了隘寮外，煤礦也是此山引人注意的物產。過去，這兒有一新溪州山煤礦，後來改稱永發煤礦。但這些在稜線縱走時，都看不到什麼遺跡，只有在頭寮大溪宮附近，殘留著廟寺、礦坑和炸藥庫等。寬敞的稜線，最適合春秋之日和某些溫煦冬日的健行，以及遠眺山水風景。

（2004.5.10）

新埔關西線

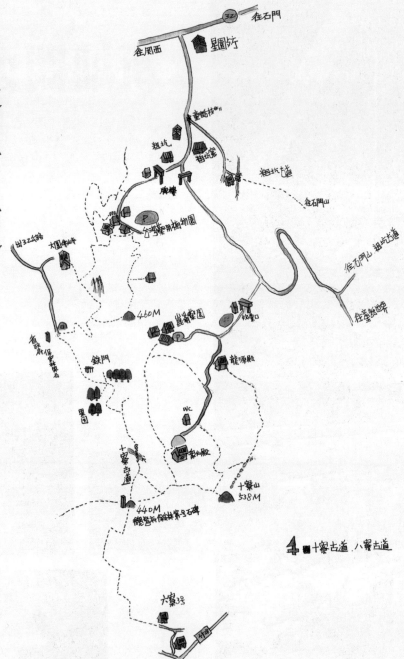

十寮古道

往周西　往石門　32┐

星園筒布

台電茶花植物園

粗坑　粗坑寮

牌樓

粗坑古道

往石門山

往石門山　粗坑古道

往童話世界

出32公路　大園停車場

460M　出口菜園　崔部菜園

牧場口

有致松保安苗石　鐵門

龍隆殿

果園　WC

十寮古道　象仙殿

440M　十寮山　538M

龍隆松保松東名石碑

大寮3号

十寮古道　八寮古道

台7甲

漫遊資訊

■行程

由北二高下龍潭交流道，往石門水庫，沿113公路，遇岔路右轉往3乙，過石門山勞工休閒中心，抵一星園餐廳，從左邊產業道路進入，前往台灣植物藥用園區。經過三、四分鐘即抵粗坑窯，再往前為登山口牌樓。

■步行時間

粗坑牌樓 __10分__ 台灣植物藥用園區服務台 __10分__ 園區岔路 __40分__ 保安林界石

__10分__ 十寮古道最高點440M __15分__ 十寮山 __15分__ 眾仙殿 __10分__ 龍源殿 __15分__

粗坑牌樓

■適宜對象

少年以上皆宜。

■餐飲

附近登山口有粗坑窯、台灣植物藥用園區等餐廳，建議自備。

車過粗坑窯後，把車子停放在岔路上二個牌樓前的公路邊，準備以O型縱走繞行十寮古道。同時，我也想觀賞二個並列的藥用園區區，台灣植物藥用園區和崑崙植物藥用園區。到底它們各有何內容與差異。在藥草養身逐漸流行的今日，又如何經營

通往崑崙植物藥用園區和台灣植物藥用園區的岔路。

台灣藥用植物園區藥草浴室。

一個野外藥草園呢？

　　這處石門水庫旁邊石門山之南的丘陵地，過去有幾條山路，位於關西和龍潭三坑、大溪間，成為當地人往來的道路，十寮古道便是其中之一，也有人稱為八寮古道，1904年《台灣堡圖》便繪有此路。此外，粗坑窯那兒還有一條粗坑古道，亦能O型縱走。我先選擇了縱深較長的前者，一探大致的環境。下星期油桐花季到了，再來走訪粗坑古道。

　　岔路上有一棟民宅，門牌號即寫著「粗坑」的地名，從右邊柏油路走進台灣植物藥用園區。門口收費站的小木屋已經廢棄。雖然改成免費進入園區，旅客仍相當稀少。沒多久，右邊出現一條平行的泥土山徑，但我們還是直接走上藥草湯池屋、服務部和藥膳館的園區。服務部的人跟我們說，台灣植物藥用園區和崑崙植物藥用園區，原本是一起的，但因經營理念不同，早已分家。從管理員的口述，台灣植物藥用園區比較強調自然原始的風貌，不注重人工管理。崑崙植物藥用園區區似乎較用力於人工管理和維護，積極地規劃各種藥草的販售和栽植。但還有一個重要的前提，不得不提及，進入這兒不必收費，如果進入後者，需要一百元以上的門票。

台灣藥用植物園區後，古道旁邊的土地公廟。

　　從服務部對面的登山口上山，旁邊的女貞屬植物正盛開著白花，猜想是日

泡桐

學名：*Paulownia fortunei*。玄參科，落葉大喬木。台灣特產。樹幹直立，呈鐵灰色，皮孔明顯。葉闊卵形或心形，葉片全緣或具淺裂，對生，紙質。花序成串向上揚，頂生於枝端，花大形、花冠呈漏斗狀鐘形，淡紫色具一點清香，開花期3～4月，比油桐略早一點。蒴果卵形，果皮木質。分佈於台灣低、中海拔地區。八卦山脈常見。

泡桐。

本女貞。隨即看到旁邊有一座古意盎然，屋脊帶有雕飾的石厝土地公廟。沿旁邊山徑上山，周遭有些竹製的住宿區，都已經廢棄。顯見這兒的遊客早年並未如預期多，後來許多設施都荒廢了。

沒多久，行抵岔路，往左為粗坑古道，現今闢建為油桐花步道。但油桐花開，恐怕還要一個星期後。順右邊土堤山徑前行，馬上聞到柚子清冽的花香。隨即，山路上到處是掉落的白色花瓣，同時出現了一些廢棄的柚子樹。山路旁邊也有舊的石塊駁坎。下行一陣，遇一岔路，右邊通往先前山路上看到的一棟建築輝煌的廟寺，叫瀚靈寺。

往左循序而上，山坡地出現一片瘦長而筆直的筆筒樹林。接近海拔四百四十公尺的岔路處，左邊可繞回園區。右邊山徑，進入了油桐林的世界。半途，在山徑上看到許多淡紫色的花朵掉落。油桐花為白色，而且還要一、二個星期才會盛開，這時會有類似的大型落花，我不免揣測，可能是泡桐。撿拾一朵試聞，果然有泡桐特有的清香。再抬頭檢視，從油桐的天空尋找，果然，其中一棵最高大、廣闊卵形葉子的泡桐大樹，就豎立在前。

它的樹身明顯比其他油桐壯碩了一倍。一般油桐都是單人手臂可抱，泡桐長到類似的粗壯時，即可砍伐。但這棵或許生長於泡桐價值沒落的尾聲，很幸運地未被砍伐，繼續茁壯，大到如今，竟可雙人抱，而且近乎二十公尺的筆直。

血藤的種子，在桃竹苗山區丘陵較容易見其結果。

話說70年代時，日本家具市場需要大量的泡桐，做為抽屜板材。台灣有不少農民搶種生長快速的泡桐，但那時卻感染俗稱「天狗巢」的簇葉病。許多農民隨即改種質材與梧桐相類似的油桐，以假亂真，仿冒梧桐出售。但是，日本人發現後，紛紛退貨。此後油桐繼續被當做撿拾油籽、取去榨油的樹種。要不就棄置山林，無人問津。這棵巨大的泡桐能夠倖存，想必是這種背景下殘留下來的。

接著，我又在路上陸續撿到一叢紫色花鞘，以及淡白花朵，抬頭仰望，驚見一怪藤，攀附在森林的林空。原來，那是許久未見的血藤，開花和結果了。這棵攀附著森林冠蓬的血藤，橫跨數十來公尺，猶若巨蟒躺臥林間。結著豆莢的果實纍纍，紫色的花簇亦成串並列，蔚為林間的奇觀。

下抵產業道路，旁邊有一保安林界柱。沿著產業道路往南，穿過鐵門，經過檸檬園。早年狹窄的十寮古道位於蔚然的密林裡，那兒殘存著一些石階；一股微少的溪水，自石縫間緩緩滲出，勉強成為山友洗臉、休憩的所在。在石門山這一帶，有如此小小溪泉存在，殊為難得。再往前行，再度聞到清香，隨即又一片檸檬園林出現。

持續往前，翻上最高點的山稜線（440M），那兒豎立著此間最重要的界柱，一個「台灣總督府水源涵養保安林」石柱。其中一面則有

滿山種滿檸檬的十寮古道。

台灣總督府水源涵養保安林地方界碑。

「新竹州新竹郡關西庄十寮大溪郡龍潭庄打鐵坑銅鑼圈第一號」。明顯地,這是一個地方界柱,也告知了周遭鄉鎮的地理內容。

這兒也是個十字路口。右邊通往東畚箕窩山,再下到四寮。如果繼續沿著十寮古道往南,經一些產業梯田環境,一小時後,銜接竹28縣道的八寮小聚落。

往左邊的小徑最為平坦寬敞,通往十寮山(538M)。未消幾分鐘,中途有一岔路,接到崑崙植物藥用園區的眾仙殿。殿前的廣場擺了幾尊中國名醫的石雕,以及藥草植物。順此產業道路下山,直接出了魚腥草到處的園區,都是柏油路面。約莫半小時,回到牌樓岔路的位置。一趟輕鬆而寫意的漫步。熟悉路況了,下回油桐花季時,或許可以再加上粗坑古道的縱走,走得更為踏實。

魚腥草。

休息一陣後,因為看到「桐花季入園免費」廣告牌,於是再開車進入崑崙植物藥用園區參觀。在進入園區後,發現周遭硬體都是一般尋常餐飲、販售部和簡陋的藥草泡湯設備後,不免有些敗興。在台灣要經營一間好的藥草園,恐怕得再好好地思索,引進更新的旅遊觀念吧。(2004.4.11 晴)

十寮古道上的八寮土地公廟。

粗坑古道石門山

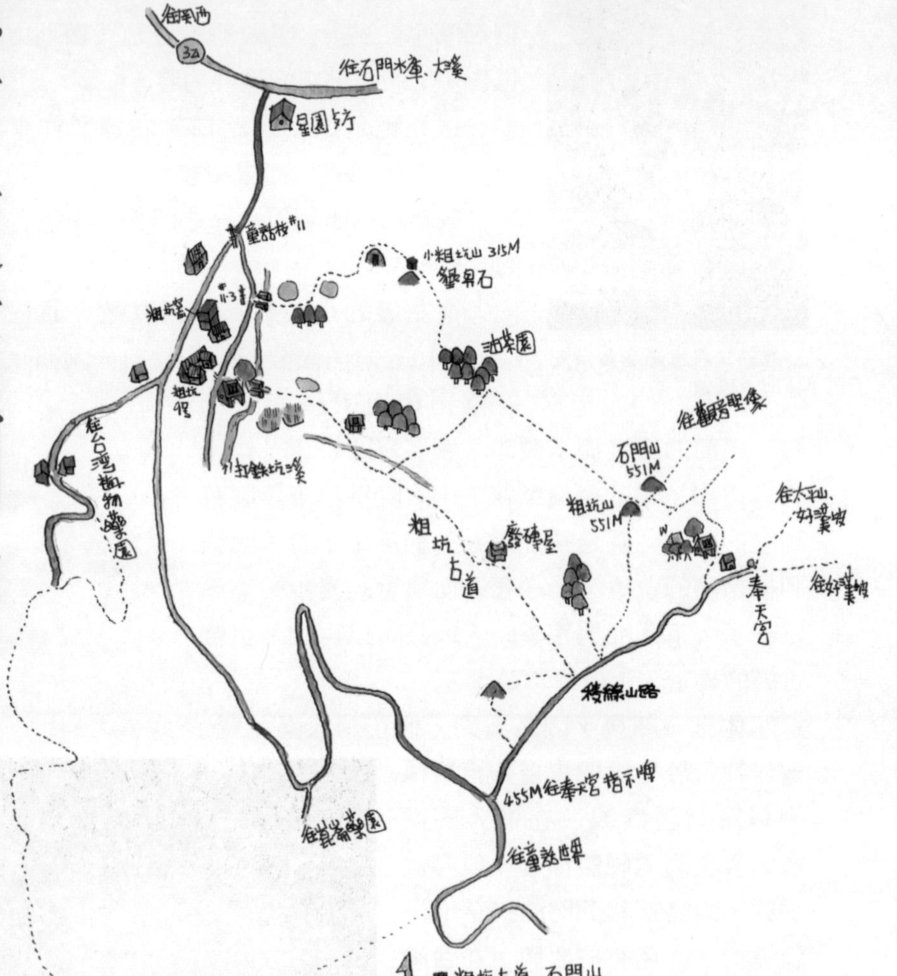

往埗西
32
往石門水庫·大溪

霞園行

童話村#11
小粗坑山 315M
縐摺石

粗坑窯
#3
珠園

粗坑
48
田字

引粗坑之水
往台灣欖物樂園
石門山
551M
往觀音聖像

粗坑山 551M
往太平山·妈廟坳

粗坑古道
廢礦坑
奉天宫
往妈廟坳

往慈湖樂園

支線山路

455M往奉天宮指示牌

往童話世界

粗坑古道·石門山

■行程

由北二高下龍潭交流道，往石門水庫，沿113公路，遇岔路右轉往關西3乙公路，過石門山勞工休閒中心，抵一星園餐廳，左邊產業道路進入，往台灣植物藥用園區。經過三、四分鐘即抵粗坑窯。

■步行時間

童話枝11岔路（粗坑窯前）＿**5分**＿童話枝11左支3＿**12分**＿小粗坑山＿**30分**＿油茶樹園＿**5分**＿岔路＿**5分**＿古道岔路＿**15分**＿廢磚屋＿**10分**＿稜線岔路＿**15分**＿石門山＿**15分**＿土地公廟＿**15分**＿稜線岔路＿**40分**＿粗坑窯

■適宜對象

少年以上皆宜。

■餐飲

附近登山口有一粗坑窯餐廳，賣咖啡簡餐等，充滿人文藝術風味。主人朱義成為一藝術工作者，電話：(03) 471-9010、(03) 471-8130。
粗坑9號曾家，賣土雞、土鴨、土鵝和小籽苦茶油，電話：(03) 471-7165。（婦人姓蔡，閩南人）

一、

石門山（550M），位於石門水庫入口西側，和溪州山遙遙相對。自1960年代石門水庫興建後，便成為重要的登山路線。

但由溪州山遠眺山頭，不免困惑，因為那兒有雙峰佇立。仔細核對才知，左邊豎立鐵塔者為太平山（535M），右邊才是石門山。

遠眺石門山。

由於位於水庫門前，例假日時，登山口固定擁有許多販賣山產的攤販和人潮。從登山口進入，隨即進入陰涼的寬敞林道。兩邊主要是高大的山黃麻。接著是油桐花。上抵山頂則以相思樹林為多。沿著林道，附近還有許多產業的駁坎遺跡，可見早年這兒就已拓墾。

登山小徑由於登山人數多，小路十分開闊，所幸多半未鋪石階，路況十分自然。

約莫五、六分鐘，抵達水潤的叉路口後，有二個選擇，往左邊還有數條步道，諸如騰龍步道、景春步道等，這些隱密的小徑都十分好走，亦可通達太平山山頂。至於主要的登山步道，則可抵達好漢坡的岔路。往右邊陡坡上山，至此可翻上太平山頂的路線。

若沿著最左邊的山路，視野開闊可鳥瞰石門水庫和大漢溪溪州段全景；同時亦可從這兒抵達石門

石門山

在台灣名為石門山的山實在很多，但是一等三角點的卻只有這一座，此山位於石門大壩西方，由大溪往石門的路上就可見到其身影突出前方，左右各有一個峰頂，左方的山頂上有天線，老遠就可看到，而且看起來較高，那是太平山。但是基石卻立在右邊的石門山山頂上。

若由第一登山口（天弓飛彈造型的石門山正門）入山，山內最出名的幾個景點皆可走訪，諸如最陡的好漢坡、風景秀麗的景春步道、土地公廟等，並可達水庫水文監測站鐵塔最高峰，往返約需九十分鐘。

第二登山口（西側入山口）則由勞工休閒中心旁的山路入山，沿途有觀音聖像、檳榔步道，一路迤邐綿延，直到三角點頂峰為止，往返一趟約需二小時。

山，一般登山人較偏愛這條路線，訓練體力。

水潤往右邊路線較為平坦，經過土地公廟，即是重要的賞鳥路線，賞鳥人喜歡由此一路觀賞鳥類。約莫十來分鐘即是登山小徑。從這兒可直接抵達石門山頂。

這兒除了常見鳥類外，最

八色鳥

八色鳥屬於八色鳥科，台灣只有一種，長約十八公分，在野外不易記錄，十分罕見。目前以雲林湖本村為主要棲息地。桃園石門山則固定有記錄。全身以綠色為主，眼睛有黑色過眼帶，腹中央至尾下方為紅色。飛行時二翼有白斑。它棲息於低海拔森林，常於地面啄食，發出奇特的「呼—伊呼」的叫聲。

八色鳥。

重要的鳥種無疑是八色鳥了。八色鳥是台灣罕見的夏候鳥。數量不僅稀少，繁殖的情形更是少見。日本人常特別為它南來觀察。在台灣除了雲林湖本村、美濃母樹林外，這兒亦是重要的觀察地點。如果有興趣觀賞者，不妨和桃園野鳥學會聯絡，參加該社團的活動，方能尋找到這種稀有鳥種。我來此多回，皆未見到。只聞其接近大冠鷲似的呼聲前奏，不斷地開了個頭，便在林空消失，不免有些悵惘。（2000.8）

二、

油桐花季節到了，沿北二高往南，土城山區和三峽鳶山都有油桐花盛開，但抵達石門山這兒時，遠眺著粗坑山方向，並未看到油桐花一簇簇的白色身影。但苗栗三義那兒，高一點的山區據說也已經盛開了。為何居處於中間的石門山，油桐花較晚開呢，我百思不解。有些人以為，可能是向陽的那一面先開花，之後才是其他面向的油桐林。

將車子停放在粗坑窯前面的公路上，由岔路往左邊的產業道路前進，左邊有一片茶園和一些油茶林。抵達打鐵坑溪邊，取左邊山徑過

荔枝草

學名：*Salvia plebeia R. Br*。別名節花鼠尾草、雪見草、癩蛤蟆草、青蛙草、皺皮草。唇形花科。二年生草本。莖方形，多分枝，被倒向疏柔毛。根出葉叢生，有柄，葉片長圓形或披針形，邊緣有圓齒，葉面皺折，富有腺點，兩面有毛；莖生葉對生。輪傘花序有二～六朵花，組成假總狀花序或圓錐花序。花冠唇形，淡紫色至藍紫色，外面有毛，筒內基部有毛環。花期5月，果期6～7月。生於山坡、路邊、荒地、河邊。中國大陸亦相當常見。我看到種於菜畦，算是相當特殊的經驗。

夏、秋季花開、穗綠時採收，曬乾或鮮用。功能主治清熱、解毒、涼血、利尿。用於咽喉腫痛、支氣管炎、腎炎水腫、癰腫；外治乳腺炎、痔瘡腫痛、出血。

橋，回程再由右邊的粗坑古道下山。循狹小山徑，沿油茶林子上山，路經一小水塘，遁入密林。

但在油茶林裡時，有一條小岔路，走進去，看到一畦畦的菜田，田上栽植的植物相當特別，看來是某種藥草。舌狀花，對生，鋸齒狀，研判是唇形花科或馬鞭草科。最有可能是荔枝草。

密林山徑旁，有一古墓，過此上抵一小山頭，旁邊樹幹上書寫著粗坑山，地面豎立有一個屯墾界碑，上頭有文字：「竹坑茶處屯墾界」。石碑有些斷裂，綁了紅帶，看似一個相當擁有歷史年份的碑石。

由此再往前，茶樹殘株不少。未幾抵達山頂的油茶林。林裡面有一保安林界柱。這片油茶林面積相當遼闊，從山谷的粗坑古道一直延伸到山稜線此地。但這兒的油茶樹比我以前所見到的植株矮小許多，葉子也較細嫩，可能是小果的油茶林，而非大果的。後來，我下抵粗坑9號宅邊時，看到採收的果實，更加確定是小號的油茶。他們賣的苦茶油一瓶一斤一千五百元，

樣式獨特的「竹坑葉處屯墾界」石碑。

細葉油茶。

並不便宜。

油茶林盡頭是一條岔路，若沿稜線繼續往前，約莫四十分後，通抵粗坑石和石門山。我們採下行，繼續穿過油茶林，下抵山谷的粗坑古道，順著小溪，再沿開闊的山路，逐漸往上。最後抵達一處周遭荒廢的紅磚屋，約有二十來坪大，旁邊還有一些枯死的麻竹林。旁邊有一小小水源。從這兒往上，山路變窄，一路得攀繩爬坡，方能上抵稜線。

稜線上有一平坦的產業道路。由此可再往上攀抵粗坑山和石門山。這二個山頭的基點都相當特殊。粗坑山

小果種油茶

油茶為山茶科山茶屬的常綠小喬木。其中大果種油茶（Camellia oleifera）為栽培種，又稱普通油茶，遍佈中國大陸的華中、華南，係最常見的油茶品種。

台灣於清朝自福建引進，後來成為山坡地重要經濟作物，果實較大。栽植四年後即開花結實，並可維持五十年採果而不衰。食用之苦茶油含豐富的蛋白質及山茶甘，營養價值及對高溫的安全性均優於一般食用油，甚至可和世界上名貴的橄欖油媲美。

小果種油茶（Camellia tenuifolia）俗稱為細葉油茶，是分佈於闊葉林中的野生種油茶，果實較小。油茶的栽培並不需要大量水份，栽培時間長。栽培得宜，栽植亦可維持五十年。種植後，五年就開花結果。花白色。一般於9月結果，10月果實變褐色時採收。相對於前者，一般專家認為大果油茶品質較穩定。

油茶林保安林界碑。

石門山一等三角點山頂。

粗坑古道上的奇特石廟。

有一殖產局三角補點（551M，在稜線西邊也有一粗坑山，海拔五百初頭，擁有水保界柱）。往前不遠即赫赫有名的石門山（551M），這兒才是主要山頭，擁有一等三角點，和另一基石上書寫著：「省政府」、「板新給水廠山頭」。

此一山頭唯有北面視野有展望，但比粗坑山好多了。往下瞰，粗坑窯的茶園歷歷在目。天氣晴朗時，龍潭台地、大漢溪沿岸，甚至更遠的林口台地和大屯山群都清晰可見。

從石門山其中一條通往奉天（聖）宮的岔路，先抵達一間香火鼎盛的福德祠，祠後有一棵茄冬大樹，也被祭拜著。廟旁邊還有一排七棵粗大的油茶，確定是大果的。其中一棵幾乎得一人抱，樹幹粗大得驚人。油茶樹下方一農家在做刺粿和紅龜粿。奉天宮已經被拆毀，附近有不少攤販，專門販售各種果物、零食和飲料等給登山的遊客。我們在那兒用餐時，旁邊有人在採黃花酢漿草。一位客家婦人說，它叫樸骨酸，可以泡水喝，防肝利尿。

由此往太平山和石門水庫方向，到處是登山客，例假日彷彿街市，我們往回走，走下

粗坑窯是一間別具人文風味的餐廳。

粗坑窯燒陶土的窯子。

粗坑古道，這邊較少登山客。一路沿溪而下，中途遇一奇特的石壁小祠。未幾，下抵粗坑9號曾家，探詢苦茶油的情形。主人順便向我們兜售土雞和苦茶油。她很誠實地說，價格較貴一些，因為都是山地。曾家前有一小土地公廟，旁邊樟樹枝葉繁盛。下面的打鐵坑溪有一小洗衣坑。

　　離開此，再往粗坑窯參觀。主人朱義成是位陶藝家，在此開這家充滿人文氣息的休閒咖啡坊，順便教人學習陶窯的技術，院落的餐廳擺設了不少復古的藝品，風味亦是這般情境。一園扶疏，古樸雅致，又有著現代感的格局，或許中產階級的人喜歡這樣的情調。這休閒藝術坊也有專人在油桐花季時導覽，帶人漫遊粗坑古道。（2004.4.18）

蓮華山古道

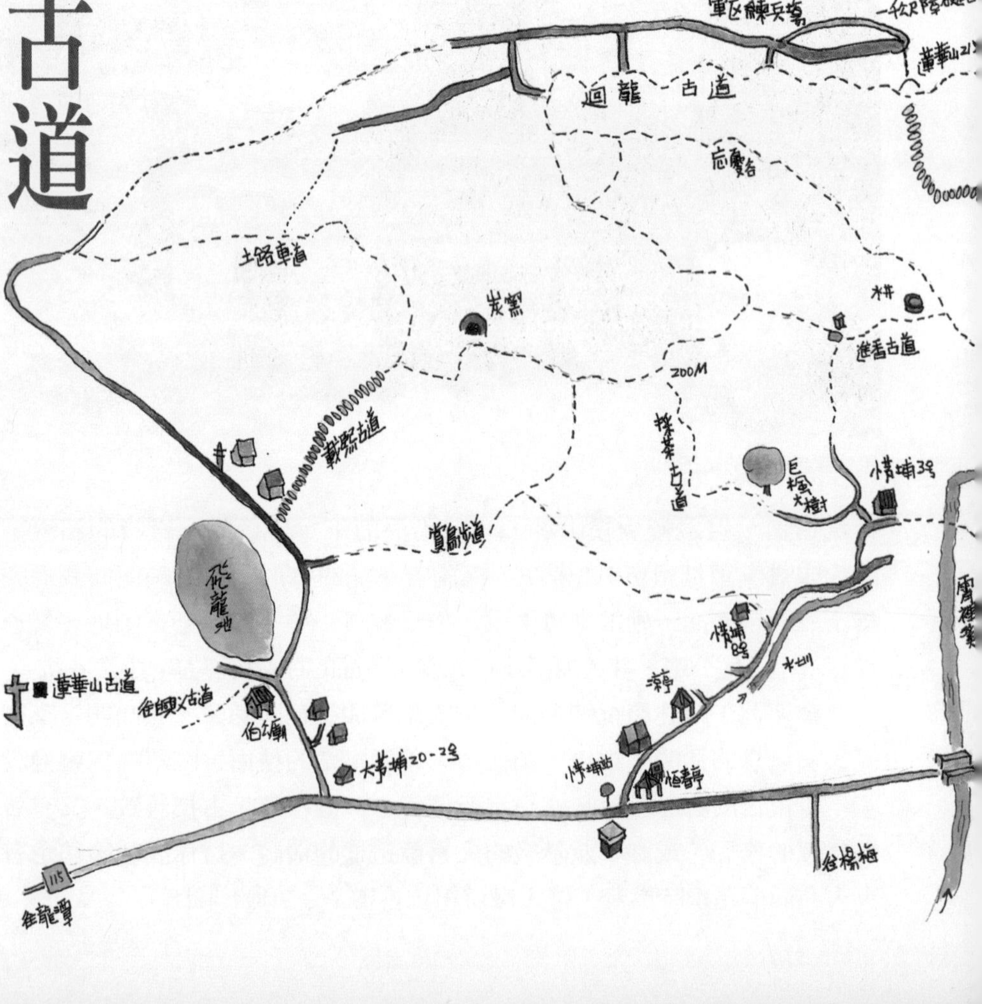
軍區練兵場
蓮華山21
迴龍古道
忘憂谷
土路車道
炭窯
水井
進香古道
200M
採茶古道
巨榕大樹
橫埔3號
賞鳥步道
飛龍池
蓮華山古道
伯公廟
大茅埔20-2號
橫埔8號
涼亭
水圳
橫埔站
恒春亭
往楊梅
霄裡溪
115
往龍潭

■ 行程

　由關西交流道下車，往新埔方向，在宵裡坑橋前右轉產業道路，有一三聖宮牌樓。由此行約一刻鐘左右，抵達三聖宮前崇聖亭，此地即為登山步道口。

■ 步行時間

一、

崇聖亭 __10分__ 水井岔路 __15分__ 龍頭 __30分__ 飛龍池 __20分__ 小茅埔站 __30分__ 三聖宮

二、

三聖宮 __30分__ 195M __10分__ 一千公尺障礙口 __10分__ 野戰靶場 __20分__ 基點 __60分__ 飛龍池

■ 適宜對象

　全家大小皆宜。

■ 餐飲

　附近無餐飲，宜自備。

一、初行

　　新埔東方的蓮華山，或許外地少有人知，但在當地可是集眾古道於一脈的重要山巒。若要了解新埔周遭山巒的風物，這裡更是重要的認識指標。

　　按慣例，將車子停放在三聖宮前。放棄了從崇聖亭登上

三聖宮崇聖亭登山口。

蓮華山

　　台灣之蓮華山亦甚多（六家亦有蓮華山），此山取名蓮華，因三聖宮冠有蓮華山得名。此一座北臨宵裡坑山，南臨鳳山溪。從聖帝廟入口，為斷層起點，至關西轉北，沿牛欄河而至銅鑼圈。山南為五分埔庄、六股水汴頭等村社。山北有三聖宮、三元宮，成為小茅埔、大茅埔的天然屏障。大體而言，此山為極遼闊的台地，平均高度約海拔八十公尺，最高為近關西的「聖母峰」（天主教修道院在山頂，取此名），山勢略陡峭，高約二百公尺。由蓮華山北望，大坪、照門、照東、涼傘頂山，一路青山綠水、山明水秀，村舍水圳歷歷在目。

稜線的登山路線，改由左邊的停車場走小路進入。一進去就是卵石台地的小徑山區，讓我想起苗栗挑鹽古道和新埔照門山的步道。小徑石階由紅土台地的卵石堆疊而成。卵石隨處可見，暗示了這是個貧瘠而缺少水氣

相思樹林裡的蓮華山古道，係由鵝卵石鋪成。

的環境。這樣的環境讓我一開始就有些躊躇，再加上天氣悶熱，還未出發就有些疲憊之心情。

　　約莫五分鐘，抵達岔路口，往右前往忘憂谷，往左到進香古道、載熙古道和飛龍池。後面三個名字都十分吸引我。當下就放棄到前一處風景地。往左邊，經過一處古井後，沿卵石堆疊有致的小徑循坡而上。上抵稜線，抵達龍頭。龍頭附近有二條岔路，往左是進香古道、茶葉古道和賞鳥步道。一個微地形竟如此複雜，這山若不來個二、三回，實難有個基本的初

窺。這三個地名也都誘引我繼續往左。稜線地區多半是鳳梨和茶葉。鳳梨尤其多。稜線則以相思樹為主，下方的植物以芒萁為優勢族群。從龍頭起，不斷地看到「陸軍營地」的水泥石柱。中途，還看到一處廢棄的炭窯，附近還有竹林。

經過進香古道，再經過賞鳥步道，終於抵達岔路，往左是一條卵石山坡。往右，筆直而上，芒草林立，似乎久未有人行，應該是前往飛龍步道的唯一路途。但想到暑夏以來，在稜線經常為芒草所苦，看到這種山路，都想敬而遠之。更何況，紅土台地往往非山高水長之地，再如何危崖的精彩，想必都是莽莽草木，猶如非洲灌木叢草原，難有水潤之景。還不如往下，一探飛龍池究竟。

白腹秧雞。

如此一想，遂往下行。下山都是卵石堆疊的石子路和駁坎。若按地圖指示，應該叫載熙古道。不知這名字的緣由，猜想是一位當地人叫此名字，而這是他開拓的吧。未幾，抵達出口，左邊有四、五戶人家。前方則有一廣大池子，無疑就是正對著龍頭的飛龍池了。真是一處好風水之地，遠處草叢裡傳來白腹秧雞的鳴叫。

這裡叫溪補里，旁邊又有條產業道路上山，猜想即賞鳥步道；但我決定放棄登山人所規劃的路線，畢竟可以預感到即將去的林子會是什麼風景，但若是走在柏油產業道路，卻是不可預知的風貌。如此研

蓮華山地質

台灣的平原土壤，分為紅色化鹼土、酸性沖積土與鹼性沖積土。

新埔地區在三百公尺以下，土質屬第四世紀沖積層，屬酸性，土質深紅奪目。此類紅土，含大量鉛質與鐵質，土層深厚，自數十公分至數公尺不等。一般而言，適合茶、柑、橘、稻、柿、相思樹的栽培，地下並無礦產發現。

至於，宵裡坑溪對面照門地區的九芎湖，大部份以砂岩、頁岩及泥岩為主。其間夾有礫岩薄層，所含化石有哺乳類、魚類、貝殼、海膽類和孔虫類等，而以貝殼化石最多。

陸軍基地遺留於台地的戰備訓練設施。

判，乃決定稍微逸出這個徒步的秩序。

　　過了飛龍池，有一處登山小徑，旁邊有一伯公祠，只有香燭，無神位。繼續往前，周遭的旱地種植著一種最近頗風行的植物，叫山防風。它的地下莖據說可以治癌，一年收成一回，價格不低。此地另外還有山葡萄販售，也是治筋骨的中藥。

　　沒消多久，晃抵竹20縣道路上。出口有一處蓮花田，蓮花正盛開著，周遭則都是稻田。最近台灣的鄉野似乎相當流行種植蓮花。走了一小段，抵達小茅埔的土地公廟和洗衣坑，左邊有一小路，遂彎入。結果，來到一處美麗小世界。

　　沿著狹小的柏油路走了一小段後，抵達水圳堤岸。蜿蜒的堤岸，金黃稻田美麗如詩。水圳裡盛開著許多漂亮的花朵。走了一小段，才驚覺，沿著水圳所看到的水草相當豐富，這是過去在其他地區不容易看到的景觀。我放慢腳步，觀察水圳裡的水草，發現了稀有的冠果草、台灣萍蓬草，以及常見的荸薺、空心菜、水蠟燭等。一名正在看顧稻田的農夫走過來。好奇地向他請教，到底這些水草從何而來？原來它們是里長請人種

紅土台地上的戰備道，非常適合運動。

植的。這位里長似乎很有心，準備種植這些罕見的台灣本地水草，但在這條狹長的水圳能成功嗎？我充滿疑慮。

台地上陸軍訓練基地的設施。

水圳盡頭並無小路可走，繞到旁邊的小水泥路，磨蹭一會兒，再經過一家陶瓷工作室，進入溪灘，脫下襪子，涉過溪水不過二十公分深、卵石蟲蟲的宵裡坑溪。再穿過花生田和蕃薯田，心境如昔時的墾民。最後跨過三聖橋，走回停車場。回頭眺望，這番光景再回味，道光年間詩人林占梅有一詩意絕美的〈宵裡莊曉發〉，突地浮升腦海。（2001.7.2 晴）

　　唱徹雞聲後，籃輿破曉馳；
　　霜高虫穴閉，木落鳥巢危。
　　凍日藏低樹，寒煙羃遠陂；
　　行來三五里，村舍始晨炊。

二、再訪

　　這次從崇聖亭旁的枕木步道走上去。約二十來分，隨即抵達山稜線。疏林中，隱約可眺望下方宵裡坑溪的美麗山谷和田園。再往前，枕木步道和山徑分開。厭倦了枕木步道的單調，投向更高的山徑，走

準備用來種植茶或花生的紅土台地。

載熙古道前段,以鵝卵石精緻地鋪設。

到一處開闊的休息站。那兒是陸軍一千公尺障礙的競技場,一條開闊的O型紅土路,位於平坦的密林裡。路上擺設了許多野戰訓練的設施。大概很少地方的林子如此平坦,適合慢跑。卸下背包,特別在那兒慢跑一圈,花了七、八分鐘,愉悅地繞行。這片林子裡山胡椒和山刈葉很多,相當特別。尤其是後者,在台北山區還很少看到如此數量眾多。說不定天氣晴朗的春日,這兒會有不少大琉璃紋鳳蝶呢。此外,人工的油加利樹和二葉松也不少。在成為營地之前,過去這兒可能是茶園,仍有不

寬闊的飛龍池,仍有土鯽仔棲息。

埤頭窩古道和載熙古道岔路的伯公祠。

小茅埔水圳溝曾經栽植各種水草。

少茶葉遺株。

　　輕鬆往前，抵達一處靶場和一處開闊的草皮戰鬥訓練場。訓練場旁邊有一水泥小徑，往左回到三聖宮。繼續往前經過森林，抵達另一處陸軍訓練營地和美麗的二葉松松林。再往前都是裸露的紅土台地，陸軍訓練的場地。一些開墾地，長了不少刺蔥，但我懷疑是刻意栽植的。未幾，抵達蓮華山的基點。

　　小憩片刻，復往前又進入林子，此後沿步道往北，進入一條無人的卵石小徑。卵石壘壘，截然不同於北台灣的砂岩和安山岩的山巒。但是走久了，難免又懷念起北台灣潮濕而濃鬱的山林面貌。

　　中途有二條岔路，應該都能通往載熙古道。約莫一小時後，抵達一處竹林卵石山谷，看似八色鳥十分喜愛的環境。旋

土鯽。

土鯽

　　土鯽即在來鯽，跟河內鯽（俗稱日本鯽）明顯不同。熟悉釣魚的朋友對土鯽應該不陌生。二、三十年前，一般鄉間的水塘溝渠，經常可見其芳蹤。但隨著福壽魚的引進，農藥、工業的污染等……，土鯽位於水塘中的比例已大不如前。一般土鯽習慣於在池底活動，河內鯽則在水塘中層。土鯽較瘦小，河內鯽體側寬大而肚腹亦大，自頭至背肩之間突然隆起。前者多於舊水塘，河內鯽則在水庫和人工池多。垂釣土鯽魚常見以香餌著手，但最好用的還是蚯蚓。土鯽雖然無其他池釣魚種具有拉力，卻是許多人童年釣魚時最重要的魚種。

以人力在秧苗上撒肥料。

水位不高的宵裡坑溪，在台灣史裡知名度並不低。

即，遇見一間紅磚三合院的農家，一位老婦人在此養豬。不遠處，飛龍池旁邊的農舍隱隱若現。

　　飛龍池有二個人在釣魚，遠方依舊有白腹秧雞鳴叫著。下去探詢釣魚的內容，竟是土鯽，非肚腹寬大的日本鯽。這種本地鯽已經不多見，唯有在這種老舊、偏遠的隱密池塘還可能棲息著。

　　繼續往下，山防風似乎未再種植，蓮花水塘也改為稻田。再從小茅埔彎入，有人親自在秧苗上撒肥料。現在都是機器，少有人工。水圳的水大概都是污水，上回看到水生植物都死光了。可憐的里長大夢，全都泡湯。宵裡坑溪築了醜陋的大堤岸，難過地越過溪水回到三聖宮。再想起林占梅的另一首〈宵裡曉發〉，少了一個「莊」字，旅行的情緒似乎低落了。最後二段如是描述：

　　聞鐘驚旅夢，看劍起離愁；
　　曉色蒼涼甚，風來撲馬頭。

（2003.4.4 晴）

清水古道

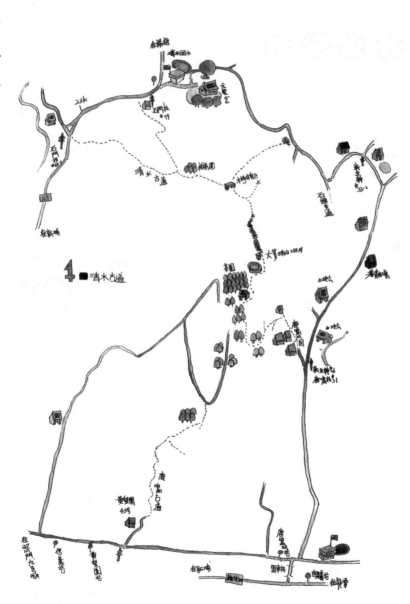

漫遊資訊

■行程
由北二高關西交流道下，沿縣118往新埔，再走縣115轉往楊梅，中途抵達清水國小。

■步行時間
清水國小 **30分** 石頭步道 **30分** 鹿鳴坑園 **30分** 大茅埔山 **40分** 清水古道岔路

20分 石門支#69

■適宜對象
少年以上皆宜。

■餐飲
附近無餐飲。只有新埔市鎮有。

清水古道有大部份路段係一般小型農用車的產業道路。

南有三段崎，北為清水道。西在燒炭窩，東則蓮華山。這是晚近我在新埔地區，最想走訪的幾條古道路線。

清水古道在汶水坑的清水社區，位於新埔北方通往楊梅的丘陵地山區。客家人在附近已經拓墾了二百多年。清水古道是附近丘陵地的一條重要產業路線，主要是運送桶柑和茶葉，如今有些還運送柿子和高接梨等。這附近丘陵類似的古道和產業道路其實並不少，但清水古道應是較有代表性的一條。

位於小台地上的清水國小，1966年8月1日

> **汶水坑**
> 汶水，濁水也。戰後改名清水。汶水坑支流有「龍泉坑」，諸河切割台地成許多小莊。大抵有汶水坑莊、汶水坑口莊、汶水坑中莊、汶水坑尾莊。鹿鳴坑即今鹿鳴里，清代該地鹿群棲息不少。

護守茶園產業的土地公廟。

成立。當時為照門國小清水分班，1971年才改制為清水國小。從這個小學校的成立，大抵可以了解，這是一個偏遠的地點。

清水古道即從清水國小後面的操場進入。古道旁為元聖宮，1902年建廟。廟寺已經翻新，旁邊一棵大榕樹佇立。古道除了稜線是泥土落葉的山道外，環繞著周遭的狹小山路，都是柏油產業道路，主要供運輸農產品的三輪小台車使用，幾無車輛往來。

一路上多為相思林的低海拔山區景觀，下方主要為月桃、芒草的環境。這時節草蟬的聲音特別響亮。有時旁邊會出現桶柑園和柚子園、竹林。抵達登山口起點，赫然發現清水古道口已經封閉，只得繼續往前，沿產業道路漫遊。這段古道的封閉，意味著當地人並不一定像文史工作者的期待，想要活化地方人文風物的內涵。簡單地從他們的角度思考，登山遊客到來，或許會帶來許多干擾，譬如隨便摘食果物等，影響了他們的栽作和日常作息。

一路上產業道路都有百香果，秋天來此，想必可摘食到野生的。這兒不只有清水古道，還有許多小徑伸入田園，森林的隱密處，不時出現三合院或舊時磚房。我非常喜歡這種客家隱密的小徑。幾乎每條都讓人想去走訪。由於缺乏天然的溪澗水潭，附近也有許多埤塘和貯水池，一些零星的

清水古道上擁有遼闊的茶園。

稜線上的古道十分平緩好走。

小溪都羸弱地流著。

無庸置疑地，這也是一條賞鳥的好步道，路途輕鬆舒服，值得賞鳥的朋友前來。一路上都有鳥叫聲，似乎也有八色鳥的鳴叫聲自遠方傳來。冬天時，想必會有特別的冬候鳥出現吧。

有一種春、夏天時常看到的步行虫，叫黑廣肩步行虫，體型約二‧五公分，不斷出現在古道上。一路行來，大略估算，碰到了十幾隻。嘗試著捉了一隻，結果發出惡臭味。

由鹿鳴坑園，經過養鹿人家、雞場，再穿過一些柑橘園和卵石坑環境，抵達稜線頂的茶園台地，茶園中有一小土地公廟。附近的茶園佔地非常遼闊，展現廣袤的風景。沿舊步道愜意而行，穿過雜木和芒草的環境，繞過舊水塔，抵達了大茅埔山（鹿鳴坑山），有一個巨大的三等三角點。此後，一路是落葉山徑，非常舒服地走了半個多小時，抵達清水古道岔路，在人工坐椅享用午餐。

古道的山徑頗雅致、明亮，旁邊都是柑橘園。還有運送柑橘下山的纜繩設施在古道旁。古道終點，公路對面有一條小路延伸，中途座落一間土地公廟，老樹梅伴著。廟後一片婉約的梯田環境，下降至不知名的山谷。小溪自密林裡蜿蜒出來，深具秀麗、清出的情境。下方河床沙土頗多，應該有不少文蛤。二年前來此，就印象深刻，這次依然。（2003.5.26）

載運柑橘下山的纜繩設施。

三段崎古道

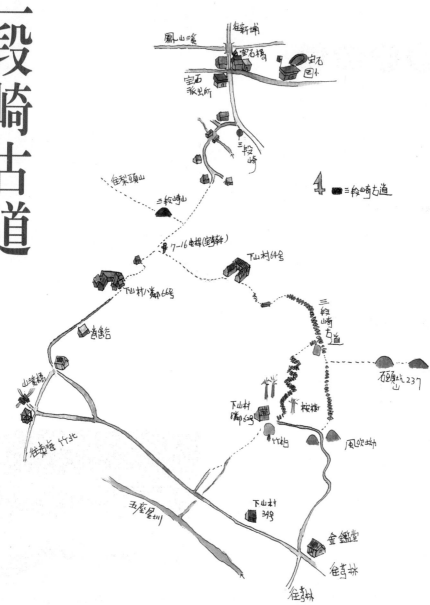

住新埔
鳳山溪
宝石橋
宝石國小
宝石派出所
三段崎
三段崎古道
住梨頭山
三段崎山
7-16电桿(宝雙幹)
下山村64号
下山村八鄰66号
三段崎古道
君鶴居
石頭坑山237
山湖橋
下山村鄰62号
按樹
住芎蕉竹北
竹柏
風吹坳
玉座壁圳
下山村34号
金鑑堂
住芎林
住芎林

漫遊資訊

■行程

由北二高關西交流道下，往新埔市區，過宵裡橋後，走左邊公路至文德路(新芎路)右轉。過寶石橋，往前約五百公尺，右邊有三段崎站路牌，在此停車，往回走約六、七公尺有一小巷道，即古道入口。或在新埔搭乘新埔芎林線新竹客運，在三段崎站下車。

■步行時間

三段崎 **20分** 三段崎山岔路 **3分** 7-16電線桿 **10分** 下山村64號 **25分** 石頭坑

山237 **5分** 風吹坳 **30分** 金鑑堂 **30分** 山溪橋 **20分** 下山村八鄰66號 **30分**

三段崎

■適宜對象

老少咸宜。

■餐飲

宜自備餐飲，寶石附近有雜貨店舖。

新埔是桃竹苗丘陵地上的大鎮，位於新竹縣東北方。附近小村鎮多半也以新埔為農產交易中心。從清朝時，周遭丘陵即廣泛栽植茶、柑橘等物產，附近農民也開闢多條山徑，便利住民往來。其中數條，今人分別依當地山勢地名稱之為清水古道、載熙古道、埤頭

土角厝三合院一景。

三段崎古道上的土角厝三合院，仍保持早年風味。

窩古道等。

這回要走的三段崎古道亦是其中一條。不同的是此條古道在鳳山溪南側，位於竹北、芎林和新埔間，早年除了提供農民挑擔物產，翻山往來之外，根據當地老師的回憶，早年家住在芎林北方，但離寶石比較近的學生，也會翻山，走此狹小泥土山路，踱步到寶石小學上課。

在新竹客運三段崎站牌停車後，從竹林小徑進入。此一小路是農民的產業道路。通過小溪沓沓的寶石橋，產業道路緩緩上升。經過臭氣薰人的豬舍後，路邊出現柑橘和柚子園，此後一路都是這類果物，極少新埔代表性的柿子。有些果園似乎乏人整理，棲息了許多蝴蝶和螽斯類昆蟲。尤其是幼虫主食柑橘葉的鳳蝶，明顯地特別多。未幾，爬到一處岔路，往右約二分鐘，可通往三段崎山，並銜接至著名的犁頭山。按地理環境而言，這整塊山系都是新埔南方的犁頭山山脈。不過，都是二百多公尺左右的小丘陵。

在一棵烏臼上發現了特有的白臘虫，

白臘虫

中文名為渡邊氏長吻白臘虫。頭部相當長，末端呈球狀。此凸出之球狀物和二複眼略呈等腰三角形。前翅呈黃綠色，翅面上有黑褐色斑點。腹部背面稍呈白色。成虫善跳，也會緩慢飛行，以烏臼樹汁為食。棲地分佈以台灣北部一千公尺以下的山區為多，被列為保育類動物。

下山64號前的古道遺跡。

約三、四隻。這種頭頂彷彿拎了一盞燈籠的保育類動物，喜愛停棲在烏臼樹，吸食樹汁。據說北部山區很多。但我在野外多年，還是首次觀察到。

旋即，來到電線桿「寶斗7-16」，右邊有柵門。此一隱密小山路即三段崎古道最完整的一段。原先走的產業道路，若繼續直行，經過下山村土厝聚落，下抵山溪橋，通往竹北的東海。

進入古道後，一路是平坦而寬敞的泥土路，兩邊主要以柚子為主。約莫十分鐘，抵達一處荒廢的農家，下山64號，屋前仍有菜園，種植了各樣的蔬菜和果樹。農家旁邊有卵石小徑，過一舊水泥橋，開始緩坡上山，進入森林的落葉小徑。走在這鬆軟的林徑，非常愉快。但不知為何，這時林子裡不斷有尺蠖和某種蛾類的毛毛蟲，從相思樹林的樹冠層吐絲而下，衣服上隨時都會沾上一、二隻。回家後，全身奇癢無比。

過了泥土路，又是逐漸上升的緩坡。這時一排瘦長而整齊的卵石石階出現在前。這排卵石石階保持得非常完整，在相思林下橫陳出一種說不出的清麗、素淨，截然不同於我所熟知的其他古道之況味。同樣屬於紅土台地的挑鹽古道，雖然知名，卻難以和它媲美。除了前面這一段約二百多公尺長，翻過山嶺的岔路，左右又各一條，也有相似長度，

檸檬桉。

檸檬桉

　　桃金孃科桉屬植物，常綠，可生長至二十多公尺。高大垂直，樹幹非常光滑，顏色為白色，帶點淡藍灰。葉互生，披針形。樹葉揉碎後會散發出檸檬香味。蚊蠅不敢近。果子為球狀壺形。5、6月樹皮易脫落，生長迅速，是家具、建築和電桿的好材料。此樹的水份由樹根向上不停抽向樹葉，以供光合作用的燃料。耳朵靈敏的人，把耳貼著樹幹，據說可以聽見水流的聲音。

　　以前，台糖中部的月眉糖廠特別在養豬場旁邊種植上千株的檸檬桉，以其散發的清香，隔絕豬隻的味道，而且檸檬桉防蚊，人畜均受惠。

唯環境不若這兒的乾燥。這塊山區叫石頭坑，主要也是源自附近多卵石之故。

　　過了第一段卵石路，遇岔路。往右邊小徑探查，此一下山小徑較陡，卵石小徑呈Z字型。斜抵山谷附近的農家時，赫然看到幾十棵奇特的白灰色大樹，矗立在森林裡，隱隱泛著暗藍色之光。趨前細看，樹幹腳正在剝落樹皮，全株光滑。撫摸之，堅硬如水泥塊。仰望之，亦如電線桿，筆直而上，十來公尺。僅高高的枝頭頂冒出細小如相思樹之葉子。我不曾在北部山區見過此樹，猜想是外來種。但為何種植在此，卻百

以鵝卵石鋪陳的三段崎古道，保持得非常完整。

思不解。撿拾地面葉子，搓揉、細聞，散發出如香茅般好聞的香味。從樹的長相，研判是桉樹，再聞這香味，更有把握。一位山友亦撿拾到像油加利樹的種子。後來，回家核對後，迅即查出其身世，果然是來自澳洲的檸檬桉。我亦發現，附近的樟樹和其他樹種一樣多半筆直而上，猜想這兒較無風，樹都往上生長，乃蔚然形成這種電線桿森林的情景。

　　下抵農家後，發現周遭堆積著器物和木柴的小屋，多半是低矮的土角厝。連住家亦是，只是外層多塗上了石灰。後來，在山路上遇到的幾間獨立農家，多半也是如此內容，維持著百年前原始的淳樸之味。在新埔周遭的古道上，農家環境和小徑之保存仍能如此完整的，當屬這兒了。

　　農家的主人正好回來，是一對中年夫婦和老太婆。我們和他聊天，探詢桉樹何時栽植的。他們說祖父時代就種植了，恐怕已經有六十多年。種桉樹做什麼用？他們說主要是用來當土角厝的支柱。老太婆插嘴說，桉樹容易蛀，還要先泡水。

　　年輕的主人看我們對樹木如此好奇，特別帶我們再去看一棵百年的奇特大樹。一般人看它不過是一人抱的樹，大概不會以為有什麼特殊。但我一看，不禁吃驚，原來這是一棵台灣竹柏。男主人亦知此樹是上好的家具樹種。過去有人到此想跟他們買此樹，但他覺得稀有，捨不得砍伐，繼續保護著。

　　竹柏旁邊有一條陰森而濃鬱的森林小路，跨過小溪床後，走約半小時，即可到達產業道路。但路面太濕滑，男主人建議我們走一般的產業道路繞過去，或走另

竹柏。

一條卵石路，上石頭坑山，再出寶石。

　　告別主人後，往前再行，不到百公尺，隨即抵達這兒最著名的「風吹坳」。此一隘口位於二山之間，即犁頭山和石頭坑山之間，據說是東北季風最強的位置。縱使今日無風之時，我們仍舊感受到徐徐

仍舊保存的土角厝柴房。

春風，強勁地迎面而來。從隘口亦能居高臨下，遠眺六家的美麗稻田風景。在那兒享用午餐，欣賞下方東海的田野景色。

　　從這兒沿產業道路下去，約莫二十分，可抵達一堂號金鑑堂的住家。由此再沿竹22產業道路，沿山腳遊蕩半小時，抵達山溪橋的茶亭。從那兒往北，又有一指示牌前往逍遙谷，順此路再上山，回到下山村，再度拜訪那些保持著上個世紀中葉台地客家風貌的淳樸農舍。這一段O型路線，目前是熟悉的山友最常健行的方式。

　　那天用完午餐，我們繞回另一條卵石路，走到石頭坑山的二處基點探視，那附近的山頂過去似乎都是茶園，如今都已廢棄，周遭亦無任何視野。從石頭坑山，也有一條山路通往115縣道。但我們還是折回原來的舊路，帶孩子去寶石國小打棒球。（2003.6.15）

燒炭窩古道

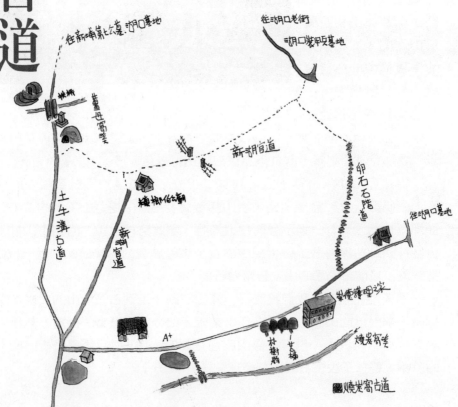

往新埔第七公墓·胡口墓地

往胡口老街

胡口裝甲兵基地

炭坑

土牛窩業

新胡官道

卵石石階道

往胡口墓地

土牛溝古道

新胡官道

樟樹伯公廟

A+

裝電蟻螺理家

林樹腳

苦楝

燒炭窩莊

燒炭窩古道

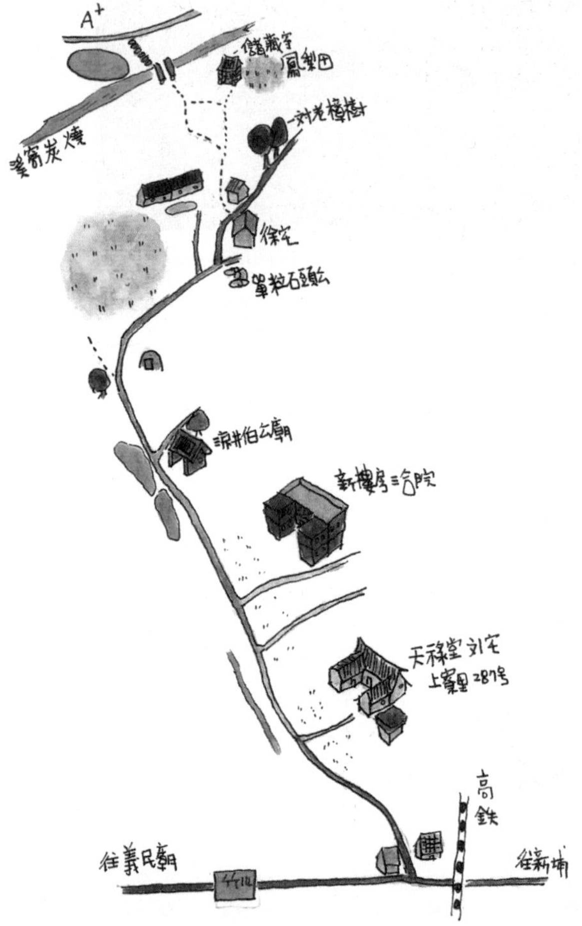

漫遊資訊

■行程

北二高關西交流道下，沿118，過新埔鎮，遇大岔路，右轉接義民廟的竹14，過枋寮國小、高鐵高架橋後，第一條巷子右轉即古道入口。

■步行時間

天祿堂 **15分** 徐宅 **10分** 卵石石階步道 **30分** 糠榔伯公廟 **10分** 拱橋 **20分** 徐宅 **15分** 天祿堂

■適宜對象

一般少年以上皆宜。

■餐飲

崇德護理之家「花草林餐廳」，下枋寮11-16號。

天祿堂劉宅前的廢棄水稻田，仍舊保持著濕地的環境，一些挺水性的植物密生著。我注意到了好幾叢叢生於草地上的菊科植物，葉子肥

海桐

海桐科，別名海桐花，台灣原產，普遍生長於台灣北部濱海地區。常綠灌木。葉革質，叢生枝頂，倒披針形四～十二公分長，二‧五～四‧五公分寬，前端鈍，全緣且稍反捲，上表面色暗。繖房狀圓錐花序頂生，疏鬆。花黃白色。蒴果圓形，先端突起。種子紅色，埋於黏漿中。常為庭園觀賞、海岸防風、綠籬。

海桐。

天祿堂劉宅是燒炭窩地方重要古蹟。

厚，相當突出。摘了一片搓揉，竟有蕃石榴的香味。這是過去不曾在別地見過的植物，研判是外來種。後來回去尋問友人，果然是最近常見於西海岸的馴化植物，翼莖闊苞菊。

這種植物，加上溪邊形成綠籬般的海桐正在開花，讓我對即將展開的古道旅程充滿了莫名的亢奮。

先拜訪上寮里287號的天祿堂。天祿堂劉宅祖先為劉河水，自廣東渡海來台，於淡水經商多年，後定居上枋寮。

此一古厝座北朝南，創建於1915年（日本大正4年），佔地八百多坪。建材幾乎都是對岸所取的材料，並由大陸師傅所設計，保持著客家院落典雅潔淨的特色，視野風景良好。門前還有一對早年壓製甘蔗的石輪，我以為是早年遺

翼莖闊抱菊

挺水植物。菊科，多年生直立草本。全株高一百～一百五十公分，具香氣，密生絨毛、葉互生、莖上有翼、葉緣有齒。花叢生如一團鈕釦。原產地在美洲，現在已經是台灣西部沿海，甚至郊野，常見的濕生植物。葉子搓揉有蕃石榴味。最明顯的特徵是自葉基部向下延伸到莖部的翼。在有風的狀況下，可加速搖動植株，增加其花粉的擴散；或者讓昆蟲看見花在哪兒；也有人認為，其莖增加了光合作用。開花期在夏秋季。

新埔上枋寮劉氏雙堂屋

　　走訪燒炭窩前，回程時，不妨參觀新埔上枋寮劉宅，新埔鎮上寮里238號。新埔上枋寮劉家可追溯至乾隆20年（1755年），廣東省饒平縣人劉瑞閣之妻詹氏攜子渡海來台。最初先居住於鹽水港（新竹香山）一帶。之後，長子劉延轉赴枋寮發展，在新埔上枋寮劉宅的現址，依原鄉住居形式興建一座四合院祖堂。初建時，僅是築土為牆、茅草為頂的一般客家民宅。

　　直到1919年，劉家請來匠師翻修，前後費時十年，額外加建了左右各三排的橫屋，才完成了今日所見，俗稱「二堂六橫式」的大塊格局。總體建築面積將近三萬平方公尺，內部空間規劃共計九十九間室，正中央為前後二進的「雙堂屋」，與左右兩側的層層橫屋形成ㄇ字型對稱式的平面配置，呈現客家傳統民宅建築的特色，也反映了劉氏家族人口的興盛。

留的，但旁邊的家族後代說是從外地買來的。

　　一般老屋正廳最上方有根棟樑，二邊牆上各有一根柱子，在二根柱子上有一幅對聯，即俗稱「棟聯」。此為標準的客家民宅特色，天祿堂即有此特色。

　　進入巷子後，這並非第一棟天祿堂。之前還有一棟，上寮里283號，刺竹環繞，正廳懸有「明經」匾，唯屋子疏於管理，已經有些傾圮，塌倒一部份。

　　觀賞後，繼續沿溪邊的產業道路前進，這條路就是過去的燒炭窩古道，目前僅剩下山區的卵石石階步道保存。其他地區都鋪成水泥或柏油小徑了。眼前一棟公寓式大樓的大型三合院，觸目地突立於水稻田之後的坡地上，前面的水稻田也處於廢耕的狀態，長滿了各種濕地型的野草。

　　再往前，古樸的涼井伯公廟在老樹上緊鄰著池塘畔，優雅而闃靜。伯公廟外柱對聯寫著：「涼山萬青福庇群生，井水千清神佑黎民」。內柱則為：「福臨萬井倉箱出，德及千家吉慶多」。以涼井為名，客家地區時有耳聞。多半是附

古道上的新式三合院。

近有一口井存在。此地亦不例外，廟旁邊即保留了一口迄今地下水仍源源不斷的老井，井邊則設有一個打水泵。

古道上的涼井伯公廟。

涼井伯公廟井前據說是燒炭窩溪源頭之一，一個寬廣而幽靜的綺麗池塘。廟旁之後的產業道路旁依舊在耕作，綠油油的秧苗出現了。一位農婦正

古道旁邊的水稻田。

一對被譽為夫妻的老樟樹。

持著苗籃，辛勤地插秧。水田旁邊有一整理很好的樸實古墓，雖有石球、石柱對聯和獅象等動物浮雕裝飾，卻保持水泥的暗灰原色，並無馬賽克等磁磚之彩色拼貼等等干擾，連護侍在旁邊的土地公廟都是陳舊的水泥原色。我總以為，那展現了客家人對祖先的虔敬和堅持的某一種生活質樸。

左邊燒炭窩溪前，風景如水墨畫，眼前橫陳著一片廣漠的水田，荒野中則有養豬的紅磚長屋和漁池，彷彿西方旅行家描述的19世紀場景。繼續往前，旁邊出現了奇特的單粒伯公廟，仍舊香燭縈繞。附近有無患子、錫蘭橄欖等樹種。接著是一間沒有門牌號碼的房子，姓徐，因而稱徐宅。旁邊電線桿為「枋寮高幹50-18」。

徐宅前有岔路，但一般人只會注意到往上緩坡的大路，疏忽掉左邊貯藏室旁，有一小小的隱密田間小徑。往大路上行約百來公尺，左邊有一對樟樹，被稱為夫妻樹。它們把樟樹的雅致和理性之美都完整地矗立出來。再往前，一間叫墾園的休閒鄉土農場，庸俗有之，不談

潔淨雅致的古墓。

燒炭窩溪上游的美麗池塘。

也罷。

　　回到徐宅，沿田間小徑下行，通過盛開著黃色花的茼蒿菜田，附近有人栽種香椿、檸檬和鳳梨，但除了香椿，其他都廢棄了。在那兒尋找越過燒炭窩溪的小路，卻遍尋不著。退回一片菜畦豐腴的環境，才發現了過溪的小鐵橋。

　　過了橋，隨即看到早年的卵石古道遺跡，旁邊則有一個廣闊的橢圓形美麗池塘，長約百來公尺，寬則有四、五十公尺。翠鳥和好幾種鷺鷥都在附近棲息。很少看到池塘如此幽靜而深邃。隔著公路，紅磚三合院「盧江堂」赫然座落。往上信行，經過一排樹形雅致的朴樹和一棵苦楝。遠方上坡有一處「花草屋」餐廳，它是由旁邊大樓的「崇德護理之

古道上隱密而幽靜的埤塘。

家」經營的咖啡坊和餐廳，由大樓往下眺望，林木蔥蘢，景觀不惡。

　　卵石石階步道在咖啡坊和伯公廟之間的卵石山坡上。這是一條重新整理的潔淨古道，鋪法如同我們所熟知的卵石排列，中間大兩邊小，一徑石階直上稜線。旁邊竹林為伴，景致如畫。此一古道和三段崎的古道，當為我所見過卵石石階步道的典範。只是這兒在竹林伴護下，更為清亮了許多。

　　石階步道終點已經上抵稜線，那是一片相思樹林地。若按相思樹的樹型，這森林有些低矮，可見附近常年多風。今天運氣好，無風吹拂。

　　往稜線沒多久，隨即遇到岔路，右邊往湖口裝甲兵基地，左邊為新湖官道，通往土牛溝。從卵石凹地，爬上堆了

山坡上桂竹林旁邊的新湖官道。

官道旁邊，建廟幾近二百年的糠榔土地公廟。

許多廢棄垃圾的一塊坡地後，眼前即裝甲戰鬥的操練基地。由此可眺望上寮里的山谷，谷地稻田面積寬廣，周遭森林環繞，自有一番鄉野的美麗。

沿著基地往前抵達練兵的操場，此地視野大開，彷若機場之遼闊，一路可通往湖口老街。若有軍事演習，大概就無法橫越了。

若沿新湖官道往左邊前行，左邊為卵石路肩，右邊為桂竹林環境。新湖官道是日治時代新埔通往湖口的官道，亦有稱呼為馬車道。現在經過，還能清楚感受到山路的平坦和開闊。這一官道通往裝甲兵基地，後段和燒炭窯重疊。半小時不到，抵達隘寮崗的糠榔土地公廟。左邊有一條產業道路通往竹14公路。此一卵石堆疊四周，廟壁黝暗的石棚福德正神，外圍又被鐵皮遮蓋著，廟碑上書寫著建廟日期是「民國前100年」。仔細推算，竟達一百九十多年了。佇立廟前，勉強遠眺新竹市和鳳山溪河谷平原。

小廟右前方，又有一條小路深入相思樹森林。未幾，下抵土牛溝。銜接處

下寮里

下寮里和上寮里過去合稱枋寮。客語讀成「板寮」，據說樟樹林沿山林木茂盛，居民使用大鋸子割成木板。「寮」字在客語有「鋸」之意，故枋寮者，意味著將樹木「寮」製成木板。但也有一說，工人搭寮居住，故有板寮之稱。後來分為上下寮，主因在於人口漸多。枋寮為新埔開發最早之地，平埔族自新社入新埔，最早即抵達下枋寮。林爽文之亂時，義民骨骸途經該地，埋葬在這裡。此後乃有義民廟建立。此里上百年的古厝很多。

有一座廢棄的大炭窯，顯示此地可能常常燒炭。其實，在新埔北方的山坡地，我也見過幾處還在使用的炭窯，可見此一山區燒炭的發達。

土牛溝古道上的拱橋。

過了炭窯，前方有一座小石橋，跨越了一條溪水量不大的薑母窩溪。從溪邊可看到這座單拱石橋的典雅身影。橋頭旁邊豎立著一座石碑，書寫有各種地方人士集資捐錢者的名字，以及建碑的時日「昭和15年」（1938年）。

此一山路即為土牛溝古道。但乾隆時期挖溝為界的漢番地理分界線環境已經看不出，可見地形地貌的改變並不小。1970年代交通便捷後，軍隊又以山區為基地，導致這些山路幾乎荒廢，淪為單向的產業道路，或者通往墓地的山路。目前二條平行的古道都穿越湖口裝甲師營區。土牛溝古道平常都在管制，已經無法進入，燒炭窩古道則只有戰車演習時才有管制。

循土牛溝產業道路往下，穿過一些墓園和一、二間農家，抵達了岔路口，此地為下枋寮。旁邊又有一開闊的隱密埤塘，被樹籬遮擋著。不遠的山腳為竹14縣道，通往義民廟。看到車道忙碌，不免疲憊，轉而沿產業道路往前，回到盧江堂附近。（2004.3.14）

關西鳥嘴山

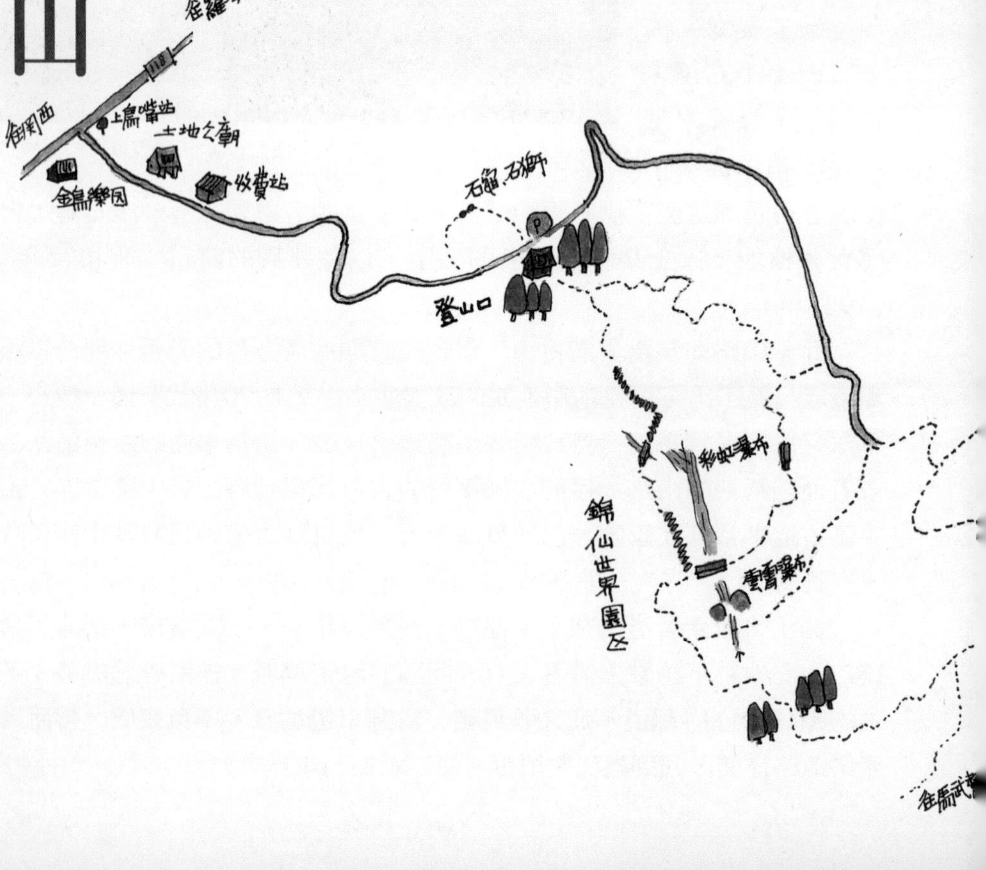

往羅芳

往關西

往上鳥嘴站

土地之廟

收費站

金鳥樂園

石貓 石獅

P

登山口

彩虹瀑布

錦仙世界園區

雲雪瀑布

往后武賽

漫遊資訊

■行程

這條路線不適宜搭乘公車前往。最直接的路線，由北二高下關西交流道，直走118縣道（亦即著名的羅馬公路），或順著金鳥樂園的牌子走。遇到金鳥樂園，再往前約二十公尺，就是錦仙遊樂世界的岔路，右轉直抵收費站。付了門票費（成人一次一百元）之後，再行駛二‧五公里，抵達柳杉林登山口的土地公廟。或者走台3線，再轉118縣道，往羅浮方向，路經蝙蝠洞站、下李樹站後抵達。

■步行時間

登山口 __30分__ 雲霄瀑布 __15分__ 岔路口 __60分__ 1130稜線

__50分__ 鳥嘴山

■適宜對象

青少年以上為宜。

■餐飲

附近無餐飲，宜自備。

> 興來樵徑去，明月滿重林；
> 前面似無路，遠聞水碓音。

　　　　　　　　　　——吳濁流〈鳥嘴山下〉

從關西交流道向東邊遠遠望去，就能清楚地看到尖銳的大尖山和寬厚的鳥嘴山並立，這二座明顯而突出的地標，無疑是關西鎮最出名的山頭了。

鳥嘴山登山口的土地公廟。

小說家吳濁流當年在錦山國小教書時，想必也常遠眺這座外貌突顯的山頭才對。按詩的敘述，說不定，他真的也爬過這座關西的名山呢！

前往鳥嘴山的道路只有一條，入口座落著一間看似民家的收票處。這塊林地屬於錦仙遊樂世界所有。進入之前，大人必須收門票一百元。

對於一個喜愛登山的人來說，爬郊山還需要繳交如此貴的門票，簡直不可思議。遊樂區裡寥落可數的簡陋設施，以及各種單調老套的自然景觀，實無可觀之處。若非鳥嘴山稜線嶙峋起伏的犀利魅力，恐怕已經打道回府。

這家遊樂公司印製的解說簡圖也相當糟糕，連自己的重要指標鳥嘴山，都寫錯了海拔，成為「1749M」，荒謬地把更南一點、位於那結山南方的鳥嘴山誤認成這一座。知悉附近山頭的登山人往往將後者稱為內鳥嘴山。關西的這一座又叫外鳥嘴山，也有稱之為仙公山。

此外，根據《北部郊山踏查行》的作者，綽號

鳥嘴山登山口一開始即為柳杉林，讓人聯想起溪頭的環境。

「山豬哥」的登山前輩謝永河之敘述，光是鳥嘴山，北台灣附近還有好幾座：「最近台北者，三峽五寮尖之西有一座；遠者烏來鄉桶後溪與坪林鄉金溪村境界有一座……」其實，就我所知，在苗栗也有一座，知名度亦不低，就位於泰安溫泉南方。總

攀登鳥嘴山，在柳杉林裡，會經過好幾座瀑布。

之，鳥嘴山是相當通用的名字，要攀爬時，還得先弄清楚是哪一座。

　　進入樂園前，我刻意先站在收費和登山口的土地公廟，再次端詳這座挺拔的山頭。那顯赫之勢，看得更是具體。根據山豬哥的記錄，當年（可能是1980年代）爬這座山時，從金鳥樂園開始登山，至土地公廟的登山口，即已費時一個半小時。這段迂迴的產業道路，後來我們開車直抵土地公廟的柳杉林登山口，不過約十來分鐘，省掉了大段低海拔林子的爬坡。

　　隨行的是國小六年級和三年級的孩子以及友人小P。我們會選擇這段路，主要是受到山友黃福森的建議。

　　最近，他曾經在登山雜誌撰寫不少文章，介紹一些一日遊的O型和半O型路線。所謂O型路線，通常是指開車可抵達登山口，然後爬山時可以繞一個圓圈回來的山徑；而非東到西的縱走，或者單線來回。半O型可能有一段是O型的路線，但另一半是單線來回；鳥嘴山正是這樣的蝌蚪型山路。

　　從土地公廟的登山口出發，一開始就是柳杉林，彷彿進入溪頭的人

工林。這片柳杉林一般遊客或許會喜愛其純淨的美麗林相；但對我們而言，卻是單調而乏味的，虫鳥花草皆相當貧乏。走在裡面，往往也是陰森而暗鬱，變化少了許多。縱使有連續三座瀑布在中途出現，展現絹絲長流的綺麗風景，還是難以眷戀。

　　快速過了雲霄瀑布後，隨即遇到一處岔路。二條路線都可上抵鳥嘴山稜線的鞍部。往左較為平緩而開闊，經過竹林、產業道路後，再爬上一條之字型小徑的原始林，就可上抵稜線。取右邊的山徑較單調，繼續在杉林裡上下稜線。愈來愈為陡峭，至少要花費四十分鐘，在這個不見天日的林子裡持續攀爬、起伏。

　　由於周遭都是柳杉林和孟宗竹林，並不易遇見特殊的植物種類。冬天時柳杉下，盛開著淡紫色和白色的蛇根草，沿著小徑盛開。別處山上這時常見的烏心石落花，這兒少得可憐。縱使在原始林的小徑上亦難得

經過瀑布的登山木橋。

從鳥嘴山遠眺石門水庫。

一見，倒是殘留有一些巨大的九芎。我猜想，當年若是無大量採伐，這兒想必是九芎林非常茂密的原始闊葉森林。

上抵稜線，隨即感受到林海的巨大風浪聲。這兒的山風彷若波濤洶湧，雜沓而來。在樹林上，接近頭部的位置，不斷吹拂而過。自己在林徑裡，卻彷彿是在海面下泅泳之小魚。山豬哥當年爬此山時遭遇到這樣的情況，曾經形容「山風愈高愈大，樹梢颼颼發聲，有名的『新竹風』已經變為東北季風，樹葉揚起，落下滿山滿谷」。雖然山風狂烈教人難受，後來仔細回想，正因為如此，倒是覺得，似乎爬此山若不遇此巨大之山風，恐怕亦無法真正感受攀爬鳥嘴山之樂趣。

緊接著，在稜線高險處，踩踏著的多半是樹枝和岩石，甚至軟綿綿的，有著踩踏在海綿上之樂趣。這時左邊逐漸露出開闊的視野，下方的關西鎮平原和山谷景觀，都慢慢地露出來。不過，攀爬時可得留神了，左邊一下去就是陡峭的險峻斷崖。

石牛山山頂經常多風。

鳥嘴山附近多香菇栽植。

香菇寮

香菇是這兒重要的物產，沿途進來時，第一間土地公廟前的農地，興建了幾間培育香菇的香菇寮。通常，栽植者會選擇一些適合的樹幹，諸如油桐等，在上頭鑽洞，讓菌苗在上生長。

從稜線鞍部走到山頂約需要一個小時，這一段也是攀爬鳥嘴山最精彩的部份。不論有無強大的山風，都十分刺激。上抵山頂，赫見是顆巨石突立，周遭已經無林木，只有一些小葉赤楠和杜鵑矮灌叢。這兒就是鳥嘴山（1354M），頂上大石頭無基點，但旁邊登山牌豎立一個三等三角點牌子。往北還有一條明顯的山路，可通往大尖山和那結山。

山豬哥曾經提到這兒的大石上刻有「仙公山」三字，我卻未發現。只有一些零星的字眼，下方草叢有登山隊掛牌，確定這兒為鳥嘴山。

站在強風呼嘯的大石上，可以全方位遠眺，辨別東南林立環繞的山頭，以及西北部平原下的山谷鄉鎮。最讓人印象深刻的是北邊，遼遠的石門水庫，如一顆碧綠的菱形寶石，小而美麗地橫陳在群山翠谷間。

遠望東北邊則有大尖山崢嶸矗立，乍看之，更像鳥嘴往上。更偏北的地方有另一座小山，應該是小尖山了。往東南，有條瘦小的那結山山徑，連至奎輝山（開非山），嶔崎到內鳥嘴山山脈。

下山時，沿著稜線往回走，降抵雲霄瀑布時，嘗試著走另一條曲徑，繼續走柳杉林下來。路途雖較遠，卻感受了不同之風味。

在此，若時間和體力都足夠，不妨從土地公廟登山口對面，往下方的小徑走下去，觀賞石龜、石獅等較特殊的山岩奇觀。（2001.2）

國家圖書館出版品預行編目資料

北台灣漫遊：不知名山徑指南 II／劉克襄著--
-- 初版. -- 台北市：玉山社，2005〔民94〕
面；　公分. --（生活・台灣・人文；8）

ISBN　986-7375-25-4（平裝）

2. 台灣─描述與遊記

637.26　　　　　　　　　　　94000266

生活・台灣・人文 8

北台灣漫遊 不知名山徑指南 II

作　者・劉克襄
發行人・魏淑貞
出版者・玉山社出版事業股份有限公司
　　　　台北市106仁愛路四段145號3樓之2
　　　　電話・　(02) 27753736
　　　　傳真・　(02) 27753776
　　　　電子郵件地址・tipi395@ms19.hinet.net
　　　　玉山社網站網址・http://www.tipi.com.tw
　　　　郵撥・18599799　玉山社出版事業股份有限公司

主　　編・蔡明雲
執行編輯・陳嘉伶
版面設計・黃雲華
行銷企劃・魏文信
法律顧問・魏千峰律師
製版印刷・松霖彩色印刷有限公司

定價：新台幣560元
初版一刷：2005年2月
初版二刷：2008年7月